中华学术·有道

玄学与魏晋士人心态

罗宗强——著

中华书局

图书在版编目（CIP）数据

玄学与魏晋士人心态/罗宗强著. —北京：中华书局，2025.
3.—（中华学术·有道）. —ISBN 978-7-101-16975-1

Ⅰ. B235. 05

中国国家版本馆 CIP 数据核字第 2024S69H93 号

书　　名　玄学与魏晋士人心态
著　　者　罗宗强
丛 书 名　中华学术·有道
责任编辑　李碧玉
装帧设计　刘　丽
责任印制　管　斌
出版发行　中华书局
　　　　　（北京市丰台区太平桥西里 38 号　100073）
　　　　　http://www. zhbc. com. cn
　　　　　E-mail：zhbc@ zhbc. com. cn
印　　刷　北京盛通印刷股份有限公司
版　　次　2025 年 3 月第 1 版
　　　　　2025 年 3 月第 1 次印刷
规　　格　开本/920×1250 毫米　1/32
　　　　　印张 13　插页 2　字数 295 千字
印　　数　1-5000 册
国际书号　ISBN 978-7-101-16975-1
定　　价　78. 00 元

目　录

序

傅璇琮

　　宗强兄是我的畏友。我说这话，一是指他的学识，一是指他的人品。就学识而言，自从他于1980年出版他的第一部著作《李杜论略》以来，短短十年，他在学术上的进展是如此的惊人，无论是审视近十年的中国文学思想史的研究，还是回顾这一时期古典诗歌特别是唐代诗歌的研究，他的著作的问世，总会使人感觉到是在整个研究的进程中划出一道线，明显地标志出研究层次的提高。这不是指他的作品的数量，比较起来，他的专著，他的单篇论文，在我们这一代学人中，数量不能算是最多的，我是指这些论著的质量，特别是他的几本为数不多的专著，总是为学术界提供精品，无论从立论上，研究方法上，还是整个行文的风度上，总表现出由深沉的理论素养和敏锐的思辨能力相结合而构成的一种严肃的学术追求。

　　就人品而言，最能体现他的精神风貌的，我以为是本书《后记》中最后的一句话："青灯摊书，实在是一种难以言喻的快乐。"同样的意思，也表现在他为《文史知识》1990年第10期治学之道专栏所写的《路越走越远——研究中国古代文学思想史的体会》中的结束语："我能说的唯一一点经验，就是我在涉足于自己的研

1

究领域时，虽步履艰难而始终感受到无穷乐趣，这或者就是甘于寂寞的力量之所在。"话很短，但感情很重，只有充分了解他研究生毕业以后很长一段的坎坷经历，才会真切体味出这些话的分量。他自己说，自从上大学至今，三十五年来，能够真正坐下来读书作文，只是近十年来的事。我曾听他讲述过如何在赣南山区跋涉流落的行迹，听了使人心酸，但宗强兄讲起这些来，无论感情和语调，都是平和的。他分析古代文学思想演进的轨迹，是很推崇道家思想的影响和贡献的，但他的为人，我总感到于儒家为近，特别是对友朋，温厚之至，而对自己，却似乎恪守君子固穷的古训，表现出类似于清峻的风格。

这使我想起近代大学者陈寅恪先生的一些话。陈先生1929年作《清华大学王观堂先生纪念碑铭》，其中说："士之读书治学，盖将以脱心志于俗谛之桎梏，真理因得以发扬。"作为一位真正的学者，陈寅恪先生一生是以此自律的。俗谛的范围可以包括很广，他最鄙视的是以学问为利禄的工具。他总是把学术的分量看得很重。他在抗战时期的桂林，处于那样一种辗转流徙的境地，特地为语言文字学家杨树达先生的《积微居小学金石论丛续编》作序，盛赞杨先生"持短笔，照孤灯"，甘居寂寞不废著述的风概，并有为而发地说："与彼假手功名，因得表见者，肥瘠荣悴，固不相同，而孰难孰易，孰得孰失，天下后世当有能辨之者。"这几句话，表现了一种学术上的自觉，一种对从事于民族文化研究的自信。在同一时期，他在寄杨树达先生的一首诗中，前一句说"蔽遮白日兵尘满"，是那样的战火纷飞的年代，后一句说"寂寞玄文酒盏深"，自甘于寂寞，在学问的研索中求得自慰。像陈寅恪先生这样的一种学术心态，是为"五四"以来我国不少知识分子所共有的。也正因为此，近三四十年来虽有不少人经历种种坎坷曲折，只要他们能有机会做学问，他们总是如陶渊明所说的"量力守故辙"，为学术事业作出自己力所能及的贡献。

前面说过，宗强兄的第一部著作是《李杜论略》，出版于1980年，写作当在此前几年。他自己对这部书不大满意，那是因为他是站在今天的高度。这部书出版后我曾看过，后来我与霍松林先生共同编《唐代文学研究年鉴》，还请人写书评刊入《年鉴》。但那时我正忙于其他工作，只是粗粗泛览，印象不深。最近因为要写本书《玄学与魏晋士人心态》的序，重新阅读那本《李杜论略》，感到这本书出版后所得到的反应与它所达到的成就，是太不相称了。学术著作与文艺作品一样，它的意义有时是不易为人所理解的。1980年或稍前一二年，我们刚刚从"文革"所扫荡过的荒漠上起步，那时还只有少数一些学术著作出现，就像严冬刚过，在初春的寒风中冒霜先开的小花，寥落不受人们的注意。又因为人们厌恶前一时期假大空与伪饰的学风，乃一反其道，对实证的研究感到兴趣，于是一些偏重于材料考辨的著作格外受到重视和好评。这是可以理解的。而《李杜论略》在当时的出版，现在看来，却以其准确的理论把握和细腻的审美体认，挺立于当时的古典文学界。书中对李白、杜甫从政治思想、生活理想、文学思想、创作方法、艺术风格、艺术表现手法等几方面作了极为细致的比较，从而也探讨了李、杜各自的创作特色。我曾查阅过在这前后的论著目录，并根据自己的回忆，当时还很少有对李、杜作这样深入的研究的。特别是书中提出：一种审美趣味之形成思潮，自有其深刻的社会历史原因，一种普遍的审美趣味常常伴随着相应的理论主张。作家和评论家们在创作上普遍追求某种倾向时，也在理论上进行着同样的探讨。因此，探讨一个时期的文艺思潮，有必要从理论和创作实践两个方面进行考察，作出评价，特别是对当时的代表人物的研究尤其必须如此(见该书第103页)。这种从理论和创作实践两个方面来考察文艺思潮,也就是他在五六年后写成出版的《隋唐五代文学思想史》立论的基调:

> 文学思想不仅仅反映在文学批评和文学理论著作里,它还大量反映在文学创作中。作家对于文学的思考,例如,他对于文学的社会功能和它的艺术特质的认识,他的审美理想,他对文学遗产的态度和取舍,他对艺术技巧的追求,对艺术形式的探索,都可以在他的创作中反映出来。某种重要的文学思想的代表人物,有时可能并不是文学批评家或文学理论家,有时甚至很少或竟至于没有理论上的明确表述,他的文学思想,仅仅在他的创作倾向里反映出来。一个文学流派的文学思想,就常常反映在他们共同的创作倾向里,而一个时代的文学思潮的发展与演变,大量的是在创作中反映出来的。因此,研究文学思想史,除了研究文学批评的发展史和文学理论的发展史之外,很重要的一个内容,便是研究文学创作中反映出来的文学思想倾向。离开了对文学创作中所反映的文学思想倾向的研究,仅只研究文学批评和文学理论的发展史,对于文学思想史来说,至少是不完全的。

我之所以引这一大段话,一方面借以说明,《李杜论略》是人们怎样地还在古代文学思想史批评史以及古代作家作品研究中摸索行进时,已经提出极可宝贵的一种新的思路,而可惜没有为许多人所认识。另一方面,是想说明宗强兄是怎样地从这一可贵的思想萌芽出发,坚韧不拔地(用他自己的话说是步履艰难地)前进,终于对古代文学思想史的研究格局有了成熟而明确的思考。

许多年来，不少学者研究我国古代文学思想和理论批评，总是把材料局限于一些文论和批评著作，把古代文学思想史与古代文论研究混同起来。这样时间一长，材料就显得雷同，立论不免单一，学科的发展受到影响。《隋唐五代文学思想史》对于研治中国古代文学思想史、批评史，是一个突破，它的意义不仅是扩展了文学理论批评研究的范围，而且是为文学思想史的研究树立一个高的标准，把文学思想史的研究真正安放在科学的基础上。把创作中反映出来的文学思想与理论批评著作结合起来，这些年来其他学者也在做，而《隋唐五代文学思想史》则以专著的形式，系统地论述三百年来文学思想演进的轨迹，以实际的业绩说明这种研究思路具有规范的性质，这就极大地促进了这门学科的发展。

　　但宗强兄不以此为满足，他又以此为起点，继续思考着如何深化研究思路，开拓研究格局。他从古代文学的实际出发，在写作《魏晋南北朝文学思想史》的过程中，终于又得出一种新的研究设想，即作家心态变化的研究。这一次他是深入到文学思想发展原因中去寻讨，认为要真正确切地阐释文学思想发展的主要原因，必须研究士人心态的演变轨迹，而影响士人心态的原因又甚为复杂，有政局变化的原因，有社会思潮的原因，以及不同生活环境和文学修养的相互作用。作为这一思考的成果，就是现在呈现在读者面前的这一部《玄学与魏晋士人心态》。这一思路，当同时体现在他的《魏晋南北朝文学思想史》中。我认为，这是他治学经历的又一新的阶段，也将是标志文学思想史学科的又一新的进展。

　　士人心态的研究，实在是一项综合工程。它在许多方面已突破文学的范围，牵涉到当时的政局、哲学、社会思潮，牵涉到士人本身的许多方面，如他们各自不同的政治和经济地位，他们生活的环境、所受的教养,以及更为特殊的一些心理因素等等,这差不多可以成为一门独立的学科。海外有些研究者,也有以中国古代的士为研究对象写成专书的。但就我的见闻所及,这些书程度不等地存在着图解式的研究框架,往往把不同时代不同身份不同教养的士人,作简单的概括,归纳出几个统一的概念范畴,有时又把简单的事情复杂化了。比较起来,宗强兄的工作则"实"得多。他的目的很明确,研究士人心态,是为了更深一层地探讨文学思想演变的原因,研究文学创作所包含的生活理想和艺术追求形成的社会因素与作家的心理因素,而他的立足点又在大量史料的搜辑与辨析上,对牵涉到形成士人普遍心态发展的具体事件,其前后因果和发展脉络,作细致的、个案式的清理与研讨。可以想见,这一工作的难度是相当大的。它不但要求研究者有较高的理论素质,还要求有较强的审美感受能力,能够从政局、社会思潮的迅变和剧变中敏锐地把握士人心态的走向起伏,并从这些心态变化所引起的艺术情趣中去细腻地辨认其审美风尚的性质与价值。同时,还要求研究者不但有宏观把握的能力,还要有细致地审核材料的严谨学风与功力。另外,不言而喻的,是要求有一种真正做学问的气质,如陈寅恪所说的,要有一种"脱心志于俗谛之桎梏"的志尚。我觉得,宗强兄于此三者都是胜任的(他的《唐诗小史》艺术感受的新鲜与细微,简直可以作为美学著作来读)。我想这不是我亲其所好的阿私之言,这部《玄学与魏晋士人心态》就是明证。我的本职工作是出版,年来又因种种原因,事情杂乱,几乎达到杜甫所说"束带发狂欲大叫,簿书何急来相仍"的程度。但接到宗强兄所寄的这部书的复印稿,一天繁忙之余,于灯下翻开书稿,读了几页,心即平静下来,读着读着,感到极大的满足,既有一种艺术享受的美感,又得到思辨清晰所引起的理性的愉悦。

譬如书中讲到嵇康被杀的最根本的原因，作者不同意嵇康因与魏宗室联姻而与司马氏集团对立的旧说，认为嵇康执着于"越名教而任自然"，"这样执着，就使自己在整个思想感情上与世俗，特别是与当政者对立起来，就使自己在思想感情上处于社会批判者的立场"。又说"嵇康却是处处以己之执着高洁，显名教之伪饰。而伪饰，正是当时名教中人之一要害"。"嵇康的执着的存在，对于伪饰的名教中人实在是一种太大的刺激。他之为司马氏所不容，乃是必然的事。"这种从当时当政者与嵇康两种截然相反的思想感情尖锐对立来分析嵇康被杀的悲剧结局，无疑是深刻得多的。又如论西晋名士心态，将其归纳为："贪财，用心并善于保护自己，纵欲，求名，怡情山水和神往于男性的女性美。""他们希望得到物欲与情欲的极大满足，又希望得到风流潇洒的精神享受。"这与一些治美学史者好谈晋人风流，比之若神仙中人，何啻深浅之别。书中又并不将此归结于士人本身，而追溯到因政无准的而导致士无特操。又如东晋士人，过去史书上描绘的，大多是宁静、高雅、飘逸，一种洋溢着这样意趣的人生境界。而书中指出："这种追求潇洒风流、高情远韵、寻找一个宁静精神天地的心态，千古以来一直被看作是一种高雅情趣，是一种无可比拟的精神的美。但是，如果考虑到其时的半壁河山，考虑到中国士人的忧国忧民的固有传统的话，那么这种高雅情趣所反映的精神天地，便实在是一种狭小的心地的产物，是偏安政局中的一种自慰。"从偏安的局面，遂论及士人的人生理想、生活情趣，以至他们的审美趣味，以及一代文艺思潮的形成，既合乎逻辑，又生动具体。

我认为，由这几个极少的例子，已足可看出士人心态的研究对于文学思想史与一般的作家作品研究的意义。这是宗强兄经过几年的思考,继《隋唐五代文学思想史》之后对学术界所作的贡献。我有这样一种感觉:有像《玄学与魏晋士人心态》这样著作的出现,有像罗宗强同志学识修养与人品操守那样的学者在不断工作,做出成绩,是不是标志着我们古典文学研究正在走向成熟呢?我谨借此表示这一虔诚的愿望。

1990 年秋冬之际,于北京

第一章　玄学产生前夕的士人心态

如果比较一下汉、晋士人的心态，我们就会惊异地发现，他们之间的差异是何等巨大！他们的信念，他们的思维方法，他们的人生理想，他们的生活风貌和生活情趣，都有着天壤之别。从规行矩步的经生，到放诞不羁的名士，士人的心态经过了一个很长的变化过程。这个过程，在玄学产生的前夕便开始了。

这里所说的玄学产生的前夕，是指王弼、何晏等人建立玄学的系统理论之前的一段时间，下限至正始而上限至东汉和帝后期。在这一百三十余年的时间里，中国士人从里到外，都在缓慢地、不知不觉地发生着变化。首先是正统观念的逐渐淡化，以至崩溃；与之同时进行的是学术思想上森严的师法家法观念的淡化；思想逐渐地活跃起来了，从儒家一尊到各家思想并存，思想领域出现了战国之后的又一个繁荣的局面。其次是政局的变化导致了士人与政权的关系的变化，从维护大一统政权，到与这个政权疏离，对政权持批判态度。当然，与第一、二点相联系，跟着而来的便是士人的自我肯定，从寻求独立人格中体认自我的价值，而不是从服从于严格的儒家道德准则中体认自我的价值。凝聚力消失了，自我觉醒了，思想变动不居，而心灵也动荡不宁。这就是玄学产生前夕士人心态的基本特点。

第一节　处士横议——士与大一统政权的疏离

士与政权的关系,常常被理解为臣与君的关系。自从孔子说"臣事君以忠"之后,这种关系的基本模式便确定了。他是主张君君、臣臣、父父、子子的,对君上尽力服事,"事君,敬其事而后其食"(《论语·卫灵公》)。但尽力事君,又不是毫无条件的。与"臣事君以忠"同时提出来的,是"君使臣以礼"(《论语·八佾》)。如果君行无道,也就无所谓忠了。"邦有道,则仕;邦无道,则可卷而怀之。"(《论语·卫灵公》)在这个基本模式里,君权绝对这一点似未严格确立。到了汉武帝定儒学于一尊之后,君权便被极大地强调了。这个君臣关系的基本模式中,君权绝对这一面得到理论上的进一步阐释。董仲舒把这个模式进一步阐述为天→君→臣→民。君是受天之命以君临臣民的,"受命之君,天意之所予也"(《春秋繁露·深察名号》)。"唯天子受命于天,天下受命于天子。"(《春秋繁露·为人者天》)天子是法天而行道的,故有绝对之权威。"为人君者,其法取象于天也。""是故天执其道为万物主,君执其常为一国主。天不可以不刚,主不可以不坚。天不刚则列星乱其行;主不坚则邪臣乱其官。星乱则亡其天,臣乱则亡其君。故为天者务刚其气,为君者务坚其政。刚坚然后阳道制命。"臣下是法地的。"地卑其位而上其气,暴其形而著其情,受其死而献其生,成其事而归其功。卑其位所以事天也,上其气所以养阳也,暴其形所以为忠也,著其情所以为信也,受其死所以藏终也,献其生所以助明也,成其事所以助化也,归其功所以致义也。为人臣者,其法取象于地,故朝夕进退,奉职应对,所以事贵也;供设饮食,候视疾疾,所以致养也;委身致命,事无专制,所以为忠也;竭愚写情,不饰其过,所以为信也;伏节死义,难不惜其命,所以救穷也;推进光荣,褒扬其善,所以助明也;受命宣恩,辅成君子,所以助化也;功成事就,归德于上,所以致义也。"(《春秋繁露·天地之行》)君既象天,臣既象地,则臣之事君,当如地之事天。皆下之事上。有功归之于君,有过归之于己。"是故《春秋》君不名恶,臣不名善,善皆归于君,恶皆归于臣。"(《春秋繁露·阳尊阴卑》)《春秋繁露·玉杯》以极简洁的语言把这种关系归结为:"《春秋》之法,以人随君,以君随天。"在君臣关系中,强调了君权的绝对权威,这对于大一统政权的巩固,是至关重要的。在定儒术于一尊之后,这种思想为士人所普遍遵奉。他们对于君,对于政权,持一种十分虔诚的态度,希望它行道,服从它,维护它,把自己的一切,看作是为它而存在的。他们为维护它,可以自己承受屈辱以至牺牲。这种思想,到西汉已经衰败的成、哀之间,也依然没有改变。刘向在《说苑》中论臣道,就说:"人臣之术,顺从而复命,无所敢专,义不苟合,位不苟尊,必有益于国,必有补于君,故其身尊而子孙保之。"他提倡为臣"六正":

> 一曰:萌芽未动,形兆未见,昭然独见存亡之几,得失之要,预禁乎未然之前,使主超然立乎显荣之处,天下称孝焉。如此者,圣臣也。二曰:虚心白意,进善通道,勉主以礼义,谕主以长策,将顺其美,匡救其恶,功成事立,归善于君,不敢独伐其劳。如此者,良臣也。三曰:卑身贱体,夙兴夜寐,进贤不懈,数称于往古之德行事,以厉主意,庶几有益,以安国家社稷宗庙。如此者,忠臣也。四曰:明察幽见成败,早防而救之,引而复之,塞其间,绝其源,转祸以为福,使君终以无忧。

如此者,智臣也。五曰:守文奉法,任官职事,辞禄让赐,不受赠遗,衣服端齐,饮食节俭。如此者,贞臣也。六曰:国家昏乱,所为不谀,敢犯主之严颜,面言主之过失,不辞其诛,身死国安,不悔所行。如此者,直臣也。(《说苑·臣术》)

与这"六正"相反的,是"六邪"。他认为贤臣应该行六正之道,而不行六邪之术,这样才能使国家安定,而自己则生而见荣,死为人所思。

刘向所说的臣道六正,可以说是士人对待君主,对待政权的一种理想标准。六正的基本精神,便是为君,不管在何种情况下,都要做到这一点。所谓忠臣杀身以解君怨,就是这种精神的极端体现。朱云强谏以至攀折殿槛的故事,是人所共知的。朱云其实并不是那种治绩卓著的贤臣,行己亦非廉洁。他在元帝朝之所以被废锢,就因为曾讽吏杀人,暴虐无善状。他之所以名重一时,则是因为成帝朝敢于在成帝面前指责成帝的老师、丞相张禹为佞臣,以为张禹该杀。因此而激起成帝的恼怒,说他"廷辱师傅,罪死不赦",令御史将他拖下,而他攀槛大呼己之动机乃为朝廷,以至折槛。他获得名声,就是因为他"忠"。从这一点可以看出当时士人的一种心理状态:只要是忠于皇帝,忠于朝廷,其他的行迹是可以忽略的。

尽忠于皇帝,尽忠于朝廷,为此时士人之一种理想品格。昌邑王刘贺不遵法度,郎中令龚遂谏净,以至痛哭流涕。刘贺问他为什么哭,他回答说:"臣痛社稷危也。"刘贺在汉昭帝死后即帝位,才二十七日即因淫乱而被废黜。龚遂得以事宣帝,为渤海太守,有治绩。宣帝问他如何治渤海,他回答说:"皆圣主之德,非小臣之力也。"(《汉书·循吏传》)他因此而受到宣帝的赞许。功归于君而过归于己,龚遂所表现的矢忠于社稷的心态,是非常真实的。这时的士人,在感情上与大一统政权是一体的,有一种亲近感,以维护、巩固这个政权作为自己的职责,为之献谋,为之筹划,为之辛劳,也为之忧虑。即使蒙受冤屈,亦矢志不移。哀帝时丞相王嘉是以治绩卓著显名的。他之所以被系入狱而冤死狱中,是因为他的一片忠心。汉哀帝爱幸男宠董贤,王嘉上疏极谏,惹怒哀帝,而被治罪。当狱吏凌辱他的时候,他喟然叹息,说自己罪当死,且死而无恨。之所以罪当死,就是因为自己备位宰相,而不能进贤退不肖,"贤,故丞相孔光,故大司空何武,不能进;恶,高安侯董贤父子,佞邪乱朝,而不能退"。他说自己"以是负国,死有余责"(《汉书·王嘉传》)。他死后六年,终于被追录为忠臣。

士人与政权的这种感情上的一体,也可以从另一侧面看出来。《汉书》、《后汉书》记载有不少爱民的地方官的事迹。这些地方官的基本立脚点,便是以礼义化民。光武时的桂阳太守卫飒,整治桂阳郡,"修庠序之教,设婚姻之礼。期年间,邦俗从化"(《后汉书·循吏列传》)。九真郡太守任延,教民以耕种和嫁娶礼法:

> 九真俗以射猎为业,不知牛耕,民常告籴交阯,每致困乏。延乃令铸作田器,教之垦辟。田畴岁岁开广,百姓充给。又骆越之民无嫁娶礼法,各因淫好,无适对匹,不识父子之性、夫妇之道。延乃移书属县,各使男年二十至五十,女年十五至四十,皆以年齿相配。其贫无礼娉,令长吏以下各省奉禄以赈助之。同时相娶者二千余人。(《后汉书·循吏列传》)

和帝时的桂阳太守许荆，曾巡属县，见孝义之不行，而喟然长叹，说："吾荷国重任，而教化不行，咎在太守。"（《后汉书·循吏列传》）循吏之行教化，在心理上是受君之托，行天道以符君心。王符在《潜夫论·忠贵》中对这一点做了理论上的表述：

> 帝王之所尊敬，天之所甚爱者，民也。今人臣受君之重位，牧天之所甚爱，焉可以不安而利之，养而济之哉？是以君子任职则思利民，达上则思进贤，功孰大焉。故居上而下不重也，在前而后不殆也。《书》称"天工人其代之"，王者法天而建官，自公卿以下，至于小司，莫非天官也。是故明主不敢以私爱，忠臣不敢以诬能。夫窃人之财，犹谓之盗，况偷天官以私己乎？

王符在理论上的这一表述，正是对循吏行为的最好解释。上举任延，后来拜武威太守，行前光武帝告诫他好些奉侍上级，他回答说：

> 臣闻忠臣不私，私臣不忠。履正奉公，臣子之节。上下雷同，非陛下之福。善事上官，臣不敢奉诏。

光武对于他的回答备加赞赏。循吏之行善政，意不在为私；附和上级，以求得上级的赏识，是为私，于己之仕途诚然有益，而循吏之着眼点，则在为国为君，"受君之重位，牧天之所甚爱"，不敢窃天官以私己。

正是在这一基本点上，循吏受到君主与下民两个方面的认可，君主赏识而下民拥戴。他们中的一些人，有时也受到错误的对待,但大抵最终还是受到赞许。这一点在西汉和东汉前期尤其如此。东汉后期也有循吏,但情形似乎有些变化。循吏行善政的条件变了,天子、循吏、下民相联结的环境正在消失。孟尝行善政而终不见用,多少说明桓、灵之世朝政腐败,已失去循吏行善政的基本立脚点。他们要为君,而君并不重视。仇览为小吏,行善政,并因之而被荐,入太学,而终于学成归乡里,不再入仕,也说明桓、灵之世循吏已无可为,在士人心目中已失去吸引力。这从符融对仇览说的一段话中也可看出:

> 今京师英雄四集,志士交结之秋,虽务经学,守之何固?
> (以上各条,均见《后汉书·循吏列传》)

西汉和东汉前期循吏的行为说明其时士人在心理上与君主、与大一统政权并没有扞格,士人对于皇帝、对于大一统政权,在感情上是亲近的。他们愿意为这个政权而辛劳工作,一心一意要为这个政权的巩固与强盛尽力。

这时的文人,在心理上也表现出对于大一统政权的亲近的倾向。他们的地位,与循吏不同,并没有直接施政的责任,大体是作为文学侍臣的身份出现的。司马迁说:"文史星历,近乎卜祝之间,固主上所戏弄,倡优畜之,流俗之所轻也。"(《汉书·司马迁传》)正是这种情形。《汉书·严助传》说:"朔、皋不根持论,上颇俳优畜之。唯助与寿王见任用,而助最先进。"其实被当作俳优畜之的并不止东方朔和枚皋,还有司马相如、王褒等人。《汉书·王褒传》:

> 上令褒与张子侨等并待诏,数从褒等放猎,所幸宫馆,辄

为歌颂,第其高下,以差赐帛。议者多以为淫靡不急,上曰:"'不有博弈者乎,为之犹贤乎已!'辞赋大者与古诗同义,小者辩丽可喜。辟如女工有绮縠,音乐有郑卫,今世俗犹皆以此虞说耳目,辞赋比之,尚有仁义风谕、鸟兽草木多闻之观,贤于倡优博弈远矣。"顷之,擢褒为谏大夫。

虽然地位在倡优博弈之上,其实也还是以备虞说而已。但是,即使处于这样的地位,此时文人的基本心态,也仍然是亲近朝廷,真心实意地希望对皇帝、对朝廷有所助益。这可以举出许多的例子。东方朔以调笑滑稽得幸,其实他是一位很有文才敢于直言谏主的人物。综观其一生,与其说是朝隐玩世,不如说是以一种特殊的方式,表现出对于朝廷的一片忠心。看他的《谏起上林苑疏》、谏止董偃入宣室,是何等凛然!其中充满着匡扶武帝的深情。而在《七谏》里,则借屈原以抒己之忠贞之志,是很动感情的:

> 浮云陈而蔽晦兮,使日月乎无光。忠臣贞而欲谏兮,谗谀毁而在旁。秋草荣其将实兮,微霜下而夜降,商风肃而害生兮,百草育而不长。(《楚辞补注》)

他尽心事主,而终不见用,因此内心充满了悲哀。汉武帝与楚怀王当然是不可同日而语的,他是雄才大略的英主。东方朔虽不见用,也不像屈原那样被斥逐。他的悲哀,只是被俳优畜之而已。而且,他的这些因未被重用而引发的悲哀,又时时为对于形势的清醒的认识所冲淡,得到内心的平衡。在《答客难》中,他分析自己"悉力尽忠以事圣帝,旷日持久,官不过侍郎,位不过执戟"的原因:

> 圣帝流德，天下震慑，诸侯宾服，连四海之外以为带，安于覆盂，动犹运之掌，贤不肖何以异哉？遵天之道，顺地之理，物无不得其所；故绥之则安，动之则苦；尊之则为将，卑之则为虏；抗之则在青云之上，抑之则在深泉之下；用之则为虎，不用则为鼠；虽欲尽节效情，安知前后？（《汉书·东方朔传》）

对形势的这种分析，是非常清醒的。这时正处于武帝建立了大一统政权的伟大功业的时期，士之进退，全在于上之用与不用。在这个清醒的分析里，透露出来其时士人忠于皇帝也依附于皇帝的心理。司马相如之所以数以赋为谏，并且最后还遗书劝武帝封禅，用意其实和东方朔一样。不论是东方朔、司马相如，还是王褒、枚皋，都不存在与大一统政权扞格的问题。他们的被倡优畜之的地位，并没有冲淡他们对于皇帝、对于大一统政权的亲近感。他们和这个政权是一体的。

但是，士人对于政权的基本态度，到了东汉后期便发生了巨大的变化。这个转变是从大一统政权的崩坏开始的。

大一统政权的崩坏，自宦官、外戚专权始。宦官的参预朝政，不始于东汉后期。汉武帝设立中书谒者令，宦官主持尚书工作，已参预了朝政。但武帝是英主，宦官虽参预朝政，只是被用来强化皇权，并未酿成祸害。外戚擅权，也不始于东汉后期。霍光威赫于昭、宣两朝，外戚实已干预朝政。然霍光持正，于大一统政权亦未造成祸害。史臣称其"处废置之际，临大节而不可夺，遂匡国家，安社稷"（《汉书·霍光传》）。东汉后期的宦官、外戚专权，则完全是另外一种格局，形成了威逼皇权的局面。大将军窦宪专权于和帝朝,威权之盛,几至尚书以下属官议欲称万岁的地步①。和帝死,子刘隆即位,生才百日,邓后临朝,与兄邓骘掌握朝政。第二年刘隆死,刘祜即位,才十岁,是为安帝。安帝在位十九年,死后阎后临朝,与其兄阎显擅权,立刘懿为帝。但刘懿三月即位,十月即为宦官孙程等所杀。孙程等又立十一岁的刘保为帝,大权落到了宦官手里。此后,外戚与宦官便交替专权,直至桓、灵之世而达于极致。以至于董卓废帝、群雄并起,东汉以亡。

两汉士人,是在儒家正统思想的哺育之下成长起来的,君臣之义是他们立身的基本准则。外戚与宦官,向为士人所不齿。他们窃取朝政,凌逼主上,淆乱君臣之义,常常使真心实意维护大一统政权的士人痛心疾首。后来仲长统在论述灾异与外戚、宦官专权的关系的时候,说了如下的一段话:

> 而权移外戚之家,宠被近习之竖,亲其党类,用其私人,内充京师,外布列郡,颠倒贤愚,贸易选举,疲驽守境,贪残牧民,挠扰百姓,忿怒四夷,招致乖叛,乱离斯瘼。怨气并作,阴阳失和,三光亏缺,怪异数至,虫螟食稼,水旱为灾,此皆戚宦之臣所致然也。反以策让三公,至于死免,乃足为叫呼苍天,号咷泣血者也。(《后汉书·仲长统传》引统《昌言·法诫篇》)

仲长统的这一论述,很概括地说明了士人对外戚、宦官干乱朝政

的基本看法。他们认为外戚、宦官干政，是国家一切祸乱的根源，是最使人痛心疾首的事。自窦宪专权以后，士人对外戚、宦官专权的愤慨便不断表现出来。

窦宪专权，乐恢上疏：

> 臣闻百王之失，皆由权移于下。……陛下富于春秋，纂承大业，诸舅不宜干正王室，以示天下之私。经曰："天地乖互，众物夭伤，君臣失序，万人受殃。"政失不救，其极不测。

乐恢要求抑制窦氏权柄，最基本的理由便是君臣失序必将带来的祸害。乐恢不仅进谏没有被皇帝接受，而且最终被窦宪指使州郡官吏胁迫服药自杀（均见《后汉书·乐恢传》）。与乐恢同时立朝的司徒袁安，每与公卿论国家大事，言及天子幼弱，外戚专权，未尝不痛哭流涕。袁安的部属周荣，在袁安反对窦氏时曾为安草奏，窦氏曾派人威胁他："子为袁公腹心之谋，排奏窦氏，窦氏悍士刺客满城中，谨备之矣！"周荣不为所动，而慷慨陈辞：

> 荣江淮孤生，蒙先帝大恩，以历宰二城。今复得备宰士，纵为窦氏所害，诚所甘心。（《后汉书·周荣传》）

他对妻子说，若仓卒遇害，请不要收敛他的尸体，以冀以区区腐身觉悟朝廷。在乐恢、袁安、周荣诸人身上，已经可以感受到后来党人的那种慷慨悲壮的心绪了。

安帝时宦官擅权，杨震上疏称：

> 臣闻政以得贤为本，理以去秽为务。……方今九德未

事，嬖幸充庭。阿母王圣出自贱微，得遭千载。奉养圣躬，虽有推燥居湿之勤，前后赏惠，过报劳苦，而无厌之心，不知纪极，外交属托，扰乱天下，损辱清朝，尘点日月。《书》诫牝鸡牡鸣，《诗》刺哲妇丧国。……《易》曰："无攸遂，在中馈。"言妇人不得与于政事也。宜速出阿母，令居外舍……

王圣是安帝的乳母，恃恩骄横，且与宦官樊丰等勾结。杨震数次上疏，都未能收效。延光三年，京师地震，杨震又上疏：

去年十二月四日，京师地动。臣闻师言："地者阴精，当安静承阳。"而今动摇者，阴道盛也。其日戊辰，三者皆土，位在中宫。此中臣近官盛于持权用事之象也。

杨震后来是被遣归乡里，在半路上饮鸩自杀了。因为他是名儒，所以他的死使"道路皆为陨涕"，震动是很大的（引文均见《后汉书·杨震传》）。

与杨震同时，还有孔长彦、孔季彦兄弟。他们都是课徒数百人的治经的儒者。延光元年（122 年）河西下冰雹，安帝召问季彦，季彦对曰：

此皆阴乘阳之征也。今贵臣擅权，母后党盛，陛下宜修圣德，虑此二者。（《后汉书·孔僖传》）

安帝似有所悟，但季彦却受到了外戚和宦官的憎恶。当时是宦官与外戚都掌大权的时候。宦官樊丰与王圣一门勾结，阎后与其兄大将军阎显用权，士人虽欲匡扶王室，而无立足之地。

这种局面到顺帝时更有发展。顺帝是依靠宦官孙程等人的力量登上帝位的。即位之后,给孙程等人以很大的宠遇。而梁后之兄梁冀,掌握着军事大权,亲朋满朝,更是颐指气使。此时士人,也仍然是从王权旁落的角度,一再抗争。太尉王龚与侍御史张纲,都曾上疏言宦官之害。汉安元年(142年),顺帝遣八使巡行州郡,考察官吏。八人中七人是当时的宿学名儒,只有张纲年轻位微。受命之后,他埋车轮于洛阳都亭,说:"豺狼当路,安问狐狸!"他是认为当务之急,乃在朝廷,而不在地方官吏,地方官吏的考察是可以不必去的,应先整顿朝廷为是,把矛头直指梁冀。"遂奏大将军梁冀无君之心十五事,皆臣子所切齿者也。"(谢承《后汉书》卷四)疏称:

> 大将军冀,河南尹不疑,蒙外戚之援,荷国厚恩,以刍荛之资,居阿衡之任,不能敷扬五教,翼赞日月,而专为封豕长蛇,肆其贪叨,甘心好货,纵恣无底,多树谄谀,以害忠良。……斯皆臣子所切齿者也。(《后汉书·张纲传》)

他敢于上疏直指当时不可一世的梁冀,使京师为之震动。当然,他的上疏也同样不被采纳。后来八使是巡行州郡去了,凡所纠察劾奏的赃官,都是宦官及梁冀一门的亲党,虽奏劾了,也还是寝而不行。在中国的传统里,反对贪赃枉法如果牵连到在朝权贵,是很难反得下去的。不惟反不下去,而且敢于直言的抗争者,往往不是当时被治罪,便是后来被借故整治。张纲便是一例。他被派到当时盗贼蜂起的广陵郡去做太守。梁冀的本意,是"因欲以事中之"。张纲虽然把一个很不安定的广陵郡治好了,但不到一年,他就累死在了广陵,年仅四十六。

士人的一次次上疏抗争，反对宦官与外戚，一次次失败，而宦官外戚之害愈演愈烈。这对于士人心理来说，无疑是很大的挫伤。他们之反宦官外戚，本意是维护朝纲，是完全忠于皇权的，是一心一意要维护正在崩坏的大一统政权。但是由于这个他们忠心耿耿为之忧思劳瘁的大一统政权已经完全腐败，他们得到的便只能是一次次失望。

给了士人心理更大震动的，是此后的几次事件。

桓帝建和元年（147 年），李固和杜乔因一再反对梁冀而被捕入狱，死狱中，且被暴尸于通衢，不许收葬。李固的学生郭亮、杜乔的属吏杨匡与南阳董班，临尸痛哭。守吏以为腐儒而欲试法，加以斥问。于是郭亮慷慨陈辞，谓："义之所动，岂知性命！何为以死相惧邪！"郭亮、杨匡、董班归葬李固、杜乔之后，归隐山林，终生不仕。此事殊可注意。李固、杜乔皆为一时名儒。《后汉书·李固传》注引谢承《后汉书》谓李固"负笈追师三辅，学《五经》，积十余年，博览古今。明于风角、星算、《河图》、谶纬，仰察俯占，穷神知变"。《后汉书·杜乔传》注引司马彪《续汉书》称："乔少好学，治韩《诗》、京氏《易》、欧阳《尚书》，以孝称；虽二千石子，常步担求师。"他们都是有志于朝政昏聩之时励志抗节，知不可而为之的士人。李固遗黄琼书，劝黄琼出仕：

> 盖君子谓伯夷隘，柳下惠不恭，故《传》曰："不夷不惠，可否之间。"盖圣贤居身之所珍也。诚遂欲枕山栖谷，拟迹巢由，斯则可矣；若当辅政济民，今其时也。自生民以来，善政少而乱俗多，必待尧舜之君，此为志士终无时矣。（《后汉书·黄琼传》）

他分明知道其时并非治世，乃是乱俗，这在信里是透露得很明白的。明知处于昏乱之世，而不退避山林，立意在"辅政济民"，仍想对大一统政权有所补救。他们的立于朝廷，基本心态正是此一点。梁冀鸩杀质帝刘缵，而议立刘志为帝，李固、杜乔坚议立清河王刘蒜为帝，当争议不下，而满朝文武都阿附梁冀旨意时，李固、杜乔坚守本议，因之激怒梁冀，李固终于下狱。书生意气，虽未能成事，而此时士人对于皇帝的忠鲠之心犹在。此可注意者一。

李固入狱，门生王调贯械上书，证固之枉；河内赵承等数十人亦诣阙为固诉枉①，李固于是得到太后赦免出狱。《后汉书·李固传》称："及出狱，京师市里皆称万岁。冀闻之大惊，畏固名德终为己害，乃更据奏前事，遂诛之，时年五十四。"此事影响之大，不仅在士林，且扩及市井，士人已因反对外戚、宦官，反对昏乱之朝政而获致社会之普遍同情，声望亦因之而提高。此可注意者二。

李固、杜乔之被害，郭亮、董班等人敢于临尸痛哭。《后汉书·李固传》称，郭、董"二人由此显名，三公并辟。班遂隐身，莫知所归"。敢于不顾个人安危以徇义，亦因义而显名，显名之后，三公并辟而终于隐居不仕。此可注意者三。此一点可注意，在于从中可窥知其时士人因重义而获致社会声誉，慕义为其时社会之一种普遍心态。

此三点可注意之处，反映出一种现象：士与政权的关系，正在不知不觉地发生着变化。由于反对外戚、宦官而士多罹祸，士的声望提高了，朝廷的声望则因其自身之腐败而迅速下降。

---

① 赵承亦为李固之弟子，《后汉书·李固传》注引谢承《后汉书》："固所授弟子，颍川杜访、汝南郑遂、河内赵承等七十二人，相与哀叹悲愤，以为眼不复瞻固形容，耳不复闻固嘉训，乃共论集《德行》一篇。"按：《隋书·经籍志》尚著录有《李固集》十二卷。

桓帝永兴元年（153年），朱穆为冀州刺史。宦官赵忠丧父，归葬安平，僭为玙璠。安平为冀州属郡，朱穆下郡按验，发墓剖棺。朱穆意在惩办宦者之僭伪行为，维护君臣之义，而不料此一片忠心，不为桓帝所深察，反使桓帝为之震怒。朱穆因之被治罪，送往左校劳作。此事激起了数千太学生的不平。刘陶等数千太学生上书为朱穆辩冤，书云：

> 伏见施刑徒朱穆，处公忧国，拜州之日，志清奸恶。诚以常侍贵宠，父兄子弟布在州郡，竞为虎狼，噬食小人，故穆张理天网，补缀漏目，罗取残祸，以塞天意。由是内官咸共恚疾，谤讟烦兴，谗隙仍作，极其刑谪，输作左校。……当今中官近习，窃持国柄，手握王爵，口含天宪，运赏则使饿隶富于季孙，呼噏则令伊、颜化为桀、跖。而穆独亢然不顾身害，非恶荣而好辱，恶生而好死也，徒感王纲之不摄，惧天网之久失，故竭心怀忧，为上深计。臣愿黥首系趾，代穆校作。（《后汉书·朱穆传》）

苟不论朱穆在对待梁冀问题上的是非得失，他之反宦官而引起太学生如此之同情，适足以说明士人之一种感情趋向。数千太学生联名上书，可以看作是士人在反对宦官上的一次不小的示威。以后太学生张凤等三百余人上疏为皇甫规讼冤，又是一例。自此以后，太学生逐渐形成一种舆论力量。到了桓帝延熹年间，太学诸生三万余人，臧否然否，"自公卿以下，莫不畏其贬议，屣履到门"（《资治通鉴》汉纪四十七）。士人作为一种舆论力量形成对腐败政治的巨大压力之后，他们之为腐败不堪的政权所镇压，便势难避免了。这便是接踵而来的两次镇压党人的事件，即历史上有名

的所谓"党锢之祸"。关于党人的形成,《后汉书·党锢列传》说:

> 初,桓帝为蠡吾侯,受学于甘陵周福,及即帝位,擢福为尚书。时同郡河南尹房植有名当朝。乡人为之谣曰:"天下规矩房伯武,因师获印周仲进。"二家宾客,互相讥揣,遂各树朋徒,渐成尤隙,由是甘陵有南北部,党人之议,自此始矣。

把党人之起归于房、周二家的各树朋徒,是不确的。党人的形成,其实是士人对于政权持一种共同的批评态度必然导致的结果。他们原本从矢忠于皇权开始,反对外戚和宦官专制的腐败政治,意在维护大一统政权,而这个政权对他们的报答,却是一次次残酷无情的打击。他们对于这个政权的向心力是很自然地慢慢消失了,他们的心态,从矢忠于皇权,转向了高自标置,转向了相互题拂。其实,在《后汉书·党锢列传序》中,已经说明了这一点,序称:

> 逮桓、灵之间,主荒政缪,国命委于阉寺,士子羞与为伍,故匹夫抗愤,处士横议,遂乃激扬名声,互相题拂,品核公卿,裁量执政,婞直之风,于斯行矣。

"匹夫抗愤,处士横议",为其时士人风貌之极生动之写照。造成这种局面的根本原因,是"主荒政缪",是"国命委于阉寺"。几百年来士人心向往之,一直对它忠心耿耿的大一统政权,已经无可挽回地腐败了,皇帝昏庸,权力落到了最腐败的势力手里,一向以社会良心自命、以担当道义为己任的士人,对于这个落入最腐朽势力的政权,感情上产生距离,对它议论纷纷,也就是必然的了。

士人与政权的疏离,以一种批评的态度对待政权,很自然地便形成一些群体。这些群体的形成,并非由于两个家族的争斗,而是整个士阶层在对待政权的态度上产生根本性转变的必然产物。

士人群体的形成,士人与朝廷腐朽势力的矛盾当然就进一步激化了。延熹九年相继发生的一系列事件足可说明这一点,而终于爆发了第一次党禁。关于第一次党禁的起因,《后汉书·党锢列传》说:

> 时河内张成善说风角,推占当赦,遂教子杀人。李膺为河南尹,督促收捕,既而逢宥获免。膺愈怀愤疾,竟案杀之。初,成以方伎交通宦官,帝亦颇诔其占。成弟子牢脩因上书诬告膺等养太学游士,交结诸郡生徒,更相驱驰,共为部党,诽讪朝廷,疑乱风俗。于是天子震怒,班下郡国,逮捕党人,布告天下,使同忿疾,遂收执膺等。其辞所连及陈寔之徒二百余人,或有逃遁不获,皆悬金购募。

从这一段关于党禁起因的叙述中,可以了解到党人刚正不阿、疾恶如仇的品格。此事是非本甚分明,之所以酿成党禁,是宦官借机耸动,用以打击士人。而所牵连,多为当时名士。是非既甚分明,道义便在党人一边,被牵连者多为名士,社会同情心便也更倾向于党人。

第一次党禁由于拷问所及,牵连宦者子弟,在处理上便有所忌讳。党人下狱之后,二百余人遣返乡里,废锢终生。宦官本意盖在于通过此一事件打击士人,而结果却相反,党人之势力不惟未受丝毫打击,且声望进一步提高了。

膺免归乡里,居阳城山中,天下士大夫皆高尚其道,而污秽朝廷。(《后汉书·李膺传》)

滂后事释,南归。始发京师,汝南、南阳士大夫迎之者数千两。(《后汉书·范滂传》)

士人声望的进一步提高,又进而激扬起高自标置、相互题拂的风气。《后汉书·党锢列传序》:

自是正直废放,邪枉炽结,海内希风之流,遂共相摽榜,指天下名士,为之称号。上曰"三君",次曰"八俊",次曰"八顾",次曰"八及",次曰"八厨",犹古之"八元"、"八凯"也。窦武、刘淑、陈蕃为"三君"。君者,言一世之所宗也。李膺、荀翌、杜密、王畅、刘祐、魏朗、赵典、朱寓为"八俊"。俊者,言人之英也。郭林宗、宗慈、巴肃、夏馥、范滂、尹勋、蔡衍、羊陟为"八顾"。顾者,言能以德行引人者也。张俭、岑晊、刘表、陈翔、孔昱、苑康、檀敷、翟超为"八及"。及者,言其能导人追宗者也。度尚、张邈、王考、刘儒、胡母班、秦周、蕃向、王章为"八厨"。厨者,言能以财救人者也。

这实际上是一种舆论的抗争,被标榜的名士,多为第一次党禁中被废锢者。在这种情况下,名士崇拜是对腐败朝政的公然批评,对于宦官来说,更是如坐针毡。宦官侯览阴使张俭之乡人朱并上书告张俭"与同乡二十四人别相署号,共为部党,图危社稷,而俭为之魁"。于是下诏收捕张俭等,并连及第一次党禁之党人,是为第二次党禁。第二次党禁党人死者百余人,受牵连而死、徙、废、禁者又六七百人。

两次党禁,无疑是士人与朝廷腐朽势力矛盾的总爆发,同时,也是士人在心理上对于大一统政权的最后一次眷恋。他们本意在维护这个政权,而这个政权不惟不保护他们,而且以他们为仇敌,忠而见疑,这是一种怎样的慷慨的悲哀。他们都是一些想维护大树于将倾的、积极入世的著名士人。谢承《后汉书·陈蕃传》:"陈蕃家贫,不好扫室。客怪之者,或曰:'可一扫乎?'蕃曰:'大丈夫当为国扫除天下,岂徒室中乎?'"李膺、范滂等人,也都是以澄清天下自许的人物,而竟遭此一悲惨之结局。他们是怀着一种怎样的悲壮心理!袁山松《后汉书》说范滂在第一次党禁时下狱,讯问党人时,他年少在后,却越位而前,慷慨陈辞:

> 窃闻仲尼之言,见善如不及,见恶如探汤。欲使善善齐其情,恶恶同其行,谓王政之所思,不悟反以为党。

他被系狱中,以同被囚禁者多有疾病,乃请代受掠考之苦。被考问时,他又慷慨陈词:

> 古之循善,自求多福;今之循善,身陷大戮。身死之日,愿埋滂于首阳山侧,上不负皇天,下不愧夷齐。(《后汉书·党锢列传》)

第二次党禁,被系入狱,临诀谓其子曰:

> 吾欲使汝为恶,则恶不可为;使汝为善,则我不为恶。(同上)

士之以刚正立世,当为善不为恶,故诫其子恶不可为;善本当有善终,而已躬身行善,忠于朝廷,终罹祸殃,故言使汝为善,汝亦将无善终。我不为恶而终于罹祸,即是证明。其悲愤心绪,使人读之怆然。

第二次党禁将起,乡人劝李膺逃亡,李膺慨然对曰:

> 事不辞难,罪不逃刑,臣之节也。吾年已六十,死生有命,去将安之?(同上)

《后汉书·巴肃传》说巴肃曾与窦武、陈蕃谋诛宦官,亦坐党禁锢:

> 中常侍曹节后闻其谋,收之。肃自载诣县。县令见肃,入閤解印绶与俱去。肃曰:"为人臣者,有谋不敢隐,有罪不逃刑。既不隐其谋矣,又敢逃其刑乎?"遂被害。

何止党人!其时整个士人阶层都处在一种悲壮的气氛中。赵翼《廿二史札记》卷五"党禁之起"条,对此有十分生动的概括:

> 其时党人之祸愈酷而名愈高,天下皆以名入党人中为荣。范滂初出狱归汝南,南阳士大夫迎之者车千两。景毅遣子为李膺门徒,而录牒不及,毅乃慨然曰:"本谓膺贤,遣子师之,岂可因漏名而幸免哉。"遂自表免归。皇甫规不入党籍,乃上表言,臣曾荐张奂,是阿党也。臣昔坐罪,太学生张凤等上书救臣,是臣为党人所附也。臣宜坐之。张俭亡命困迫,望门投止,莫不重其名行,破家相容。此亦可见当时风气矣。(《廿二史札记校证》)

当诏捕范滂时，汝南督邮吴导抱诏书而泣，县令郭揖解印绶欲与俱亡；党人行为之震动于当时者竟至此！

平心而论，两次党禁，对于大一统政权和对于士人来说，其实都是悲剧。大一统政权的悲剧，是它杀害了它本赖以生存的一批社会中坚，一批真诚拥护它的根本利益的优秀分子，而依靠一批社会渣滓，一批本不该飞黄腾达而却飞黄腾达的最腐败力量，最后终于走向了彻底崩溃，导致我国历史上长达四百余年的割据局面。士人的悲剧，是他们分明已知朝政腐败到无可为的地步，而以其一片忠心，强扶持之，披潇洒风流之举世荣名，而未能脱尽儒生之迂腐，最后当然就非走向悲剧结局不可。名士风流交错着凄凉血泪，令千古为之动容亦为之叹息。

读《古诗十九首》，我们便可以感到此时士人的一种悲凉心绪：

> 行行重行行，与君生别离。相去万余里，各在天一涯。道路阻且长，会面安可知？胡马依北风，越鸟巢南枝。相去日已远，衣带日已缓，浮云蔽白日，游子不顾反。思君令人老，岁月忽已晚。弃捐勿复道，努力加餐饭。

在香草美人的诗歌传统里，这诗里所传达的未尝不可以理解为一种忠而见弃的深沉悲哀。这种深沉的悲哀，在此前的汉代作品里是从未见过的。

对于士这个阶层来说，这种悲哀甚至悲凉的心绪，正是他们和大一统政权在内心上疏离前的最后一丝眷恋。这种悲哀心绪和对于腐败朝政的疾视与批评（抗争与横议），伴随着他们从忠心耿耿维护大一统政权的心态中解脱出来，走向自我。这一转变是巨大的。没有这个转变，就不会有后来玄学的产生。

第二节　论无定检——士从儒家大一统思想的
　　　　禁锢中解脱出来

汉初是尚黄老的，思想较为宽松。汉武帝时期定儒术于一尊之后，思想领域统制的色彩便浓厚起来了。而关键所在，是儒学成为官学，与政权紧密联系在一起，具有政治权力的性质。定儒学于一尊，在汉王朝的发展和在思想史上的是非得失，可研究者尚多，暂且勿论。这里涉及的只是它对于士人思想的影响。

董仲舒当年上天人三策时，对于定儒术于一尊的目的已经说得很清楚：

> 《春秋》大一统者，天地之常经，古今之通谊也。今师异道，人异论，百家殊方，指意不同，是以上亡以持一统；法制数变，下不知所守。臣愚以为诸不在六艺之科孔子之术者，皆绝其道，勿使并进。邪辟之说灭息，然后统纪可一而法度可明，民知所从矣。（《汉书·董仲舒传》）

罢黜百家，使思想归于一统，以统一法度，这样一个目的，是实行了的。儒家经典慢慢地渗透到政治权力中去，成了政治权力的一部分，它的学术色彩消退了。所谓"以《春秋》决狱，以《禹贡》治河，以三百篇当谏书"便是人所共知的儒家经典在政治权力中的地位的很好说明。其实，儒家经典渗入政治权力的程度远远超过这一点。在重要的政治角逐中，经典的力量便显示出来了。稍举数例即可说明。

武帝晚年,有戾太子事件。这是一起原因复杂的宫廷变故。在这场复杂的宫廷变故中,父子刀兵相见,武帝的心情是复杂的。他被蒙蔽,以为太子叛乱,而怒不可遏。在酿成数万人死亡的京城五日激战,太子兵败逃亡之后,任何意在为太子辩解的人,无疑都是自置死地。但是令狐茂却慨然上书,说这场变故是江充迫逼的结果,罪不在太子。他的上书里两引《诗》为据,引《小雅·青蝇》以说明太子被谗人构毁;引《小雅·巷伯》以说明太子之所以杀江充,目的在除去谗邪之人,不在反对皇帝。经典在这里就显出它非凡的力量来了。令狐茂不仅未被责罚,而且使武帝感悟,后来太子在逃亡中被害,武帝还筑起了思子宫、归来望思之台,令天下闻者为之悲怆。(《汉书·武五子传》)

昭帝始元五年(前82年)夏阳人成方遂伪称卫太子(戾太子),谓当年逃亡而实未被害。昭帝疑不能决,诏公卿将军辨认,而事关重大,公卿莫敢置一辞。京兆尹隽不疑后到,叱从吏收缚之。在如此重大的事件中,君臣上下尚疑而未决之际,隽不疑敢于决断,依据的也是《经》的力量。他说:

> 诸君何患于卫太子!昔蒯聩违命出奔,辄距而不纳,《春秋》是之。卫太子得罪先帝,亡不即死,今来自诣,此罪人也。

他的行为得到昭帝和当时握有大权的大将军霍光的称赞,称:"公卿大臣当用经术明于大谊。"(《汉书·隽不疑传》)

经术之被置于十分重要的地位,在政权争夺的关键时刻尤其如此。汉昭帝崩,昌邑王嗣立,因行淫乱而为大将军霍光等所废。霍光与群臣上书皇太后废昌邑王刘贺,依据的也是经典:

《诗》云："籍曰未知,亦既抱子。"五辟之属,莫大不孝。周襄王不能事母,《春秋》曰"天王出居于郑",𩿒不孝出之,绝之于天下也。宗庙重于君,陛下未见命高庙,不可以承天序,奉祖宗庙,子万姓,当废。

这是说,他嗣帝位本应承先帝之遗教,行先帝之法度,而竟然行淫僻不轨,罪在不孝,当废。废昌邑王之后,霍光等又上书太后,立戾太子之孙皇曾孙为帝,依据的也是经典:

《礼》曰："人道亲亲故尊祖,尊祖故敬宗。"大宗亡嗣,择支子孙贤者为嗣。(均见《汉书·霍光传》)

在这种时候,儒家经典的力量便表现在它能够为政治行为提供理论的依据,给某种政治行为以正义性的解释。在《汉书》和《后汉书》中,我们常常可以看到皇帝下诏引用五经,朝臣上书引用五经,赏罚以五经解释因由,施政以五经说明根据。皮锡瑞《经学历史》有一个概括:"元、成以后,刑名渐废。上无异教,下无异学。皇帝诏书,群臣奏议,莫不援引经义以为据依。国有大疑,辄引《春秋》为断。一时循吏多能推明经意,移易风化,号为以经术饰吏事。"显然,此时儒学的影响不仅在人伦日用方面,不仅在维系社会的秩序上,而且更主要的是在国家政治生活中。重要的制度和措施有了经典为依据,便名正言顺,可以公然声称自己是正确的。儒学如此深地锲入政治,是前此所未有的。

儒家经典既然在政权中处于如此重要的地位,很自然的便提出了一个解释权的问题。一种学说一旦成为权威,便都存在着这样一个问题。从儒学定于一尊的最初起,解释权问题便出现了。

《汉书·终军传》：

> 　　元鼎中，博士徐偃使行风俗。偃矫制，使胶东、鲁国鼓铸盐铁。还，奏事，徙为太常丞。御史大夫张汤劾偃矫制大害，法至死。偃以为《春秋》之义，大夫出疆，有可以安社稷、存万民，颛之可也。汤以致其法，不能诎其义。有诏下军问状，军诘偃曰："古者诸侯国异俗分，百里不通，时有聘会之事，安危之势，呼吸成变，故有不受辞造命颛己之宜；今天下为一，万里同风，故《春秋》'王者无外'。偃巡封域之中，称以出疆何也？且盐铁，郡有余臧，正二国废，国家不足以为利害，而以安社稷存万民为辞，何也？"……上善其诘，有诏示御史大夫。

同是《春秋》之义，可以作不同解释。这一次是由汉武帝作了判定，在另外的情况下，由谁来作权威性的解释呢？这类问题在以后是不断出现的。石渠阁会议和白虎观会议的召开，便都是为了解决解释权上的纷争。石渠阁会议之后，经学分家而家法由是森严；白虎观会议统一了五经的解释权，而使儒家经典具有更广泛的应用能力，从政权基石、典章制度至行为规范，几乎无所不包的可以用五经来解释。家法森严，使儒学具有更浓厚的尊古色彩，更多守旧的倾向；统一解释权而使儒学更加政治化也更加庸俗化。从武帝定儒学于一尊，经石渠阁会议到白虎观会议，儒学的至高无上的权威是不可动摇了。士人从入学到入仕，都受到这种思想的教养，遵循这种思想，以之作为立身行事的规范。儒学的这种地位，造就了士人心理上的几个特点。

　　一是正统观念。儒学一尊从最初起，便是排他性的，只承认自己的正确性和合理性。无论是今文经学内部的不同家法之争，还是经今古文之争，都是为了争取正统的地位。在士人心中形成了一种畸形的观念：只有儒家思想代表着终极真理，而自己正是这个终极真理的代表者。这种思想观念一经形成，士便把自己封闭在一个僵化的思想硬壳里，拒绝接受异端，拒绝异端共存。这种思想观念后来成了中国士人传统性格的一部分。

二是复古守成的思想倾向。士人的毕生精力，只是用来对儒家经典作解释，而不是用来创造。皮锡瑞《经学历史》提到："汉人最重师法。师之所传，弟之所受，一字毋敢出入；背师说即不用。"赵宾治《易》，不遵师说，好为己见，虽治《易》者不能难，而依然被轻视，理由只是"非古法也"。孟喜《易》学，原先是师事田王孙的，后又取赵宾说，有背师法，为皇帝所不用。建武四年（28年）韩歆上疏议立费氏《易》与左氏《春秋》博士，范升上疏反对：

> 臣闻主不稽古，无以承天；臣不述旧，无以奉君。……今费、左二学，无有本师，而多反异。先帝前世，有疑于此，故《京氏》虽立，辄复见废。……愿陛下疑先帝之所疑，信先帝之所信，以示反本，明不专己。天下之事所以异者，以不一本也。《易》曰："天下之动，贞夫一也。"又曰："正其本，万事理。"（《后汉书·范升传》）

严守师说，理由是正本，任何异说都在排斥之列。汉代士人的这一心态可以说把孔子的"述而不作"发展到了极端。唐晏对这种严守师法家法的现象给了这样的解释：

> 盖汉代平事必本经义，经义苟异，则莫知适从。所以不肯博采者，良以斯尔。（《两汉三国学案》卷一）

他是从经学在政治生活中实际应用的需要来理解这一现象的出现的。其实，这种现象的出现，除了实用的原因之外，或者还和圣人崇拜的传统有关。

三是繁琐的思想方法。《汉书·艺文志》叙繁琐经学之弊：

> 后世经传既已乖离，博学者又不思多闻阙疑之义，而务碎义逃难，便辞巧说，破坏形体；说五字之文，至于二三万言。后进弥以驰逐，故幼童而守一艺，白首而后能言；安其所习，毁所不见，终以自蔽。此学者之大患也。

桓谭《新论》：

> 秦近君能说《尧典》篇目两字之谊，至十余万言；但说"曰若稽古"，三万言。

缺乏义理抽象的能力，只能支离破碎演绎章句的这种思维方式，与正统观念和守旧倾向结合，便形成了僵化、缺乏创造力的思想模式。苟不论对于两汉经学在学术思想史上的是非得失应作如何评价，仅就它对于士人的思想观念、思维方法的训练而言，它无疑是消极的。

随着大一统政权的崩坏，经学中衰，这种僵化的思想模式也慢慢地松动了。先是从师法家法的松动开始。和帝末年，徐防上疏，已经指出师法家法松动的现象，他说：

> 伏见太学试博士弟子，皆以意说，不修家法，私相容隐，开生奸路。每有策试，辄兴诤讼，论议纷错，互相是非。……

今不依章句,妄生穿凿,以遵师为非义,意说为得理,轻侮道术,浸以成俗,诚非诏书实选本意。(《后汉书·徐防传》)

师法家法的松动经马融、郑玄而打通今古文门户。皮锡瑞说:"盖以汉时经有数家,家有数说,学者莫知所从。郑君兼通今古文,沟合为一,于是经生皆从郑氏,不必更求各家。郑学之盛在此,汉学之衰亦在此。"他所说的汉学之衰,应该说是师法家法森严的经学之衰。郑玄不仅打破了师法家法的束缚,思想活跃起来,以己意选取今古文之所长而用之,而且由繁琐章句趋向简洁明快。在简洁明快的释经中出现了义理化的倾向。应该说,郑玄既是经学的集大成者,也是由经学向玄学发展的一个中间环节,从思想方法上看尤其如此。

但是,更重要的变化,是大一统政权崩坏过程中带来的正统观念的变化。现实政治生活中君臣之义既已错乱,经学家便很难曲为之说。由儒家思想建立起来的一套人伦关系,一套行为准则,一套是非标准,已经不能适应变化了的现实生活。也就是说,这些准则失去了它们的权威性,失去了它们的约束力。儒学的权威地位下降了。

儒学权威地位下降的同时,诸子思想便重新活跃起来。

傅毅《七激》,托玄通子之名,以阐扬儒家思想。其中写一徒华公子"游心于玄妙,清思乎黄老",受到玄通子的批评之后,领悟了儒家圣道。《七激》乃虚构之文,难以史料论之。然亦要非无的放矢,其时当有沉溺于老、庄思想者在。马融行事,已重老、庄。永初初年,融尚困顿,邓骘欲召其为舍人,而马融为名而不应命。继而后悔,谓其友人曰:

> 古人有言:"左手据天下之图,右手刭其喉,愚夫不为。"所以然者,生贵于天下也。今以曲俗咫尺之羞,灭无赀之躯,殆非老、庄所谓也。(《后汉书·马融传》)

于是应邓骘之召。马融当然是儒家,但已杂取老、庄。他还注《老子》。据皇甫谧《高士传》载,马融的岳父挚恂就"博通百家之言"。《后汉书·刘表传》集解引《零陵先贤传》称,别驾刘先"博学强记,尤好黄老"。《后汉书·独行列传》称向栩"恒读《老子》,状如学道"。崔寔,《隋志》入法家,而其人生态度,实明显受到了老、庄之影响。其《答讥》一文,是反对儒家入世思想的:

> 且麟隐于遐荒,不纡机阱之路;凤凰翔于寥廓,故节高而可慕。李斯奋激,果失其度;胥、种遂功,身乃无处。观夫人之进趋也,不揣己而干禄,不揆时而要会,或遭否而不遇,或智小而谋大,纤芒毫末,祸亟无外,荣速激电,辱必弥世。故曰:爱饵衔钩,悔在鸾刀;被文食鳖,乃启其毛。若夫守恬履静,澹尔无求,沉缊浚壑,栖息高丘,虽无炎炎之乐,亦无灼灼之忧。余窃嘉兹,庶遵厥猷。(《艺文类聚》卷二十五)

崔寔《政论》,是主法、主权变的。其中的一些主张,正与经学的泥古守旧倾向相反。如:

> 且济时救世之术,岂必体尧蹈舜然后乃治哉?期于补绽决坏,枝柱斜倾,随形裁割,取时君所能行,要措斯世于安宁之域而已。……俗人拘文牵古,不达权变。(《玉函山房辑佚书续编三种》)

所谓"拘文牵古，不达权变"，显系指汉世末季，世乱已成，而经术之士，仍拘泥于援经为治，不知适变。他又说：

> 故圣人能与世推移，而俗士苦不知变，以为结绳之约，可复理乱秦之绪；干戚之舞，足以解平城之围！夫熊经鸟伸，虽延历之术，非伤寒之理；呼吸吐纳，虽度纪之道，非续骨之膏。盖为国之法，有似理身，平则致养，疾则攻焉。夫刑罚者，治乱之药石也；德教者，兴平之粱肉也。夫以德教除残，是以粱肉理疾也；以刑罚理平，是以药石供养也。（《后汉书·崔寔传》引）

他主张乱世用法治。这种思想后来为曹操所实行。

同被《隋志》列入法家的刘廙，《政论》一书亦充满异端思想。经学极盛时，圣人万能，被视之若神，而《政论》却说：

> 圣人能睹往知来，不下堂而知四方；萧墙之表，有所不喻焉。诚无所以知之也。夫有所以知之，无远而不睹，无所以知之，虽近不如童昏之履之也。（《玉函山房辑佚书》）

儒家是重义轻利的，刘廙却以为薄俸不足以养廉，要使官吏不贪污，在于高其俸禄：

> 夫为政者，莫善于清其吏也。……且欲其清而薄其禄，禄薄所以不得成其清。夫饥寒切于肌肤，固人情之所难也，其甚又将使其父不父，子不子，兄不兄，弟不弟，夫不夫，妇不妇矣。贫则仁义之事狭而怨望之心笃。……故守清者死于

沟壑,而犹有遗谤于世也。为之至难,其罚至重,谁能为之哉?人知守清之必困于终也,违清而又惧卒罚之及其身也,故不为昭昭之行,而咸思暗昧之利,奸巧机于内而虚名逸于外。(《玉函山房辑佚书》)

这就把贪赃受贿的种种腐败现象,都归之于薄俸上了。

《隋志》列入杂家的仲长统《昌言》中,也有类于刘廙的思想。《昌言》成书于建安二十四年之前,与刘廙《政论》作年相近。《昌言》谓:

> 彼君子居位,为士民之长,固宜重肉累帛,朱轮四马。今反谓薄屋者为高,藿食者为清,既失天地之性,又开虚伪之名。……夫选用必取善士。善士富者少而贫者多,禄薄不足以供养,安能不少营私门乎?从而罪之,是设机置阱,以待天下之君子也。(《后汉书·仲长统传》引)

《昌言》中有明显的老、庄思想。《理乱篇》认为理乱更迭,乃"天道常然之大数",正是老、庄的天道自然观。《昌言》中还有名家思想,论人之才性,谓:

> 人之性,有山峙渊渟者,患在不通;严刚贬绝者,患在伤士;广大阔荡者,患在无检;和顺恭慎者,患在少断;端悫清洁者,患在拘狭;辩通有辞者,患在多言;安舒沉重者,患在后时;好古守经者,患在不变;勇毅果敢者,患在险害。(《意林》卷五)

更可注意的是《昌言》提出了对"孝"的一种新解释：

> 父母怨咎人不以正，己审其不然，可违而不报也；父母欲
> 与人以官位爵禄，而才实不可，可违而不从也；父母欲为奢泰
> 侈靡，以适心快意，可违而不许也；父母不好学问，疾子孙之
> 为之，可违而学也；父母不好善士，恶子孙交之，可违而友也；
> 士友有患故，待己而济，父母不欲其行，可违而往也。故不可
> 违而违，非孝也；可违而不违，亦非孝也。好不违，非孝也；好
> 违，亦非孝也，其得义而已也。（《群书治要》卷四十五）

东汉是以孝治天下的，因孝可成名，亦可入仕。谨奉父母，不敢有
违，为其时做人之一大准则。因给了"孝"以这样高的地位，故末
世往往多伪，史书上有不少假孝子的记载。随着正统观念的约束
的解除，对于"孝"的理解也就出现了新的认识。仲长统提出了不
盲目听从，而以"义"为准的原则。这对于传统经学来说，确乎已
属异端了。

这时在实际生活中，行为准则更是各种各样。定儒术于一尊
时所奠定的种种行为规范，都被打破了，可以说是各行其是。孔
融是其中很突出的一位。路粹奏孔融，指责他的罪状，谓：

> 融为九列，不遵朝仪，秃巾微行，唐突宫掖。又与白衣祢
> 衡言论放荡。衡与融更相赞扬。衡谓融曰："仲尼不死也。"
> 融答曰："颜渊复生。"（《三国志·魏书·王粲传》注引《典
> 略》）

> 又前与白衣祢衡跌荡放言，云："父之于子，当有何亲？
> 论其本意，实为情欲发耳。子之于母，亦复奚为？譬如寄物

瓶中，出则离矣。"（《后汉书·孔融传》）

路粹奏书所列罪状，是否真实，难以论定。曹操是据以给孔融定罪，并把他杀了的。曹操的《宣示孔融罪状令》中提到孔融的上述言语，说是"此州人说"，是则孔融的上述言论，已在州人中传播，或可信其为真。不管怎么说，这种思想为孔融所有，似不为无据。傅玄《傅子》载：

> 汉末有管秋阳者，与弟及伴一人，避乱俱行。天雨雪，粮绝。谓其弟曰："今不食伴，则三人俱死。"乃与弟共杀之，得粮达舍。后遇赦无罪。此人可谓善士乎？孔文举曰："管秋阳爱先人遗体，食伴无嫌也。"

孔融显然是不受固有的伦理道德准则约束的人。有意思的是他竟然把"食人"这样一种行为与儒家提倡的"孝"联系起来，使人有些哭笑不得的。盖随意议论，无所顾忌而已。且看他的论酒禁，说话何等无顾忌！他的《汝颍优劣论》，说汝南之士优于颍川之士，理由之一，是汝南之士敢于与天子相颉颃，而颍川之士不敢。这些地方，都显示了他不受约束的大胆见解。

社会上论定是非的标准多样化了，你可以这样说，我可以那样说。这时事实已不存在忠不忠的问题，有用便是正确。统一的价值标准已让位于不同的取向了。更明显的是衡人用人的例子。衡人用人的标准也各不相同。刘焉荐任安，说任安可用，因为他"味清道度，厉节高邈"，是就其品格言的。刘桢论邢颙，称其"玄静澹泊，言少理多"（《三国志·魏书·邢颙传》），则颇以道家为是。孔融荐祢衡，赞美其志节之外，更侧重于其才能："飞辩骋辞，溢气坌涌,解疑释结,临敌有余。"郭泰论人,有所奖掖,往往重其德性①。庞士元论人,则重其才能②。最有名的例子,当然是曹操的用人。他的《选举令》、《求贤令》、《敕有司取士无废偏短令》、《举贤勿拘品行令》,反复强调取士不废偏短,唯才是问。他是很讲实用的,一切的道德准则,在他那里都要视其时其地于他是否有益来论定是非。他在《举贤勿拘品行令》中明确说过:"若文俗之吏,高才异质,或堪为将守,负污辱之名,见笑之行;或不仁不孝,而有治国用兵之术,其各举所知,勿有所遗。"(《三国志·魏书·武帝纪》注引《魏书》)但他杀孔融的主要理由,却是孔融"不孝"。可见标准原是没有一定的,有用就是标准。重实用,而无固定标准,在这时影响是相当普遍的,连保存着相当正统的儒家思想的徐幹,在《中论·审大臣》中论用人,也主张重实用。重实用,各人所处地位环境不同,看问题的角度不同,需要不同,标准也就不同。何夔称其时用人之情形,谓:

> 自军兴以来,制度草创,用人未详其本。是以各引其类,时忘道德。(《三国志·魏书·何夔传》)

---

① 《世说新语·黜免》"邓竟陵免官后赴山陵"条刘孝标注引《郭林宗别传》:"钜鹿孟敏,字叔达,敦朴质直。客居太原,杂处凡俗,未有所名。尝至市买甑,荷担堕地坏之,径去不顾。适遇林宗,见而异之,因问曰:'坏甑可惜,何以不顾?'客曰:'甑既已破,视之何益?'林宗赏其介决,因以知其德性,谓必为美士,劝令读书。游学十年,遂知名。三府并辟,不就,东夏以为美贤。"《后汉书·郭泰传》记郭泰劝励茅容,是因为他重孝;奖掖庾乘,是因为他出身微贱而谦卑好学,等等。
② 《世说新语·品藻》:"庞士元至吴,吴人并友之,见陆绩、顾劭、全琮而为之目曰:'陆子所谓驽马有逸足之用,顾子所谓驽牛可以负重致远。'"

"各引其类,时忘道德",是说得很确切的。此时之士人,各事其主,主各有所好,士亦依类以归附,附则从其所好,儒学所建立起来的道德准则是被置之不顾了。

当然,此时士人中也仍然有遵奉儒家准则的,上面提到的徐幹就是一位。他论人论事,总的倾向仍然是遵照着儒家的宗旨来定是非。这在战乱的汉魏之交,是显得很突出的。他的一部《中论》,对当时不守规矩、不行法度的种种现象,常加指责。他的是非标准,与孔融、曹操都不同。《三国志·魏书·王粲传》提到徐幹,引了曹丕给吴质的信,称徐幹"恬淡寡欲,有箕山之志,可谓彬彬君子矣"。《王粲传》裴注引《先贤行状》,称"幹清玄体道,六行修备,聪识洽闻,操翰成章,轻官忽禄,不耽世荣"。他的立身处世,是颜回式的。他的同时人为《中论》写序,说灵帝末年"国典隳废,冠族子弟,结党权门,交援求名,竞相尚爵号",而幹"病俗迷昏,遂闭户自守,不与之群,以六籍娱心而已"。后来虽应曹操之征命,从戎征行,历五六载,而"不堪王事,潜身穷巷,颐志保真,淡泊无为,惟存正道。环堵之墙,以庇妻子;并日而食,不以为戚"。和徐幹持同样态度的,不在少数,如王昶。他教子,杂用儒、道。他在《家诫》中教儿子如何做人:

> 欲使汝曹立身行己,遵儒者之教,履道家之言。……颍川郭伯益,好尚通达,敏而有知,其为人弘旷不足,轻贵有余,得其人重之如山,不得其人忽之如草,吾以所知亲之昵之,不愿儿子为之。北海徐伟长,不治名高,不求苟得,澹然自守,惟道是务。其有所是非,则托古人以见其意,当时无所褒贬。吾敬之重之,愿儿子师之。东平刘公幹,博学有高才,诚节有大意,然性行不均,少所拘忌,得失足以相补。吾爱之重之,

不愿儿子慕之。乐安任昭先,淳粹履道,内敏外恕,推逊恭让,处不避洿,怯而义勇,在朝忘身。吾友之善之,愿儿子遵之。若引而伸之,触类而长之。……其论议贵无贬,其进仕尚忠节,其取人务道实,其处世戒骄淫,其贫贱慎无戚,其进退念合宜,其行事加九思,如此而已。(《全三国文》卷三十六)

他的这些是非准则,与当时的普遍风尚有许多是很不相同的,"论议贵无贬",与人物品藻的褒贬风尚大异其趣;"进仕尚忠节",与当时事主不忠的现象正相反对;而"处世戒骄淫",则完全不同于其时的纵欲奢靡之风。

引徐干和王昶的观点,在于说明,其时正处于一个变动不居、各种思想、各种价值观念、各种是非标准杂处并存的时期。经学的束缚解除了,儒家的道德准则已经失去了约束力;但是它作为一种思想传统,仍有它延续的线路。

曹丕《典论》有一段话,论桓、灵之际的社会风貌:

> 桓、灵之际,阉寺专命于上,布衣横议于下,干禄者殚货以奉贵,要命者倾身以事势,位成乎私门,名定乎横巷。由是户异议,人殊论,论无常检,事无定价,长爱恶,兴朋党。(《意林》引)

"户异议,人殊论,论无常检,事无定价",可以说是其时思想领域很生动、很真实的描述。不仅桓、灵之际,直到建安,亦复如此。上引材料中,有不少就是建安时期的。总之,在玄学建立之前,思想领域儒术一尊的局面完全打破了,没有统一的价值观念,没有统一的是非标准,思想一统的局面已成了过去的历史。思想学术都进入了一个非常活跃，而又变动不居，多元并存，而又互相渗透的时期。

由什么思想来重新取得思想领域的领导地位，还有待于历史的发展来回答。

第三节　任情放纵——士人生活情趣、生活风貌的变化

《后汉书·班固传》引班固上东平王刘苍、推荐当时名儒的奏记：

> 窃见故司空掾桓梁，宿儒盛名，冠德州里，七十从心，行不逾矩，盖清庙之光辉，当世之俊彦也。京兆祭酒晋冯，结发修身，白首无违，好古乐道，玄默自守，古人之美行，时俗所莫及。扶风掾李育，经明行著，教授百人，客居杜陵，茅室土阶……廉清修洁，行能纯备，虽前世名儒，国家所器，韦、平、孔、翟，无以加焉。……京兆督邮郭基，孝行著于州里，经学称于师门，政务之绩，有绝异之效。……凉州从事王雍，躬卜严之节，文之以术艺，凉州冠盖，未有宜先雍者也。……弘农功曹史殷肃，达学洽闻，才能绝伦，诵《诗》三百，奉使专对。此六子者，皆有殊行绝才，德隆当世，如蒙征纳，以辅高明，此山梁之秋，夫子所为叹也。

这是班固眼中佳士的典型，也是定儒术于一尊之后士人的行为典范，志行高洁，规行矩步。皓首穷经的士人，未仕之前与入仕之

后，大抵都以此为立身处世的准则。他们以克己为美德。《后汉书·马援传》引马少游论人生目的的一段话可以说明这一点：

> 士生一世，但取衣食裁足，乘下泽车，御款段马，为郡掾史，守坟墓，乡里称善人，斯可矣。致求盈余，但自苦耳。

《后汉书·卓茂传》说卓茂"究极师法，称为通儒。性宽仁恭爱"，一次出门，有人错认卓茂骑的马是他丢失的，卓茂便把马给了他，说以后你若认出这不是你的马，再送还给我就是。克己到了这个地步，也就泯灭了是非。《后汉书·刘宽传》说刘宽行事，与卓茂同，不过他骑的是牛，错认者后来把牛送还他，叩头谢过。刘宽却安慰他说："物有相类，事容脱误，幸劳见归，何为谢之？"史称刘宽"温仁多恕，虽在仓卒，未尝疾言遽色"。与克己同时存在的，是安贫乐道；把安贫乐道视为士之一种美德。在朝为循吏，在野则安贫乐道。《后汉书·韦彪传》说韦彪"孝行纯至，父母卒，哀毁三年，不出庐寝。服竟，羸瘠骨立异形，医疗数年乃起。好学洽闻，雅称儒宗。……安贫乐道，恬于进趣，三辅诸儒莫不慕仰之"。

　　士人这种规行矩步，克己谦恭，安贫乐道的风貌，是儒家伦理道德观念的约束的产物，用对于"礼"的虔诚信仰，去制约情，规范情。人总是有感情的，感情总要发泄，能发泄到何种程度，就要看在何种程度上符合于礼的要求。违礼的感情表现是不准许的。除了少数逸民之外，经学极盛时期的士人很少有纵情违礼的。纵情违礼，就会受到社会舆论的谴责，为社会所不容。逸民例外，但也得给以"合礼"的解释。《后汉书·逸民列传》有一段关于戴良的记载：

良少诞节,母嘉驴鸣,良常学之以娱乐焉。及母卒,兄伯鸾居庐啜粥,非礼不行,良独食肉饮酒,哀至乃哭。而二人俱有毁容。或问良曰:"子之居丧,礼乎?"良曰:"然。礼所以制情佚也,情苟不佚,何礼之论!夫食旨不甘,故致毁容之实。若味不存口,食之可也。"论者不能夺之。

《孝经》上说,子之丧亲,"哭不偯,礼无容,言不文,服美不安,闻乐不乐,食旨不甘。此哀戚之情也"。"食旨不甘",应如何理解?通常的理解是蔬食水饮,不饮酒不吃肉,而戴良的解释则是可以饮酒吃肉,只要食时觉得口中无味就行。他也承认要用礼来制情,不过说是自己觉得感情并没有放纵,也就不用谈论礼了。他是逸民,是可以例外的。不是逸民的人,这样做便要受到社会的谴责。东汉是以孝治天下的,在孝道上特别严格,严格得过了头,虚伪便常常出现。有父母之丧,是不得行夫妇之事的,但是虚伪便出来了。有人为了表现纯孝,父亲死后便搬到父亲的墓道里去住,结果在墓道里一住十余年,生了一群孩子。不仅在孝行上出现虚伪,在生活的其他方面,也常常出现这类虚伪的事例。《后汉书·张湛传》谓:

张湛……矜严好礼,动止有则,居处幽室,必自修整,虽遇妻子,若严君焉。及在乡党,详言正色,三辅以为仪表。人或谓湛伪诈,湛闻而笑曰:"我诚诈也。人皆诈恶,我独诈善,不亦可乎?"

试想想,在妻子儿女以至乡里亲朋面前,都道貌岸然,没有一点人间气,那是何等情状!不过张湛还好,他承认那是假装出来的,而且他还以为这种假正经是虽假而行善,比虽假而行恶者要好。

更极端的例子是周泽。《后汉书·儒林列传》说周泽"清洁循行,尽敬宗庙"。周泽官太常,太常是掌管礼乐郊庙社稷事宜的。他便经常住到祭祀的斋宫去,不和妻子同居。有一次,他在斋宫有病,妻子去看望他,他便大怒,说妻子干犯了斋禁,送去诏狱谢罪。这样的行为,已经到了不近人情的程度。

一个社会,没有共同的伦理道德观念的约束,这个社会便只能是一个混乱的社会;但如果伦理道德观念对于感情的约束到了极端的地步,压制了人类感情的正常表达,便只能导致悖于常理的行为。到了宋明理学盛极一时的时候,这种悖理的道学家的行为便盛行了。南宋一些道学家讲"存天理灭人欲",就产生了一些很离奇的行为。他们认为男女之情是不正当的、丑恶的,为控制情欲,把父母遗像挂在蚊帐里,当情欲萌动时,觉得像在就如同人在,在父母面前是不便行男女之事的。这种悖理的行为,事实上已经从理性走向非理性了。而且,极端更多的是导向虚伪。中国士人的两重人格,恐怕就是在汉代种下种子的。这种两重人格到了宋明理学盛行时得到了很大的发展。这便是通常所说的公开场合里道貌岸然,背地里男盗女娼。两汉经学对于中国士人传统性格的影响,仅从这一点看也是十分深远的。

但是,这种情形在汉末魏初有了一个巨大的变化。

大一统的观念瓦解,正统思想失去了约束力,士人在生活情趣、生活方式上也随之发生变化,从统一的生活规范,到各行其是,各从所好,而大的趋向,是任情纵欲。

最初出现的,是追求名士风流。随着人物品评的出现,名士风流成了士人的一种理想的风度。

名士风流的思想根源,或者与隐逸思想有些关系。《后汉书·逸民列传序》把隐之为义,追溯到《易》之遁卦,而中心思想,则是"不事王侯,高尚其事","或隐居以求其志,或回避以全其道,或静己以镇其躁,或去危以图其安,或垢俗以动其概,或疵物以激其清。然观其甘心畎亩之中,憔悴江海之上,岂必亲鱼鸟乐林草哉,亦云性分所至而已"。隐之最初动因,大抵是避世。这种思想到汉末,便和士人对于大一统政权的疏离心理逐渐合拍,士人在感情上与大一统政权产生了距离,便渴望着用另一种方式(不是入仕的方式)来表现自己的存在。名士风流当然就成了一种恰当的方式。

名士高自标置,怡情自适,亦以此为世所仰慕,以此成名。《后汉书·郭林宗传》说林宗"身长八尺,容貌魁伟,褒衣博带,周游郡国"。他游洛阳返归故里,衣冠诸儒送至河上,车数千辆。他与李膺同舟渡河,望者以为神仙。他曾行于陈、梁间,遇雨,巾一角垫,时人仿效,故折巾一角,称为"林宗巾"。其为当时所仰慕者如此!有人问范滂,郭林宗是何如人,范滂回答说:"隐不违亲,贞不绝俗,天子不得臣,诸侯不得友,吾不知其它。"是说他以其高洁的人格,独立于人间,无所希求,故天子不得臣,诸侯不得友。许劭也是这一类人,他鉴识人伦,有甚高声誉。他的从祖许敬,从父许训,从兄弟许相,并为三公,而许相谄事宦官,许劭恶其薄行,不与往来。宗世林很有名,曹操年轻时求与结交,而为其所拒。后来曹操做了司空,便问宗世林:"卿昔不顾吾,今可为交未?"宗世林回答说:"松柏之志犹存。"(《世说新语·方正》注引《楚国先贤传》)名士大抵以奇行耸动士林。《后汉书·文苑传》有一段关于赵壹的名士风采的记载:

　　(赵壹)既出,往造河南尹羊陟,不得见。壹以公卿中非陟无足以托名者,乃日往到门。陟自强许通,尚卧未起,壹径入上堂,遂前临之,曰:"窃伏西州,承高风旧矣,乃今方遇而忽然,奈何命也!"因举声哭,门下惊,皆奔入满侧。陟知其非常人,乃起,延与语,大奇之。谓曰:"子出矣。"陟明旦大从车骑奉谒造壹。时诸计吏多盛饰车马帷幕,而壹独柴车草屏,露宿其傍,延陟前坐于车下,左右莫不叹愕。陟遂与言谈,至熏夕,极欢而去,执其手曰:"良璞不剖,必有泣血以相明者矣。"陟乃与袁逢共称荐之。名动京师,士大夫想望其风采。……州郡争致礼命,十辟公府,并不就,终于家。

赵壹以奇行耸动士林。耸动士林之后,便州郡争辟而不就。他写有《刺世疾邪赋》,表明他之所以不仕的原因:

> 佞谄日炽,刚克消亡,舐痔结驷,正色徒行。妪媚名埶,抚拍豪强;偃蹇反俗,立致咎殃;捷懾逐物,日富月昌。浑然同惑,孰温孰凉?邪夫显进,直士幽藏。原斯瘼之攸兴,实执政之匪贤。女谒掩其视听兮,近习秉其威权,所好则钻皮出其毛羽,所恶则洗垢求其瘢痕。虽欲竭诚而尽忠,路绝险而靡缘。

归结到执政昏庸,邪佞当权,直指宦官与外戚。从赵壹的行为,也可以看出名士风流实与士人对政权的失望、与大一统政权在感情上的疏离关系至为密切。

郭林宗不仕,也是因为看到了朝政的没有希望。《抱朴子·正郭》引郭林宗不愿出仕的话:

> 天之所废，不可支也。……虽在原陆，犹恐沧海横流，吾其鱼也，况可冒冲风而乘奔波乎！未若岩岫颐神，娱心彭老，优哉游哉，聊以卒岁。

《后汉书·徐稚传》说徐稚屡被征辟而始终不就：

> 尝为太尉黄琼所辟，不就。及琼卒归葬，稚乃负粮徒步到江夏赴之，设鸡酒薄祭，哭毕而去，不告姓名。时会者四方名士郭林宗等数十人，闻之，疑其稚也，乃选能言语生茅容轻骑追之。及于涂，容为设饭，共言稼穑之事。临诀去，谓容曰："为我谢郭林宗，大树将颠，非一绳所维，何为栖栖不遑宁处？"及林宗有母忧，稚往吊之，置生刍一束于庐前而去。众怪，不知其故。林宗曰："此必南州高士徐孺子也。《诗》不云乎：'生刍一束，其人如玉。'吾无德以堪之。"

郭泰已经高自标置，以人伦鉴识获致令誉，走不仕一途，而徐稚却觉得他到底还是未忘世事，"栖栖不遑宁处"。徐稚与大一统政权的疏离更为彻底，隐姓埋名了。当然结果名声更大，所谓"逃名而名我随，避名而名我追"者是。姜肱、申屠蟠、郇炎、侯瑾等都属于这一类士人。宦官杀了陈蕃之后，想借重士人的声名，以粉饰朝政，于是征聘姜肱为太守。姜肱不就聘，隐身海边，对朋友说：

> 吾以虚获实，遂藉声价。明明在上，犹当固其本志，况今政在阉竖，夫何为哉？

朝廷又下诏征他为太中大夫，诏书到门，他让家人拒之，说是"久病就医"，逃于青州界中，卖卜为生（《后汉书·姜肱传》）。这些人的特点，是以己之高洁节操而污秽朝廷。他们人数并不多，但影响很大。

与这种崇拜名士的风气相联系的，便是重人格风姿，拟人以形容。如《世说新语·赏誉》注引《李氏家传》评李膺、陈蕃和朱穆：

> 膺岳峙渊清，峻貌贵重，华夏称曰："颍川李府君，颙颙如玉山。汝南陈仲举，轩轩若千里马。南阳朱公叔，飂飂如行松柏之下。"

郭林宗评论黄宪，说他"汪汪如万顷之陂。澄之不清，扰之不浊，其器深广，难测量也"（《世说新语·德行》）。

拟人以形容，是重视人格风姿的一种反映。这方面，到两晋有了很大发展。可见东汉末年这一发端的巨大意义。

或者跟名士风流的风气有些关系，这时出现了怡山乐水、追求自然山水之美的享受的生活情趣。名士轻功名利禄而重人格力量，强烈表现自我。追求山水情趣也是表现自我的一种方式，从山水得到娱悦，得到自我满足，在山水之美的享受中体认自我的存在。《后汉书·仲长统传》引统《乐志论》：

> 使居有良田广宅，背山临流，沟池环匝，竹木周布，场圃筑前，果园树后。舟车足以代步涉之艰，使令足以息四体之役。养亲有兼珍之膳，妻孥无苦身之劳。良朋萃止，则陈酒肴以娱之；嘉时吉日，则烹羔豚以奉之。蹰蹰畦苑，游戏平林，濯清水，追凉风，钓游鲤，弋高鸿。讽于舞雩之下，咏归高

堂之上。安神闺房，思老氏之玄虚；呼吸精和，求至人之仿佛。与达者数子，论道讲书，俯仰二仪，错综人物。弹《南风》之雅操，发清商之妙曲。消摇一世之上，睥睨天地之间。不受当时之责，永保性命之期。如是，则可以陵霄汉，出宇宙之外矣。岂羡夫入帝王之门哉！

高山流水，向为隐士所眷恋。一般士人志在经术，皓首穷经，老死牖下，未闻啸咏山水，老死林泉。在儒术一尊时期，山水是作为伦理化的外物存在的。所谓"智者乐水，仁者乐山"就是。而仲长统这里说的是怡情山水，意在逍遥一世之上，睥睨天地之间。山水是作为怡情自适的生活内容的一部分存在的。他还有两首诗，把这一点说得很明白。其一说不必为人事所局促，"达士拔俗"，应该游心于六合之内，了无牵挂才是。其二说：

> 百虑何为，至要在我。寄愁天上，埋忧地下；叛散《五经》，灭弃《风》、《雅》。百家杂碎，请用从火。抗志山栖，游心海左。元气为舟，微风为柂。敖翔太清，纵意容冶。（《后汉书·仲长统传》引）

这里极可注意的是不仅舍弃儒家经典，且并连诸子百家也舍弃；一切世事无所入于心，颇似庄子的游于无何有之乡。事实上是完全以我为转移，随我之所适了。对于山水的这种留连，开了中国士人山水审美的先河。

此时更多的士人，是任情放纵。儒家伦理道德准则既已失去约束力，自我便发展起来。生活中的种种礼节被忽略了。这时的士人，更喜欢表现自己的感情，表现自己的个性，更真实地、没有掩饰地表现自我。

祢衡是一个例子。他是一个恃才傲逸、无所顾忌的人。《三国志·魏书·荀彧传》注引《典略》说，他无所顾忌地评论贬抑他人，众人为之切齿。他将往荆州，众人在给他送行时，都坐着不起来，以报复他的不逊。他便号咷大哭，说："行尸柩之间，能不悲乎！"他的为人，大抵如此。他之骂曹操，在曹操大会宾客时裸身击鼓等等，都是任性而行的表现。

礼的束缚是大大的松动了。个性表现出来了。《水经注》卷十六"谷水注"引《文士传》：

> 文帝之在东宫也，宴诸文学，酒酣，命甄后拜坐。坐者咸伏，惟刘桢平视之。太祖以为不敬，送徒隶簿。后太祖乘步牵车乘城，降观簿作，诸徒咸敬，惟桢匡坐磨石不动。太祖曰："此非刘桢也？石如何性？"桢曰："石出荆山玄岩之下，外炳五色之章，内秉坚贞之志，雕之不增文，磨之不加莹，禀气贞正，禀性自然。"太祖曰："名岂虚哉！"复为文学。

《世说新语·言语》刘注引《文士传》也有这一记载，而文字稍异。《三国志·魏书·王粲传》裴注引《典略》，亦记此事，而极简略。刘桢曾被罚输作，从他的《赠徐幹诗》可得到证明，诗称：

> 思子沉心曲，长叹不能言。起坐失次第，一日三四迁。步出北寺门，遥望西苑园：细柳夹道生，方塘含清源；轻叶随风转，飞鸟何翩翩！乖人易感动，涕下与衿连。仰视白日光，皦皦高且悬；兼烛八纮内，物类无颇偏。我独抱深感，不得与比焉。（《先秦汉魏晋南北朝诗》魏诗卷三）

西苑园是昔日刘桢曾随从曹丕宴乐之处，而今输作北寺署，不得再与游宴，故发为悲怆之音。在这一事件中，可以清楚看到刘桢真率偏急的性格特点。

《三国志·魏书·崔琰传》裴注引张璠《汉纪》，说孔融"天性气爽，颇推平生之意，狎侮太祖"。孔融是一个刚直且任情而行的人，想什么便说什么，无所顾忌，而且往往说话偏激。袁宏《后汉纪》卷二十九：

> （建安三年，）是岁，袁术自立为天子。（袁）术与杨彪婚亲也。（曹）操忌彪忠正，收彪付狱，将杀之。孔融闻之，不及朝服，往见操曰："杨彪累世清德，四叶重光，《周书》：'父子兄弟，罪不相及。'况袁氏之罪乎？《易》称'积善余庆'，但欺人耳。"
>
> 操曰："国家之意也。"融曰："假使成王欲杀召公，则周公可得言不知耶？今天下缨緌缙绅之士所以仰瞻明公者，以辅相汉室，举直措枉，致之雍熙也。今横杀无辜，则海内观听，谁不解体？孔融，鲁国之男子，明日便当拂衣而去，不复朝也。"

你看他脾气有多大！曹操之行事，凡孔融看不惯的，他都要冷嘲热讽，加以反对。曹操对于他的刚直，很是受不了，后来借故把他杀了。其实，孔融对于曹操，是一片真心。他是很推崇曹操的。他《与王朗书》劝王朗北来，理由之一，便是曹操的爱贤：

> 曹公辅政，思贤并立，策书屡下，殷勤款至。

他的《六言诗三首》之二、三：

> 郭李纷争为非，迁都长安思归。瞻望关东可哀，梦想曹公归来。

> 从洛到许巍巍，曹公忧国无私。减去厨膳甘肥，群僚率从祁祁。虽得俸禄常饥，念我苦寒心悲。

他之所以被曹操杀了，就因为他太任性，太无所顾忌了。

当时是尚"通脱"的，"通脱"就是简易，什么事都很随便，不讲究礼节。曹丕是很喜欢在自己宴客的时候让妻子出来见客的，上引刘桢平视甄后一例之外，《三国志·魏书·王粲传》裴注引《吴质别传》："帝尝召质及曹休欢会，命郭后出见质等。帝曰：'卿仰谛视之。'其至亲如此！"君臣之间，这些举动在经学极盛时期是难以想象的。王粲死后，曹丕到他墓前，因为王粲生前喜欢听驴鸣，他便让部属都学一声驴鸣，为王粲送行。其随便竟至于此！曹植比他哥哥更随便。《三国志·魏书·王粲传》注引鱼豢《魏略》：

> 植初得（邯郸）淳，甚喜，延入座，不先与谈。时天暑热，植因呼常从取水，自澡讫，傅粉。遂科头拍袒胡舞五椎锻，跳丸击剑，诵俳优小说数千言讫，谓淳曰："邯郸生何如邪？"于是乃更著衣帻，整仪容，与淳评说混元造化之端，品物区别之意；然后论羲皇以来贤圣名臣烈士优劣之差；次颂古今文章赋诔及当官政事宜所先后；又论用武行兵倚伏之势。乃命厨宰，酒炙交至，坐席默然，无与优者。及暮，淳归，对其所知叹植之材，谓之"天人"。

随便,纯任情性发作,爱怎么做便怎么做,礼的痕迹是一点也见不到了,见到的是个性,是活脱脱的"人"。

吴质也是一位任情而行的人。《三国志·魏书·王粲传》注引《吴质别传》:

> 质黄初五年朝京师,诏上将军及特进以下皆会质所,大官给供具。酒酣,质欲尽欢。时上将军曹真性肥,中领军朱铄性瘦,质召优,使说肥瘦。真负贵,耻见戏,怒谓质曰:"卿欲以部曲将遇我邪?"骠骑将军曹洪、轻车将军王忠言:"将军必欲使上将军服肥,即自宜为瘦。"真愈恚,拔刀瞋目,言:"俳敢轻脱,吾斩尔。"遂骂坐。质案剑曰:"曹子丹,汝非屠几上肉,吴质吞尔不摇喉,咀尔不摇牙,何敢恃势骄邪?"铄因起曰:"陛下使吾等来乐卿耳,乃至此邪!"质顾叱之曰:"朱铄,敢坏坐!"诸将军皆还坐。铄性急,愈恚,还拔剑斩地。遂便罢也。

"轻脱",就是轻浮随便。不只是俳优轻浮随便,吴质召优说肥瘦,就是一个轻浮随便的举动。文人任性,武人亦任性,玩笑几至酿成悲剧。

不仅任性,而且纵乐。这时的纵乐,是普遍的。曹丕周围的文人集团,便在这种纵乐的环境中体认人生。我们且引他们写宴乐的诗在下面:

> 公子敬爱客,乐饮不知疲。(应场《侍五官中郎将建章台集诗》)
> 公子敬爱客,终宴不知疲。清夜游西园,飞盖相追随。

（曹植《公宴诗》）

上堂相娱乐，中外奉时珍。五味风雨集，杯酌若浮云。
（阮瑀《公宴诗》）

永日行游戏，欢乐犹未央。遗思在玄夜，相与复翱翔。
（刘桢《公宴诗》）

凯风飘阴云，白日扬素晖。良友招我游，高会宴中闱。
（陈琳《宴会诗》）

嘉肴充圆方，旨酒盈金罍。（王粲《公宴诗》）

他们的纵乐，其中含有甚深之意义。用贵公子的享乐来解释是不够的。在经学束缚解除之后，儒家的一套修养道德、躬行俭约的准则失去了道义上的力量，即使作为表面上的装饰也失去了意义，欲望便放纵起来了。东汉末年社会生活中许多现象说明，欲望一旦不受任何道德准则的制约，在生活行为上可以发展到何种程度！史书上有不少当时放纵情欲的记载。曹丕《典论·酒诲》记灵帝时的情形：

孝灵之末，朝政堕废。群官百司，并湎于酒。贵戚尤甚。斗酒至千钱。中常侍张让子奉，为太医令，与人饮酒，辄掣引衣裳，发露形体，以为戏乐。将罢，又乱其舄履，使小大差踦，无不颠倒僵仆，蹉跌手足，因随而笑之。（《北堂书钞》卷一百四十八注引、《太平御览》卷四百九十七）

洛阳令郭珍，家有巨亿，每暑召客，侍婢数十，盛装饰，罗縠披之，袒裸其中，使进酒。（《太平御览》卷八百四十五）

当时纵欲的另一种表现，似乎和道教的房中术有些关系，是以养生的名义出现的。《后汉书·方术列传》注引曹丕《典论》：

> 左慈到，又竞受其补导之术，至寺人严峻往从问受，阉竖真无事于斯术也。人之逐声，乃至于是！①

但是，士人的纵乐，其中却还包含有对于人生的深切眷恋和对于人性的体认。礼的束缚解除了，自我得到了很大程度的认可，感情也在放纵中得到丰富的发展。士人从皓首穷经，规行矩步的桎梏中解脱出来之后，忽然体认到自己还有如此丰富的内心世界，惊喜于人间还有如许之欢娱！于是尽情纵乐，感受到生的可贵。但是，当自我觉醒，体认到生之可贵的时候，却同时也是战乱不断、人命危浅的时期。于是生的欢乐便伴随着人生短促的悲哀，在纵乐的时候便常常弥漫着一重浓重的悲凉情思。曹丕《大墙上蒿行》：

> 排金铺，坐玉堂，风尘不起，天气清凉。奏桓瑟，舞赵倡，女娥长歌，声协宫商，感心动耳，荡气回肠；酌桂酒，脍鲤魴，与佳人期为乐康，前奉玉卮，为我行觞。今日乐不可忘，乐未央；为乐常苦迟，岁月逝，忽若飞，何为自苦，使我心悲。

生固然美好，奈时光如水之流逝，须信人生如寄。在这些士人中，纵乐是包含着对于人生的强烈眷恋的意味的，是人性的觉醒之后

---

① 何焯《义门读书记》卷一，对严峻往问房中术作了如下理解："寺人受房术，殆魏公恐为人所窥，欲转从严峻学之。子桓乃未喻耳。"此说依理可通。然究为推测之辞，故附之于此。

的一种反映。这时的许多士人，都流露出来人生短促的感慨。孔融写信给曹操，推荐盛孝章，信一开头就充满了对于岁月流逝的叹息：

> 岁月不居，时节如流，五十之年，忽焉已至。公为始满，融又过二，海内知识，零落殆尽，惟会稽盛孝章尚存。（《三国志·吴书·孙韶传》注引《会稽典录》）

以孔融之豪宕，亦难免人生匆匆之哀伤。曹植在这方面表现得更为集中，更为突出。《与吴季重书》说到人生固有向往与抱负，奈时光流逝无可如何：

> 如上言，其乐固难量，岂非大丈夫之乐哉！然日不我与，曜灵急节，面有过景之速，别有参商之阔。思欲抑六龙之首，顿羲和之辔，折若木之华，闭濛汜之谷。天路高邈，良久无缘，怀恋反侧，何如何如！（《曹植集校注》卷一）

《送应氏》诗中说的"天地无终极，人命若朝霜"，《王仲宣诔》中说的"人命靡常，吉凶异制"，《赠白马王彪》中说的"人生处一世，去若朝露晞"，《薤露行》中说的"天地无穷极，阴阳转相因。人居一世间，忽若风吹尘"，《箜篌引》中说的"惊风飘白日，光景驰西流，盛时不再来，百年忽我遒"，都是这种由于对人生深深爱恋而发出的生命短促、无可如何的叹息。他在《当来日大难》中说："日苦短，乐有余，乃置玉樽办东厨。"为什么要纵乐？就是因为人生毕竟太短促了。

徐幹《室思诗》，把人生比喻为暮春草。应玚《侍五官中郎将建章台集诗》，把人生比喻为逆旅，有如孤雁，"问子游何乡，戢翼正徘徊。……远行蒙霜雪，毛羽日摧颓。常恐伤肌骨，身陨沉黄泥"。曹丕说："人生居天地间，忽如飞鸟栖枯枝。"阮瑀《七哀诗》说："丁年难再遇，富贵不重来。良时忽一过，身体为土灰。"又一诗云："常恐时岁尽，魂魄忽高飞，自知百年后，堂上生旅葵。"另一些士人，把人生比为飞蓬。前此没有任何一个时期的士人，像建安士人那样敏感到生与死的问题，没有像他们那样集中地把注意力放到生命的价值上来。人的存在的价值是被极大地发现了。

这时的士人，比起他们的前辈来，感情丰富细腻了。从建安时期留下的不多的诗赋中，我们可以清楚地了解到他们丰富的感情世界，他们的善感的心灵。他们发现了自己有着一个如此敏感如此丰富的内心世界，并且表现出了这样一个内心世界。内心世界的自我发现，也就发现了一个充满感情的外在世界。自然界的一草一木，在这时的士人的心目中，也和人同样充满了情思意绪，和人同其忧乐，同其命运。在这个意义上说，人和自然的关系，不仅由功利目的的纽带联系着，而且由一条感情的纽带联系起来了，变得更加亲近，而且更加富于美的意味。读王粲《登楼赋》，常惊异于他把一种内心悲凉情思那么微妙地融入了景色："风萧瑟而并兴兮，天惨惨而无色。兽狂顾以求群兮，鸟相鸣而举翼。原野阒其无人兮，征夫行而未息。"在萧索的原野中体认到自己的心境，仿佛风之萧瑟，天之阴沉，兽之怆惶与鸟之惊鸣，都有凄惶情怀在。他在《从军诗》中写落日征途景色："白日半西山，桑梓有余晖。蟋蟀夹岸鸣，孤鸟翩翩飞。"把对于夕照的光线的感觉写得很传神。这林梢的一抹夕照，很好地传达出征夫的恻怆情怀，感受真是细腻极了。曹植和曹丕，表现浓烈细腻情思的诗赋就更多。曹丕的许多小赋和书信，真是写得情思缠绵。在这些诗赋和书信里,很少留下他的政治地位的印记。而他更多的是带着当时士人的心态,是一个重感情的心灵的自白。

至此,士人心态的变化已经走了很长一段路。儒学一尊走向各家思想并存。在理论主张、政治信仰、人生理想和道德观念上,都显现出来多元共存的倾向。各家互相渗透,思想变动不居。可以说,思想领域正处于大的动荡之中。经学一统的僵化局面是打破了,统一的思想规范失去了权威,士人从圣人崇拜转向名士崇拜,转向自我体认。人性和人生,受到了极大的重视。可以说,定儒学于一尊时士人的那个理性的心灵世界,已经让位于一个以自我为中心的感情的世界了。

当他们摆脱僵化的经学束缚的时候,他们体认到人生的欢乐,体认到生命的可贵;但是,当他们尽情纵乐的时候,他们也就同时体认到人生朝露的悲哀。他们将在何处寻找心灵的归宿?当他们意识到了自我的价值,人性极大发扬,走向任情率真的时候,他们又常常发现,社会现实其实还存在着许多制约,完全的任情率真并不为社会所容。他们将从何处超越理想人生与现实人生的鸿沟?

他们是走进一个感情世界了。但是,他们最终将向何处去呢?似乎还在等待着、或者说寻求一种理性的解释。

这就是玄学产生前夕士人的基本心态。

第二章　正始玄学与士人心态

我们首先面临的一个问题,便是正始玄学的时间断限问题。

玄学分期,向以袁宏《名士传》中的一段话为据。《世说新语·文学》"袁彦伯作《名士传》成"条刘注云:

> 宏以夏侯太初、何平叔、王辅嗣为正始名士,阮嗣宗、嵇叔夜、山巨源、向子期、刘伯伦、阮仲容、王浚冲为竹林名士,裴叔则、乐彦辅、王夷甫、庾子嵩、王安期、阮千里、卫叔宝、谢幼舆为中朝名士。

据此而把玄学的发展分为三个时期。这种分法,其实是值得讨论的。

关于袁宏的这段话,《世说新语·文学》明说:

> 袁彦伯作《名士传》成,见谢公(谢安),公笑曰:"我尝与诸人道江北事,特作狡狯耳,彦伯遂以著书。"

可知所谓正始、竹林、中朝名士,即袁宏著之于书的,是从谢安处听来。而谢安自己却说与诸人"道江北事,特作狡狯",初不料袁宏著之于书。又《世说新语·伤逝》"王浚冲为尚书令"条刘注所引《竹林七贤论》：

> 俗传若此，颍川庾爰之尝以问其伯文康。文康云："中朝所不闻，江左忽有此论，盖好事者为之耳。"

可知王戎与嵇康、阮籍饮于黄公酒垆，共作竹林之游，都是东晋好事者捏造出来的，"竹林"并无其处。陈寅恪先生说：

> 所谓"竹林七贤"者，先有"七贤"，即取《论语》"作者七人"之事数，实与东汉末"三君"、"八厨"、"八及"等名同为标榜之义。迨西晋之末，僧徒比附内典、外书之"格义"风气盛行，东晋初年乃取天竺"竹林"之名加于"七贤"之上，至东晋中叶以后，江左名士孙盛，袁宏、戴逵辈遂著之于书（《魏氏春秋》、《竹林名士传》、《竹林七贤论》）。（陈寅恪《陶渊明之思想与清谈之关系》，《金明馆丛稿初编》）

虽然有学者提出来竹林确有其地、竹林七贤之称谓当起于七贤生时，然亦无确证①。遍查七贤诗文，无一言涉及竹林。嵇康多次写

----

① 庄万寿先生在引了陈寅恪先生的前引一段话之后说："颇有新解，惟东汉名士的集团如三君、八俊、八顾、八及、八厨与魏时名士四聪、八达，都是当这些人活着时的称号，竹林七贤恐怕在正始前后已有此名。魏时士人尚未信佛，故此说还有问题。"他还引孙盛《晋阳秋》的一段话为证："孙盛的《晋阳秋》说'于时风誉，扇于海内，至于今咏之'。孙盛是西、东晋之交的人，他说'于时'是指七贤在世时，极可能七贤是当时社会上如太学者流对他们的尊称，一如四聪八达一样都是后来才取的。"按，孙盛（转下页注）

宴游之乐,写树林、写花草,而未及竹林。"乐哉苑中游,周览无穷已,百卉吐芳华,崇基貌高跱。林木纷交错,玄池戏鲂鲤。"(《酒会诗七首》之一,《嵇康集校注》卷一,以下引此书只注卷数)"轻车迅迈,息彼长林,春木载荣,布叶垂阴。"(《兄秀才公穆入军赠诗》,卷一)这里描写的真实境界,都不是竹林的那种萧疏韵味。设若七贤纵酒清谈确在竹林,很难想象在这类描写宴乐的诗中,没有竹林的风韵出现。

最重要的一点,是七贤非居于一地。嵇康居山阳,阮籍、阮咸是陈留人,山涛、向秀是河内怀人,刘伶沛人,王戎临沂人,幼随父在洛阳。正始三年,阮籍入洛为尚书郎,此时王戎随父在洛,始与阮籍结识;嵇康与王戎交,亦始于此时,都在洛阳。这应该看作是七贤交游的开始。嵇康与向秀锻铁于洛邑,山涛识向秀于少时,七贤交游,非始于一时,非始于一地。但开始于正始年间,却是无疑的。这就是说,他们的交游与何晏、王弼、夏侯玄谈玄同时。正

(接上页注)与谢安同时,又焉知"竹林"之说,不来自谢安与袁宏之谈论:东汉以来,名士标榜用词之惯例,称"七贤"则可,"七贤"之前,又加"竹林",则未见其可,盖未见先例也。孙盛所谓"于时"云云,并未明说"于时"已称"竹林七贤",以之为据,似亦未可。庄万寿先生又引郭缘生《述征记》材料,以说明"竹林"确有其地(庄万寿所说,均见其《嵇康年谱》。按,郭缘生更在谢安之后。中国人好附会名人逸事,山水胜地,名人事迹所在多有,而其中属于附会者实在少数,《述征记》所言,似亦未足以论定。向秀《思旧赋》讲他经过嵇康故居时的情形,《序》称:"余逝将西迈,经其旧庐,于时日薄虞渊,寒冰凄然。"《赋》称:"经山阳之旧居。瞻旷野之萧条兮,息余驾乎城隅,践二子之遗迹兮,历穷巷之空庐。"这也是向秀与嵇康交游之处,物是人非之感,怆然伤怀,设若当年游在竹林,往事感怆,或当于赋中有所发抒,而赋只言及寒冰凄然,穷巷空庐而已。

始年间,嵇康与阮籍,也都已有论及玄旨的文章①。他们与何、王之间思想与心态的差异,似只能看作同一时期不同人的差别,而难以看作理论上不同阶段的标志。

基于此种考虑,我们把何晏、王弼、夏侯玄与竹林七贤都看作一代士风的代表,而把正始时期的划分作了扩展。上限起自魏明帝青龙元年(233 年),下限止于魏元帝咸熙元年(264 年),共三十一年。明帝太和六年(232 年),代表一代士风的最后一位重要士人曹植死,建安士风便成为过去。另一批重要士人如何晏、王弼、夏侯玄、山涛、阮籍、嵇康、向秀、王戎、皇甫谧、吕安等人相继出现。他们的心理状态、人生理想、生活情趣、生活方式,都与建安士人有很大差别。他们是正始玄风的创造者,是玄学的创立者。他们标志着思想上一个新的时代的开始。待到王弼死,何晏、夏侯玄被杀,263 年阮籍死,嵇康被杀,这个时期便结束了。嵇康被杀,对士人的震动是很大的,士人心态又一变,转入下一个时期。

第一节　正始玄学的出现

玄学的出现,原因甚为复杂,只归结于任何一个因素都是不全面的。

从学术思想发展的角度说,经学发展到玄学,自有其内在联系。两汉经学用的是实证的方法,繁琐章句。繁琐章句发展到极

---

①庄万寿先生提出嵇康《声无哀乐论》作于正始七年(《嵇康年谱》),可参考。嵇康《养生论》作于入洛时,当亦在正始年间。向秀《难养生论》当亦作于是时。

端,便走向自我否定,为义理化准备了条件。最初是删繁就简。王莽时已省五经章句;汉光武曾诏令钟兴定《春秋》章句,去其复重。后汉光武时伏黯所作章句繁多,子伏恭删省浮辞,定为二十万字。明帝时桓荣把朱普的《尚书》章句由四十万言减为二十三万,他的儿子桓郁又由二十三万删至十二万言。樊儵删《春秋》章句,张霸又在樊儵删定的基础上,再作删减。东汉以后五经章句的删繁就简似成为一种普遍趋势。从这样一种趋势中,我们可以看到一个重要讯息,这就是由繁琐章句训练出来的士人的僵化繁琐的思想方法,正在慢慢地、不知不觉地改变,向着简洁明快的方向发展。古文经学的出现,加速了这个发展过程。思想方法转向简洁,才有可能从直观实证走向思辨。事实上,在经学章句简洁化的过程中,正在慢慢地从重章句走向重义理。经学的义理化倾向,是玄学的出现在思想方法上的一个重要准备。换句话说,学术思想的演变本身,正在导向玄学的出现。

玄学产生的另一个自然过程便是清谈。

清谈之与玄学有关,不只在于它进入谈玄阶段以后,往往就是玄学的另一种说法,还在于它从清谈到人物品评、到谈论义理、到谈论玄学问题这整个过程中表现出来的对人的自我认识,必然要导致对于人和社会、人和自然的关系的思索与探讨,必然要导致玄学的出现。

清谈一词,向有不同理解。其实汉末魏晋人使用这个词时,已经有意义上的差异①。我们且不论"清谈"在当时使用的种种

---

① 《三国志·魏书·武帝纪》注引张璠《汉纪》:"孔公绪能清谈高论,嘘枯吹生。"《三国志·魏书·臧洪传》注引《九州春秋》谓焦和"入见其清谈干云,出则浑乱,命不可知。州遂萧条,悉为丘墟也"。此两例,似指高谈阔论而言。"清谈干云"、"清谈高论",均言高谈阔论,不切实事。(转下页注)

歧义,而只从它作为谈玄的意义上来考察它的发展过程。

清谈的雏形可以追溯到清议。清议原是一种选拔人材的社会监督,是社会舆论。顾炎武《日知录》卷十三"清议"条,提到古已有清议之制:

> 两汉以来,犹循此制。乡举里选,必先考其生平,一玷清议,终身不齿。君子有怀刑之惧,小人存耻格之风,教成于下而上不严,论定于乡而民不犯。降及魏晋,而九品中正之设,虽多失实,遗意未亡,凡被纠弹付清议者,即废弃终身,同之禁锢。至宋武帝篡位,乃诏有犯乡论清议,赃污淫盗,一皆荡涤洗除,与之更始。自后凡遇非常之恩,赦文并有此语。

他还举了以后的一些例子,之后说:"官职之升沉,本于乡评之与夺,其犹近古之风乎!"可见,他是明确地把清议理解为乡里中的

(接上页注)与此二例近似的用法,是"雅谈"之意,应璩《与侍郎曹长思书》:"悲风起于闺闼,红尘蔽于机榻,幸有袁生,时步玉趾,樵苏不爨,清谈而已。"《管辂别传》言赵孔耀至冀州,荐管辂于裴使君,"裴使君闻言悦,慨曰:'如此便相为取之。'即檄召辂为文学从事,一相见,清论终日,不觉罢倦"。此处"清论",也指雅谈。"清谈"也用来指人物品评,与"题目"、"品题"、"谈论"义近,如《三国志·蜀书·许靖传》:"靖虽年逾七十,爱乐人物,诱纳后进,清谈不倦。"这里说的"清谈不倦"的内容,就是"爱乐人物,诱纳后进",就是人物品鉴。后来,清谈甚至被当作清议来使用,如《晋书·郑默传》:"文帝与袤书曰:'小儿得厕贤子之流,愧有窃贤之累。'及武帝出祀南郊,诏使默骖乘,因谓默曰:'卿知何以得骖乘乎? 昔州里举卿相辈,常愧有累清谈。'""有累清谈",意为有累于清议。当然,在清谈的全盛期,清谈是指谈玄而言的。可见,清谈一词在当时原就是义界不确定,依使用者在何种意义上使用它而异的。

一种舆论监督的①。他以为这种舆论监督在维护一个社会的正常存在上起着很重要的作用：

> 天下风俗最坏之地，清议尚存，犹足以维持一二；至于清议亡而干戈至矣。

这正是后汉末年的情形。《晋书·傅玄传》谓玄上疏，称："近者魏武好法术，而天下贵刑名；魏文慕通达，而天下贱守节。其后纲维不摄，而虚无放诞之论盈于朝野，使天下无复清议，而亡秦之病复发于今。"傅玄指的是玄谈（他所说的"虚无放诞之论"）起来之后，清议便被代替了。傅玄的说法是可信的。但他没有注意到在清议与清谈之间，人物品评所具有的重要意义。

关于人物品评，学术界论之已多，材料山积，无须赘为复述。然尚可论者，即其在清议与清谈间之意义。

清议主要是道德判断，所谓敦朴有道，贤能直言，独行高节，质直清白敦厚之属，主要的也是指道德评价而言的。东汉末年，清议之权柄逐渐移入名士手中，一经名士品题，即可获致令誉，定身价于朝廷，显声名于士林。《后汉书·赵壹传》载赵壹入京师求名，以异常的举动引起司徒袁逢、河南尹羊陟的重视，"陟乃与袁逢共称荐之，名动京师，士大夫想望其风采"。《后汉书·党锢列

---

① "清议"也有多种用法，除指人才选拔中的乡里公论外，又泛化而指一般公论，如《文选·晋纪总论》注引干宝《晋纪》："以傅玄、皇甫陶为谏官。傅玄上书曰：'昔魏氏虚无放诞之论盈于朝野，使天下无复清议，而亡秦之病，复发于今。'"此处"清议"，是相对于"虚无放诞之论"的符合于儒家思想的社会舆论，非专指人才选拔而言。又如《三国志·魏书·管宁传》注引《傅子》："邴原性刚直，清议以格物。"此处"清议"，指公正的议论。

传》称："是时朝庭日乱，纲纪颓阤，（李）膺独持风裁，以声名自高。士有被其容接者，名为登龙门。"《后汉书·符融传》说郭林宗初到京师时，名声未显，符融把他介绍给李膺，由李膺品评，由是知名。谢承《后汉书》记此事称："融见林宗，便与之交。又绍介于膺，以为海之明珠，未耀其光；鸟之凤皇，羽仪未翔。膺与林宗相见，待以师友之礼，遂振名天下。融之致也。"这一例子说明，是真名士，在未被品题之前，只是如浑金璞玉，未为社会所了解；一经品题，才大放异彩。而这种品题，只是品题者从乡里清议转向名士论定，内容并未有根本的转变，品题的侧重点仍是以道德判断为主。谢承《后汉书》：

> 桓帝征徐稚等不至，因问陈蕃曰："徐稚、袁闳、韦著，谁为先后？"蕃对曰："闳生公族，闻道渐训，（著）长于三辅仁义之俗，所谓不扶自直，不镂自雕；至于稚者，爰自江南卑薄之城而角立杰出，宜当为先。"（《太平御览》卷四百四十五）

陈蕃定袁闳、韦著、徐稚高下的标准，是一种道德判断，以为袁、韦虽道德高洁，但他们本来就生于仁义之乡，理有固然；徐稚之道德高洁，是在蛮荒薄俗中出现的，是自身修养所致，才更为可贵。郭林宗论人，主要是道德情操，如：以茅容为贤，是因为他孝；以孟敏为贤，是因为他介决①；奖掖庾乘，是因为他谦虚。他否定某一个

---

①《世说新语·黜免》"邓竟陵免官后赴山陵"条刘注引《郭林宗别传》："钜鹿孟敏，字叔达，敦朴质直。客居太原，杂处凡俗，未有所名。尝至市买甑，荷担堕地坏之，径去不顾。适遇林宗，见而异之，因问曰：'坏甑可惜，何以不顾？'客曰：'甑既已破，视之何益？'林宗赏其介决，因以知其德性，谓必为美士，劝令读书。"

人,也主要是以道德为标准。《后汉书·郭泰传》:

> 黄允字子艾,济阴人也,以俊才知名。林宗见而谓之曰:"卿有绝人之才,足成伟器。然恐守道不笃,将失之矣。"后司徒袁隗欲为从女求姻,见允而叹曰:"得婿如是足矣。"允闻而黜遣其妻夏侯氏。妇谓姑曰:"今当见弃,方与黄氏长辞,乞一会亲属,以展离诀之情。"于是大集宾客三百余人,妇中坐,攘袂数允隐匿秽恶十五事,言毕,登车而去。允以此废于时。
>
> 谢甄字子微,汝南召陵人也。与陈留边让并善谈论,俱有盛名。每共候林宗,未尝不连日达夜。林宗谓门人曰:"二子英才有余,而并不入道。惜乎!"甄后不拘细行,为时所毁,让以轻侮曹操,操杀之。

许劭是另一位品鉴人物的名士,他论定人物是非高下,也主要是以道德情操为标准。《后汉书·许劭传》:

> 劭尝到颍川,多长者之游,唯不候陈寔。又陈蕃丧妻还葬,乡人毕至,而劭独不往。或问其故,劭曰:"太丘道广,广则难周;仲举性峻,峻则少通,故不造也。"其多所裁量若此。
>
> 曹操微时,常卑辞厚礼,求为己目。劭鄙其人而不肯对。操乃伺隙胁劭,劭不得已,曰:"君清平之奸贼,乱世之英雄。"操大悦而去。

符融与李膺,论人亦以道德情操为先。《后汉书·符融传》:

> 时汉中晋文经,梁国黄子艾,并恃其才智,炫曜上京,卧

托养疾，无所通接。洛中士大夫好事者承其声名，坐门问疾，犹不得见。三公所辟召者，辄以询访之，随所臧否，以为与夺。融察其非真，乃到太学，并见李膺曰："二子行业无闻，以豪桀自置，遂使公卿问疾，王臣坐门。融恐其小道破义，空誉违实，特宜察焉。"膺然之。二人自是名论渐衰，宾徒稍省，旬日之间，惭叹逃去。后果为轻薄子，并以罪废弃。

有名无实，虽无实而诈伪以获虚名，当然也是道德情操问题。符融与李膺看出来了，并给予揭穿，而后来的发展证明他们眼力的洞澈。

蔡邕论人，亦多以道德准则定高下。《世说新语·品藻》记他定陈蕃、李膺优劣：

> 汝南陈仲举，颍川李元礼二人，共论其功德，不能定先后。蔡伯喈评之曰："陈仲举强于犯上，李元礼严于摄下。犯上难，摄下易。"仲举遂在三君之下，元礼居八俊之上。

刘注引姚信《士纬》：

> 陈仲举体气高烈，有王臣之节；李元礼忠壮正直，有社稷之能。海内论之未决，蔡伯喈抑一言以变之，疑论乃定也。

姚信三国吴人，离蔡邕年代甚近，可证《世说》所记，实有其事，非小说家言。

清议从乡选里举的道德评价转入名士手中，根本原因是朝政的腐败所致。《晋书·山涛传》说：

至于后汉,女君临朝,尊官大位,出于阿保,斯乱之始也。是以郭泰、许劭之伦,明清议于草野;陈蕃、李固之徒,守忠节于朝廷。

郭泰、许劭的人物鉴识,也被称为"清议",而且指出其出现的原因,这也可以说明清议和人物品评的关系。

但是,值得注意的是,汉末的人物品评中承接清议而衡人重道德情操判断这一主要倾向中,也出现了一些新的东西,即开始出现了对于人的才性、风姿仪容的评论:

世目李元礼"谡谡如劲松下风"。(《世说新语·赏誉》)

桓帝时,南阳语曰:"朱公叔肃肃如松柏下风。"(袁山松《后汉书》卷三《朱穆传》)

膺岳峙渊清,峻貌贵重,华夏称曰:"颍川李府君,頵頵如玉山。汝南陈仲举,轩轩若千里马。南阳朱公叔,飂飂如行松柏之下。"(《世说新语·赏誉》注引《李氏家传》)

所谓"谡谡如劲松下风",是指由内在道德情操所表现出来的风神气貌,给人以刚正不阿、不可侵犯的感觉。"頵頵如玉山",是形容其仪容之美。而用"飂飂如行松柏之下"来形容朱穆,则完全是从一种对于风神仪态的感觉出发来评论的了。行于松柏之下而觉其肃穆、摇曳,这是一种情韵的体验,用来状人,显然是指朱穆情操的高洁,表现在风神上,便有一种肃穆的风韵。朱穆是以刚肠疾恶知名的,论者不直论其道德品格,而意在于描述风神韵味,这里就透露出一个重要的消息:内在的才性情操,必定会表现在风姿仪态上,道德、才性与仪容之间,有着密切的关系。

试比较《礼记·玉藻》关于容止的论述：

> 君子之容舒迟，见所尊者齐遬，足容重，手容恭，目容端，口容止，声容静，头容直，气容肃，立容德，色容庄，坐如尸，燕居告温温。

"足容重"，是说举步要慢；"手容恭"，是说行礼举手要高而且正；"目容端"，是说不斜视；"口容止"，是指不随便说，等等。都是从行为规范上说的，是在道德原则的约束下，对于风姿仪态提出的一些规范，所谓"礼从外制"，用礼来修饰仪容。而在上述引及的有关风神仪态的评论中，却找不到这种外在规范的痕迹，完全是指才性情操的自然外露。而这一点，正是重视人、重视自我的思潮起来之后的产物。

论人重仪容，到三国时，在朝廷中似也成为风气。《太平御览》卷三百八十九引《吴书》：

> 张纯字元基，少厉操行，学博才秀，切问捷对，容止可观。

引《吴录》：

> 滕胤年十二，孤单茕独，为人白皙，威仪可观。每正朔朝会修觐，在位大臣见者莫不叹赏。

引《魏志》：

> （延康元年）蜀将孟达率众降。达有容止可观，文帝甚器

> 爱之,使达为新城太守、加散骑常侍。

这种重仪容风姿的人物品评,后来发展成为一种评论的主要倾向。

论人重仪容的同时,也重才性。这一点在三国时有充分的表现,用人以才,是众所周知的事实。曹丕论七子,亦主要论其才性之特色。

从清议的重道德到人物品评的重道德又重才性容止,反映着从经学束缚到自我意识的转化。有了这个变化,就会逐步走向重视人、重视人的自然情性,重人格独立。而有了重视人、重视人的自然情性,重人格独立,亦就逐步导向对于人的哲理思考,探寻人与自然、人与社会的关系,逐步地转向玄学命题。

反映由道德判断到既重道德判断又重才性容止鉴赏的转变的,是刘劭的《人物志》。

《人物志》是在人物品评发展起来之后,对于人的姿质、性格、才能、仪容的理论探讨,是关于如何知人、用人的理论研究著作。

《人物志》涉及的问题很多,这里只就其在人物品鉴中从道德到才性的转变这一点说。《人物志》把阴阳、五行、人的气质和道德品质看作一个紧密联系的整体。他认为,"盖人物之本,出乎情性。……凡有血气者,莫不含元一以为质,禀阴阳以立性,体五行而著形"(《九征》)。他把五行、五常、五德组成了对应的关系:五行→五质①→五常→五德。可以把他的论述归纳为对应的五组:

①"五质",指五种气质,所以他说,弘毅是仁之质;文理是礼之本;贞固是信之基;勇决是义之质,决是决断,有善决断之气质,才会有义;通微是智之质。有了这五种气质,才会有相应的五常。"五德"是指五种品格,它与"五质"的区别,在于内与外,"五质"是指蕴于内的气质,"五德"指形于外的品格,内为弘毅,形于外的声色情味则为温直而扰毅,等等。

元一之气→阴阳→五行→五体→五质→五常→五德：

　　木—骨(骨植而柔者)—弘毅—仁—温直而扰毅

　　金—筋(筋劲而精者)—勇敢—义—刚塞而弘毅

　　火—气(气清而朗者)—文理—礼—简畅而明砭

　　土—肌(体端而实者)—贞固—信—宽栗而柔立

　　水—血(色平而畅者)—通微—智—愿恭而理敬

把这个表倒过来看，就可以看出行为特征源于道德素养，道德素养源于不同气质，不同气质源于五行中的不同物质，而这一切最终又都统一归之于元一之气。

　　在刘劭看来，人的气质才性是自然存在的，取决于他秉受了五行中的何种物质。这一点，他在《体别》中有进一步论述。他举出强毅、柔顺、雄悍、惧慎、凌楷(意谓凌厉端正)、辨博、狷介、休动(意谓静默少动)、朴露、韬谲十种材性特点，认为这十种都是偏材之性，偏材之性是生来如是，难以纠其偏失的：

　　　　夫学所以成材也，恕所以推情也，偏材之性，不可移转矣。虽教之以学，材成而随之以失；虽训之以恕，推情各从其心，信者逆信，诈者逆诈，故学不入道，恕不周物，此偏材之益失也。

偏材之性乃由天生，难以学成；若性非偏材，能否学成呢？似也不能。他认为最好的材性，是中和(或称中庸)之性。中和之性，也是天生的：

　　　　中和之质，必平淡无味，故能调成五材，变化应节。

其为人也，质素平淡，中睿外朗，筋劲植固，声清色怿，仪正容直，则九征皆至，则纯粹之德也。九征有违，则偏杂之材也，三度不同，其德异称。故偏至之材，以材自名；兼材之人，以德为目；兼德之人，更为美号。是故兼德而至，谓之中庸。中庸也者，圣人之目也。（《九征》）

刘昞注"兼德之人，更为美号"称："道不可以一体说，德不可以一方待，育万物而不为仁，齐众形而不为德，凝然平淡，与物无际，谁知其名也。"显然，这个兼德的圣人，便是兼无形无名的自然之道的圣人，当然非以学所能成。刘昞可谓深得刘劭之本意。刘劭在《体别》篇中就说到这个"中庸之德"的实质：

夫中庸之德，其质无名，故咸而不碱，淡而不醰，质而不缦，文而不缋，能威能怀，能辩能讷，变化无方，以达为节。

这也就是无所不在的道之德。秉中庸之德的圣人，是道家的圣人，而不是孔圣。汤用彤先生早已指出这点："中庸本出孔家之说，而刘劭乃以老氏学解释之。"（《魏晋玄学论稿·读人物志》）

至此，我们已可清楚看出，《人物志》深刻地反映出经学束缚解除之后，对于人性的重视与认识，论人，重其气质材性。曹丕《典论·论文》谓"气之清浊有体，不可力强而致。譬诸音乐，曲度虽均，节奏同检，至于引气不齐，巧拙有素，虽在父兄，不能以移子弟"。刘劭则说，偏至之材，来自天性，纠其缺失，只能顺其天性，不能强力矫之以学；中和之质，则来自至淡无味的道之德，无所不有，无须再学。两人的基本观点十分相似，其实都是当时对人性的认识的反映。

论人重材性,而探究材性,又穷其根源,归之自然,最后便很自然地与道家的思想体系联结起来,《人物志》正是这样。

《人物志》,《隋书·经籍志》入名家。是否属名家,学界颇有分歧。然就其思想而言,则其中有极明显的道家思想倾向。把平淡无味的中和之质看作至高的材性,固已说明这一点。汤用彤先生曾指出:"《人物志》中道家之说有二,一为立身之道,一为人君之德。"其实,论材性而归之于自然,在这一根本点上,《人物志》正体现了道家的基本思想。这种思想倾向,已经传达出人物评论逐渐向着玄学命题转变的讯息了。后来关于材性同异的论争,正是从这一条线发展起来的。

当然,人物品评只是在重视人的才性、气质、独立人格上由清议到清谈中具有过渡的意义,是对从清议到清谈的一种促进。由清议发展到清谈,还有另外的因素。在人物品评把评论标准由道德引向材性的同时,一种以探索义理为内容的谈论也在发展着。以探索义理为谈论的内容,当然可以追溯到说经的相难,但那只是就经的章句的解释而言的,与后来的清谈关系实不大。这方面的例子很多,不赘述。从经义的相难,又发展到有关经义的谈论,如《东观汉记》卷十八:

> 召驯,字伯春,以志行称,乡里号之曰:"德行恂恂召伯春。"以明经有智让,能讲论,拜议郎。章、和中为光禄勋。(《东观汉记校注》)

所谓讲论,已经不是经义的论难,而是儒学义理的阐述了。但是,与后来清谈的发展有直接关系的,是一般义理的探讨。袁山松《后汉书·王充传》谓:

充所作《论衡》，中土未有传者，蔡邕入吴始得之，恒秘玩以为谈助。

"以为谈助"，当然不应理解为谈论的对象是《论衡》的内容，而应该理解为蔡邕与人谈论义理问题时借《论衡》之思想观点以为佐证。《太平御览》卷六百二引《抱朴子》曰：

王充作《论衡》，北方都未有得之者。蔡伯喈尝到江东，得之，叹其文高，度越诸子。及还中国，诸儒觉其谈论更远，嫌得异书，或搜求至隐处，果得《论衡》，捉取数卷将去。伯喈曰："唯我与尔共之，勿广也。"

可见蔡邕确因《论衡》之助而使自己谈论义理更为深广。此处"更远"二字，深可注意。"远"，似可理解为深远、玄远。《论衡》涉及的是大量的理论问题，其中包括有大量的道家思想，蔡邕借以为谈助的是其中哪一部分内容，现在当然已不能确知，但是这一点却是十分值得注意的。

清谈而谈及玄理的，向来都认为是从正始时开始。此说似可怀疑。《文选·拟魏太子邺中集》诗注引曹植的话：

高谈虚论，问彼道原。

"高谈虚论"已经不是前文引的孔公绪"嘘枯吹生"的清谈高论（见本书 61 页注①），而是问道之原了。"道原"的"道"，显然指道家一派的道，而非儒家之道。至于他谈论的具体内容，已经不得而知。不过，曹植兄弟都是受了道家思想影响的。曹植《桂之树行》就说：

> 要道甚省不烦：淡泊、无为、自然。（《曹植集校注》卷三）

三国时崇尚道家思想的不少，在谈论中涉及道家的理论命题、如曹植的"问彼道原"者，是可以理解的。当然，清谈而大量谈玄，是在魏太和初。

《文心雕龙·论说》有一段话，历来被当作谈玄始于正始年间的根据。这段话是：

> 魏之初霸，术兼名法，傅嘏王粲，校练名理。迄至正始，务欲守文，何晏之徒，始盛玄论，于是聃、周当路，与尼父争途矣。

其实这段话衡之于史实，是不确的。谈玄并非始自正始。《世说新语·文学》注引《荀粲别传》："粲太和初到京邑，与傅嘏谈。嘏善名理，而粲尚玄远，宗致虽同，仓卒时或格而不相得意。裴徽通彼我之怀，为二家释，顷之，粲与嘏善。"这是一条为论者所常引用的材料。对于这条材料的理解，差异极大。但有一点是可以了然的，那便是"名理"与"玄远"之言异，这一点，与刘勰的说法相同，"尚玄远"，也就是刘勰所说的正始所盛行的"玄论"。由此可见，谈玄至少不晚于太和初荀粲所谈。粲所谈玄远之言都有一些什么内容，已不得而知，从何劭《荀粲别传》提及他谈到象外之意、系表之言看，大概是《易》、《庄》。言、象、意论题，正始年间由王弼进一步发展为玄学方法论。可见，荀粲所谈，实已涉及玄学的重要命题，对于玄学的发展，是意义重大的。

谈玄的还有裴徽。《三国志·魏书·管辂传》注引《辂别传》：

> 冀州裴使君，才理清明，能释玄虚，每论《易》及老、庄之道，未尝不注精于严、瞿之徒也。

《辂别传》又引裴徽答管辂的话：

> 吾数与平叔共说老、庄及《易》，常觉其辞妙于理，不能折之。又时人吸习，皆归服之焉，益令不了。

裴徽和管辂，都对何晏的谈玄评价不高，但裴徽是一位善于谈玄的人，却是不易的事实。裴徽当时是冀州刺史，上引《辂别传》孔曜荐管辂时对管辂说的裴徽"能释玄虚"那段话，说于正始五年①，是则谈玄之风，北至冀州，盛于正始初。其实，裴徽谈玄，或许还要更早，当他太和初在洛阳参预傅嘏、荀粲谈论时，可能已开始"论《易》及老、庄之道"了。

当然，谈玄的中心是洛阳，且是在洛阳的宫廷势要圈子里，以何晏、邓飏为核心。《辂别传》："辂辞裴使君，使君言：'何、邓二尚书有经国才略，于物理无不精也。何尚书神明精微，言皆巧妙，巧妙之志，殆破秋毫，君当慎之！自言不解《易》九事，必当以相问。比至洛，宜善精其理也。'辂言：'何若巧妙，以攻难之才，游形之表，未入于神。夫入神者，当步天元，推阴阳，探玄虚，极幽明，

---

① 《管辂别传》引孔曜荐管辂于裴徽的话："平原管辂字公明，年三十六，雅性宽大，与世无忌，可谓士雄。"据《三国志·魏书·管辂传》，辂死于甘露元年（256年），年四十八，则荐管辂于裴徽当在正始五年（244年）。

然后览道无穷,未暇细言。若欲差次老、庄而参爻、象,爱微辩而兴浮藻,可谓射侯之巧,非能破秋毫之妙也。'"《世说新语·文学》注引《文章叙录》:"晏能清言,而当时权势,天下谈士多宗尚之。"引《魏氏春秋》:"晏少有异才,善谈《易》《老》。"以何晏为谈玄的核心,多有记载。《世说新语·文学》:"何晏为吏部尚书,有位望。时谈客盈坐,王弼未弱冠,往见之。晏闻弼名,因条向者胜理语弼曰:'此理仆以为极,可得复难不?'弼便作难,一坐人便以为屈,于是弼自为客主数番,皆一坐所不及。"这一材料说明,当时何晏周围聚集的谈玄者众多;也说明,谈玄的出色人物有王弼。《赏誉篇》注引王隐《晋书》:"卫瓘有名理,及与何晏、邓飏等数共谈讲。"正始年间,卫瓘以二十余岁之青年,得参预何、邓谈玄,以至给他留下了难忘的印象,所以后来他为尚书令的时候,还对乐广回忆起这件事。《世说新语·赏誉》注引孙盛《晋阳秋》,记卫瓘对乐广说的一段话:"昔何平叔诸人没,常谓清言尽矣,今复闻之于君。"他显然对何晏等人的谈玄充满了崇敬之情。

　　与何晏谈玄的,还有夏侯玄。他在正始玄风中是一位有名人物。袁宏写过《三国名臣颂》,说夏侯玄"君亲自然,匪由名教"(《晋书·文苑传·袁宏传》)。《晋书·景帝纪》说他与司马师、何晏齐名。他著有《无本论》、《道德论》等。《晋中兴书》谓:"庾元规少好黄、老,能言玄理,时人方之夏侯太初。"(卷七。汤球辑,广雅丛书本)可见夏侯玄以善谈玄而名闻两晋。与他接近而谈玄的,还有一位应贞。《晋书·应贞传》:"夏侯玄有盛名,贞诣玄,玄甚重之。"应贞思想,兼采儒、道①,但亦参预谈论。《三国志·魏书·王粲传》注引《文章叙录》:

①从他华林园赋诗的内容可看出这一点,参见《晋书》本传所引。

> 贞字吉甫,少以才闻,能谈论。正始中,夏侯玄盛有名势,贞尝在玄坐作五言诗,玄嘉玩之。

应贞是应璩的儿子,也是曹魏集团中人。他仕晋以后,频历显位,而未仕之前,与曹魏集团中人接近,是很自然的事。正始间曹魏集团中人善谈玄理,司马氏周围的人则推重名教,似形成一种自然的聚集。

参预王、何谈玄的,还有钟会和荀融。《三国志·魏书·钟会传》注引何劭《王弼传》:

> 弼与钟会善,会论议以校练为家,然每服弼之高致。何晏以为圣人无喜怒哀乐,其论甚精,钟会等述之。弼与不同……弼注《易》,颍川人荀融难弼《大衍义》……

钟会大抵属校练名理一派,但他也参预何晏的圣人无情的谈论,正始间校练名理与谈玄,在一些理论问题上似已不易分开。《三国志·魏书·荀彧传》注引《荀氏家传》:"(融)字伯雅,与王弼、钟会俱知名,为洛阳令,参大将军军事。与弼、会论《易》、《老》义,传于世。"可证钟会虽校练名理,亦谈玄。

正始间谈玄的,除以何晏为中心的一些人物外,还有另一群人,他们当时不像何晏、夏侯玄那样身处世要。这便是以"七贤"为主的一群人。当正始年间何晏诸人谈玄时,七贤追求玄理之风也已开始。阮籍与王戎谈玄,似始于正始中。《世说新语·简傲》注引《竹林七贤论》:

> 初,籍与戎父浑俱为尚书郎,每造浑,坐未安,辄曰:"与

卿语,不如与阿戎语。"就戎,必日夕而返。

同篇注引《晋阳秋》:

> 戎年十五,随父浑在郎舍,阮籍见而说焉。每适浑,俄顷,辄在戎室久之。乃谓浑:"浚冲清尚,非卿伦也。"

阮籍为尚书郎在正始五年,是则阮籍与王戎谈玄在此时已开始①。王戎后来成为一位谈玄的名家。嵇康与向秀的谈玄,似亦始于正始年间。《文选》卷二十一颜延年《五君咏·嵇中散》李善注引孙绰《嵇中散传》:"嵇康作《养生论》,入洛,京师谓之神人。向子期难之,不得屈。"嵇康入洛,当在正始年间②。孙绰所说,作《养生论》之后入洛,是则与向秀反复论难养生问题,当在正始中。嵇康不惟与向秀讨论养生问题,且与向秀讨论《庄子》。《晋书·郭象传》:"先是,注《庄子》者数十家,莫能究其旨统。向秀于旧注外而为解义,妙演奇致,大畅玄风,惟《秋水》、《至乐》二篇未竟而秀卒。"《晋书·向秀传》:"(秀)清悟有远识,少为山涛所知,雅好老、庄之学。庄周著内外数十篇……秀乃为之隐解,发明奇趣,振起玄风,读之者超然心悟,莫不自足一时也。……始,秀欲注,嵇

①《晋书·王戎传》载王戎卒于永兴二年(305年。《通鉴》言卒于是年六月),享年七十二,是则正始五年,戎年十一,非十五,疑《晋书》戎传所言戎享年有误。

②嵇康入洛,可能和他婚娶于曹操子曹林女长乐亭主有关。嘉平元年正月,司马懿族诛曹爽、何晏等八族,政权实际已落入司马氏手中,在这样的政治环境中,无论嵇康如何超脱,与曹氏家族结合的可能性都是很小的。他娶长乐亭主,只能在正始年间。

康曰：'此书讵复须注，正是妨人作乐耳。' 及成，示康曰：'殊复胜不？' 又与康论养生，辞难往复，盖欲发康高致也。" 上引《晋书》这两段话，可能都来源于《世说新语》，而略有改动。《世说新语·文学》注引《秀别传》，谓向秀注《庄》之前，先以告嵇康、吕安。注成后，又给嵇康、吕安看，吕安看后惊叹为"庄周不死"。嵇康、吕安既已看过向秀的《庄子》注，当亦于谈论中及之，故有"庄周不死"之类的话。

谈玄之风在正始年间盛行，事实上反映了其时士人普遍存在的一种巨大的理论热情。谈玄的谈资，当然是《易》、《老》、《庄》三玄，所谈的主要是本末、有无、言意诸命题，但涉及的远比这些要广泛得多。有的学者拘泥于中心论题，而把正始玄风的范围缩得很小，只有那么几个人，很少的"玄论"，这是不确的。谈玄，谈资既是三玄，而论题实涉及一切玄远之学，涉及与玄远之学有关的许多现实理论命题。

从谈玄之盛以至形成一时风气看，当然可以说谈玄是玄学发展过程中一个十分重要的方面，是玄学建立过程中的一个十分重要的部分。玄学理论正是借助谈玄、著论和注疏《易》、《老》、《庄》三玄建立起来的。谈玄正反映了其时士人建立玄学理论的巨大热情。此时士人中出现的巨大的理论热情，可以说为数百年来所未有，实为战国百家争鸣之后又一思想理论都极为活跃的高潮。

由谈玄而发展到玄学理论的建立，当然是顺理成章的。

但是，谈玄也还不是玄学产生的根本原因。

它只是玄学发展过程中的一种现象，从清议到人物品评到谈名理到谈玄的发展，也可以看作是玄学发展的一个过程。玄学理论的建立，似尚有更为深刻的社会原因。

有研究者认为,玄学理论建立的最重要的社会条件,是改制的政治背景①。曹魏改制的实质是什么,仍可讨论。改制是否就是玄学产生的现实基础,似尚难以论定。在玄学产生过程中,许多玄学家与改制并无关系;且谈玄可与讲论、人物品评、谈名理等等相衔接,实难与改制相衔接。更重要的是,玄学作为一个哲学体系,很难从"改制"中找到直接的联系。这里只要举一个例子就够了。玄学的高度思辨的思想方法,怎么能说明是改制的产物呢? 显然,从两汉经学的实证的方法,到玄学的思辨的方法的转变,另有原因(例如,哲学命题的特点,学术思想发展的内部规律等等),单从"改制"上找对应关系,是不易说清的。玄学的产生,与现实生活的需要有关,但似乎并不直接表现在"改制"上。

一种理论的产生,它为社会所接受的程度,取决于社会对它的需要的程度。玄学之所以一出现就为士人所普遍接受,并且成为两晋的主要的思想潮流,决非一种偶然现象,也决非曹魏改制的一时需要。它乃是一种更为广泛、更为深远的现实生活的要求。

经学束缚解除之后,思想一尊的局面是打破了,各种思想活跃起来。士人以往所信奉的儒家一套人生理想、行为规范,已经失去了它的吸引力,任情而行成为一时风尚。但这种任情而行的

---

① 王葆玹在他的专著《正始玄学》(齐鲁书社 1987 年版)中说:"正始玄学家除年轻后进的王弼等人外,一般都兼有政治家的身份,如夏侯玄是政治改革方案的主要制定者,并且是曹爽辅政下的主要军事台柱;何晏、邓飏等人都是当时政务的主持者和改制的发起者,并且是曹爽的谋主。……这些玄学家的改制运动乃是正始期间与玄学对应的主要政治事件,在玄学政治背景当中应处核心的位置,甚至可说是玄学政治理论的实施,也可说是玄学天人新义的政治基础,对它是不能不多加研究的。"

风尚,只能是一种过渡的现象。一个社会不可能没有它的思想信仰。玄学就是在这种情况下出现的。它是士人寻找来的一种思想归宿,一种用以填补儒学失落之后的思想位置的新的理性的依归。

个性觉醒的初期,老、庄思想被广泛地用来解释现实生活中种种新的行为。老、庄思想在任自然这一点上,无疑给重个性、重情感、重欲望的风尚找到了理论依据。但是,老、庄思想、特别是庄子思想,它在实质上与任情纵欲是不同的。它的任自然,是重心灵的自由,轻物质享受,贵心贱身;是超越欲念,超越人生。它不可能最终满足魏晋士人的现实需要。魏晋士人的任自然,既重心灵自由,又贵身。老、庄思想需要在新的社会条件下加以改造,加以新的阐释。这个过程便从个性觉醒之后慢慢地开始了,从清谈、谈玄、注玄、论玄中,不知不觉地对老、庄思想作出了新的解释。这种解释,吸收了老、庄的基本精神,而注入现实的新的生机。在某种意义上说,是现实生活中已经出现了的新的思想的理论升华。从这个角度来理解玄学,或者可以更清楚地看出它的出现的现实依据。

从另一个方面来看,个性觉醒的同时,儒家一尊时期形成的思想习惯、社会生活准则也十分顽强地存在着,抗拒着新的人生理想、新的行为方式、新的生活方式,造成了思想领域中的深刻矛盾,这就是通常所说的自然与名教的矛盾。士人们需要寻找一种理论,来解决自然与名教的矛盾,于是寻找到玄学。玄学是企图从理论上解决自然与名教的矛盾而出现的,它与现实实有至为密切之关系。

正是现实生活中这些更为深层更为实质的需要,促使玄学的产生。从人性觉醒到清谈到谈玄,这样一个自然而然发展过程的内在动力,便是社会现实向理论提出的要求。

因此,玄学并非远离现实,玄学家也非超尘出世者。昔人已看到这一点,虽然看得并不十分清晰,但已经感觉到了。颜之推《颜氏家训》卷三《勉学》:

> 夫老、庄之书,盖全真养性,不肯以物累己也。故藏名柱史,终蹈流沙;匿迹漆园,卒辞楚相,此任纵之徒耳。何晏、王弼,祖述玄宗,递相夸尚,景附草靡,皆以农、黄之化,在乎己身,周、孔之业,弃之度外。而平叔以党曹爽见诛,触死权之网也;辅嗣以多笑人被疾,陷好胜之阱也;山巨源以蓄积取讥,背多藏厚亡之文也;夏侯玄以才望被戮,无支离拥肿之鉴也;荀奉倩丧妻,神伤而卒,非鼓缶之情也;王夷甫悼子,悲不自胜,异东门之达也;嵇叔夜排俗取祸,岂和光同尘之流也;郭子玄以倾动专势,宁后身外己之风也;阮嗣宗沉酒荒迷,乖畏途相诫之譬也;谢幼舆赃贿黜削,违弃其余鱼之旨也:彼诸人者,并其领袖,玄宗所归。其余枉楷尘涬之中,颠仆名利之下者,岂可备言乎!直取其清谈雅论,剖玄析微,宾主往复,娱心悦耳,非济世成俗之要也。

颜之推这段话可注意的地方,是他列举的玄学领袖人物,都并非超尘出世者,他们并未能摆脱人间欲念,未能忘情,并且指出了这一点正是他们与老、庄思想的根本不同之处。这是非常有见地的。他最后提到玄谈只为娱心悦耳,无关乎世用,这用来指玄学发展到后来的性质,而非指它产生的起因,也是对的。这一点,我们后面还将谈及。

第二节　正始玄学的现实主题

玄学涉及的命题很多,本末、体用、才性、言意,以至养生、声无哀乐等等,我们所要讨论的,不是玄学所有这些命题,而是从玄学与现实的关系着眼,考察玄学的现实主题。

一

玄学家提出来的一个与现实有极密切关系的问题,是关于圣人有情无情的讨论。这一问题的讨论,其实是汉末以来重情风尚的理论思索。

何晏、王弼都提出了圣人有情无情的问题。《三国志·魏书·钟会传》注引何劭《王弼传》:

> 何晏以为圣人无喜怒哀乐,其论甚精,钟会等述之。弼与不同,以为圣人茂于人者神明也,同于人者五情也。神明茂,故能体冲和以通无;五情同,故不能无哀乐以应物。然则圣人之情,应物而无累于物者也。今以其无累,便谓不复应物,失之多矣。

何晏论圣人无喜怒哀乐,详细内容已不可考。钟会等既述之,显为时人所重视。何以提出圣人无喜怒哀乐,这只能从当时士人所关心的问题加以解释。自从重感情、任情纵欲成为一种风尚之后,感情问题便一直为社会所关注。纵欲任情而动,是合理还是不合理? 应该如何看待情欲? 如何引导、节制情欲? 等等,都需要从理论上加以说明，需要理性的反思。对于这些问题，有种种看法，桓范承认情的合理性，但主张节欲：

> 人生而有情，情发而为欲。物见于外，情动于中，物之感人也无穷，而情之所欲也无极，是物至而人化也。人化也者，灭天理矣。夫欲至无极，以寻难穷之物，虽有圣贤之姿，鲜不衰败。故修身治国之要，莫大于节欲。（《世要论·节欲》）

傅玄也主张节欲，而且认为应该从在上位者做起：

> 上欲无节，众下肆情，淫奢并兴，而百姓受其殃毒矣。（《傅子·校工》）

他这里说的是节制情欲，是对于奢侈淫佚的欲望而言的。他自己在《席铭》中说"闲居勿极其欢，寝处毋忘其患"，也指节制欲望，并非指节制感情。史称傅玄峻急，往往感情不能自制，以至于对百僚而骂座，他自己就是一位重感情的人物。

桓范和傅玄，持的都是儒家的传统观点。以礼节情，《礼记》多有论述①。儒家不仅主张节制情欲，而且主张感情的中和，反对过滥。

但是，当时更多的士人倾向于任情而动，无所节制，这有他们的行为可以证明。《三国志·魏书·荀彧传》引何劭《荀粲传》，记荀粲钟情一事，实为其时士人重情之一代表。粲娶曹洪女，天

---

① 《礼记·礼运》："故人情者，圣王之田也，修礼以耕之，陈义以种之，讲学以耨之，本仁以聚之，播乐以安之。"

姿国色,感情甚笃:

> 后妇病亡,未殡。傅嘏往唁粲。粲不哭而神伤。……痛
> 悼不能已,岁余亦亡,时年二十九。

阮籍是有名的例子。阮籍母死居丧,饮酒食肉,为礼法所不容,而其实他悲伤至极,以至"举声一号,呕血数升",盖真情袒露而哀乐至到,无须乎礼之缘饰。

竹林名士中的其他人,如刘伶、阮咸,也都是任情的例子。刘伶的纵酒放达、脱衣裸形,阮咸的居母丧而纵情越礼,都反映了其时士人重真情而轻礼法的风气。

这样一种感情解放的潮流,它的思想基础,本来来源于老、庄的任自然,但是它的发展,却超越了老、庄的任自然的思想。老、庄主张任自然,是走向忘情;而感情解放的潮流,是从任自然开始,走向纵欲。任自然只是作为摆脱礼教束缚的思想武器,使感情从礼的束缚中解放出来。但是事实上,感情摆脱礼的束缚之后,并不返归素朴无为、没有欲念羁系、不为喜怒哀乐伤身的自我,而是走向任由感情发泄、哀则极哀、乐则极乐、以我为中心的自我。对于老、庄的忘情,反而大不以为然。蒋济《蒋子万机论》论及此,谓:

> 庄周妇死而歌。夫通性命者,以卑及尊,死生不悼,不可论也。夫象见子皮,无远近必泣,周何忍哉?(《太平御览》卷八百九十)

庄子的任自然,是物我两忘,从根本上说,当然是重自我的一种表

现。我就是我，我与万物为一，我因此而存在，因此而不受社会的任何诱惑，也不受社会的任何约束，社会上的一切，都不能引起我的喜怒哀乐，都不能引起我的系念。从本质上说，庄子的这个"我"，是一个"自然的人"，而不是一个"社会的人"。正始士人接受了庄子任自然、摆脱礼教束缚的思想，但却把这个"自然的人"变成了一个"社会的人"。社会的人是社会关系的总和，社会关系的种种变化都要引起感情的波浪，产生种种欲望。承认这种感情欲望是自然的，不应受到约束，这就离开了庄子，从忘情走向任情。

这样的思潮在理论上的代表性表述，便是向秀。向秀《难养生论》：

> 有生则有情，称情则自然，若绝而外之，则与无生同，何贵于有生哉？……
>
> 夫人含五情而生，口思五味，目思五色，感而思室，饥而求食，自然之理也。……
>
> 且生之为乐，以恩爱相接。天理人伦，燕婉娱心，荣华悦志；服飨滋味，以宣五情；纳御声色，以达性气。此天理自然，人之所宜，三王所不易也。……（《嵇康集校注》卷四附）

这就从理论上承认了任情而动的合理性。

任情而动的新的社会思潮，与两汉以来儒家为整个社会打下的牢固的礼法观念，必不可免地发生着冲突。何曾之所以数次指责阮籍违礼，正是这种冲突的表现。如何解决这个冲突，即解决名教与自然关系中的这一问题，是玄学家无法回避的。圣人有情无情问题的提出，是解决这一问题的一种途径。

何晏提出圣人无喜怒哀乐，推测其本意，并非说圣人无情，而是说圣人由于其道德修养，因而能做到喜怒哀乐皆节之以礼。这从他的《论语集解》中可以得到例证。《论语集解》大多非其亲自训说，但却代表着他的意见。他在《序》中说："今集诸家之善说，记其姓名，有不安者，颇为改易。"可见，他对各家训说的选择，以合于己意者为准，不合于己意者，且改易之使合于己意。何况，其中也还有部分是他的自注。因此，把《论语集解》中有关情的论述，作为何晏"圣人无喜怒哀乐"论的佐证，是可行的。《论语集解》所记孔子的喜怒哀乐，正是礼节制下的喜怒哀乐。《集解》中凡关涉圣人感情问题的解释，都没有说圣人无情，而只是说圣人并不任情而动①。这是说，何晏认为圣人不同于一般人的地方，不

①《论语·八佾》："子曰：《关雎》乐而不淫，哀而不伤。"何晏引孔安国疏："乐不至淫，哀不至伤，言其和也。"《论语·述而》："子食于有丧者之侧，未尝饱也。子于是日哭，则不歌。"何晏注："丧者哀戚，饱食于其侧，是无恻隐之心也。""恻隐之心"是仁，是道德准则，在重感情的场合，必须以道德准则行事。这是《论语集解》中少数几处何晏自注之一。同章"子曰：饭疏食，饮水，曲肱而枕之，乐亦在其中矣"，何晏引孔安国疏："孔子以此为乐。"何以此为乐，盖言其合于义也。《论语·颜渊》："司马牛问君子。子曰：君子不忧不惧。曰：不忧不惧，斯谓之君子已乎？曰：内省不疚，夫何忧何惧！"这是说，自省道德上无过错，则忧惧之情不生。《论语·宪问》："仁者不忧，知者不惑，勇者不惧。"《论语·季氏》所论三乐三损均同此。《论语》中只有一处记孔子动了感情而未加节制。《论语·先进》："颜渊死，子曰：噫，天丧予！天丧予！"何晏注："天丧予者，若丧己也。再言之者，痛惜之甚也。""颜渊死，子哭之恸。从者曰：子恸矣。子曰：有恸乎？"何晏引孔安国疏："不自知己之悲哀过也。"可见，何晏是知道孔子有喜怒哀乐之情的，只是除极个别的时候之外，他的喜怒哀乐之情，均在礼的节制之下，失其自然状态而已。而这极个别的时候，是在他不自知的情况下出现的。《论语》中凡涉及喜怒哀乐之情者，均已毕见于此，以此证何晏"圣人无喜怒哀乐"之情论的原意，说当可通。

是因为他无情，而是因为他有情而能节之以礼。圣人之情，是道德化了的感情，不是应物而动的人性自然的感情。圣人如此，那么一般人呢？这可能有两种解释，一种解释是一般人应该向圣人学习，也节之以礼；另一种解释是圣人可以做到，一般人做不到，一般人的喜怒哀乐，自然是任情而动。这后一种解释似更能代表当时玄学家的主要倾向。后来王衍的看法正是这样。《晋书·王衍传》：

> 衍尝丧幼子，山简吊之。衍悲不自胜。简曰："孩抱中物，何至于此！"衍曰："圣人忘情，最下不及于情。然则情之所钟，正在我辈。"简服其言，更为之恸。

王弼与何晏不同的地方，是说圣人也有应物而动的人性自然的感情，圣人的五情与一般人相同，故不能无哀乐以应物。这在他的另一处言论里有清楚的说明。《三国志·魏书·钟会传》引弼《戏答荀融书》：

> 夫明足以寻极幽微，而不能去自然之性。颜子之量，孔父之所预在，然遇之不能无乐，丧之不能无哀。又常狭斯人，以为未能以情从理者也，而今乃知自然之不可革。

孔子因颜回死，悲伤过度，以至不能自制，王弼在这里作了解释，以为感情之不可已已，乃是自然之性，圣人也不例外，不能把这看作未能以情从理。这样说，就更加强调了一般人的任情而动的合理性：圣人尚且如此，何况常人！

王弼与何晏不同的另一点，是他认为圣人节制五情，不是由于礼的约束而是由于自制,由于自己能把应物而动的感情控制在一定限度之内,即应物而不累于物。节制的办法,便是以性制情。王弼注《易》,释《文言》"利贞者,性情也":

> 不性其情,焉能久行其正。

明人张萱对王弼这段话作了解释:

> 不性其情,言不以性制情也。(《疑耀》卷六,丛书集成初编本)

皇侃对这一注解作了更为详尽的解释:

> 此是情之正也。若心好流荡失真,此是情之邪也。若以情近性,故云性其情。情近性者,何妨是有欲。若逐欲迁,故云远也;若欲而不迁,故曰近。

他把"性其情"解为"以情近性",把"不性其情"的结果说成流荡失真的情之邪。而认为邪情就是欲的发展。

那么,王弼的"性其情"的"性"指什么呢?我以为就是守住自然本性。他为《老子》三章"常使民无知无欲"作注,谓"守其真也","守真",也就是守住自然本性,用理智,用"度",使"性"回复到一种无欲念、即"真"的状态中去。有感情,感情必然应物而动,动之后,又自我节制,使不至于逐欲而迁,不至于发展到极端,不增益它。这种自我节制,不同于儒家的以礼节情,而更接近于老、庄的思想。《庄子·德充符》有一段惠子和庄子的对话,庄子说人

无情;惠子说:"人而无情,何以谓之人?"庄子回答说:

> 是非吾所谓情也。吾所谓无情者,言人之不以好恶内伤其身,常因自然而不益生也。

好恶是有的,情是有的,但因其自然,不使流荡而内伤其身。庄子的最终目的,是达到忘情的境界;而王弼,则用以论证一种感情的自我节制。

何晏提出来圣人无喜怒哀乐,是要说明圣人之情,以礼节制;王弼说圣人有情,是要说明圣人之情,是一种自然本性的自我节制。两人都为重情的社会风气寻找一种感情节制的方法,何晏以礼,而王弼以性。何晏近孔,而王弼近老、庄。

但两人的共同特点,都是承认一般人重情、任情而动的合理性。

可见,关于圣人有情无情的讨论,乃是其时社会现实为玄学家提出来的一个迫切需要解决的理论命题。正是由于这一问题的深刻的现实意义,因之为玄学家所普遍重视。《隋书·经籍志》道家类"符子"注著录有《圣人无情论》六卷,不著撰人。姚振宗以为:"《中庸》章句:'喜怒哀乐,情也。'圣人无喜怒哀乐论,似即此圣人无情论也。大抵始于何晏,而钟会等述之,王弼非之。其后尚论者又演益之为六卷。"(《隋书经籍志考证》)《圣人无情论》六卷梁时尚存,隋已亡,不然,当能见其时对此一问题讨论之更为丰富之内容。

二

与圣人有情无情的讨论紧密相连的另一个问题,便是养生。

养生问题,是关于感情问题必然要涉及的另一个方面。

《世说新语·文学》引旧说:

> 王丞相过江左,止道"声无哀乐"、"养生"、"言尽意"三
> 理而已。然宛转关生,无所不入。

可见,养生问题,在玄谈中地位十分重要,它不仅涉及养生本身,
且亦牵涉玄谈中的其他问题,即所谓"宛转关生,无所不入"也。

正始士人论养生问题,现存仅有嵇康和向秀的论、难三篇。
然仅此三篇,已包括了养生的两种基本观点,即顺欲养生与节欲
养生。

向秀在对待感情问题上既强调任情而动的合理性,在养生问
题上便也主张顺欲养生。他认为,人生而有情,有情必应物,必有
种种欲望,这是天理自然的事。要人为地抑制,不仅做不到,而且
于身体有害。他说:

> 今五色虽陈,目不敢视;五味虽存,口不得尝;以言争而
> 获胜则可。焉有芍药为荼蓼,西施为嫫母,忽而不欲哉?苟
> 心识可欲而不得从,性气困于防闲,情志郁而不通,而言养之
> 以和,未之闻也。(《难养生论》,《嵇康集校注》卷四附)

抑制情欲,既在事实上做不到,有害;而且即使强行做到了,也就
失去了人生的意义,失去了人生的欢乐。他说:

> 今若舍圣轨而恃区种,离亲弃欢,约己苦心,欲积尘露以
> 望山海,恐此功在身后,实不可冀也。纵令勤求,少有所获。

则顾影尸居，与木石为邻，所谓不病而自灸，无忧而自默，无
丧而疏食，无罪而自幽。……故相如曰："必若长生而不死，
虽济万世犹不足以喜。"言悖情失性，而不本天理也。长生且
犹无欢，况以短生守之耶？（《难养生论》）

向秀的这种观点，把养生和人生价值联系了起来，正代表了建安
以来个性解放的思想潮流。重自我，也就重生命，生之欢乐与生
之悲哀，正是感受到现实人生之可眷恋之后的产物，享受生之欢
乐与生之悲哀，也就是享受人生。有了这一切，人生才有意义，才
可眷恋，如果把这一切都抑制了，人活着也就如木石、如尸居，虽
长命百岁也毫无意义。向秀的观点，可代表重生活重情欲一派的
养生观。这一派把生活的快乐看得比生命的存在本身更重要，结
论是生不需养，长寿乃天生。

持类似观点，肯定人生情欲的，当时似尚大有人在，如现存张
辽叔《自然好学论》就流露了这种观点：

夫喜怒哀乐，爱恶欲惧，人之有也。得意则喜，见犯则
怒，乖离则哀，听和则乐，生育则爱，违好则恶，饥则欲食，逼
则欲惧，凡此八者，不教而能，若论所云，即自然也。（《嵇康
集校注》卷七附）

这虽然不是论养生的，但以为有自然之性，必有种种欲求，从而证
明情欲的合理性。这种观点在实质上与向秀是相同的。

嵇康的观点与之相反。他的养生观的最主要内容，就是主张
去欲。去欲不是不要一切感情欲望，而是把感情欲望降低到人生
的最低需要的水平上，意足即可。他的养生观，实质上也是一种

感情的自我节制,也是以性制情的一种表现。

稽康承认人生而有情。《声无哀乐论》谓:"夫内有悲痛之心,则激切哀言,言比成诗,声比成音,杂而咏之,聚而听之。心动于和声,情感于苦言,嗟叹未绝,而泣涕流涟矣。……夫喜怒哀乐爱憎惭惧,凡此八者,生民所以接物传情,区别有属,而不可溢者也。"他又说:"夫不虑而欲,性之动也。"(《答难养生论》)性动,就是情欲,他也承认情欲的存在。但是他认为,情欲害生:

> 夫嗜欲虽出于人,而非道之正。犹木之有蝎,虽木之所生,而非木之宜也。故蝎盛则木朽,欲胜则身枯。然则欲与生不并久,名与身不俱存,略可知矣。而世未之悟,以顺欲为得生,虽有后生之情,而不识生生之理,故动之死地也。(《答难养生论》)

他主张节欲以养生。节欲之要,在喜怒无动于衷:

> 是以君子知形恃神以立,神须形以存,悟生理之易失,知一过之害生,故修性以保神,安心以全身,爱憎不栖于情,忧喜不留于意,泊然无感,而体气和平;又呼吸吐纳,服食养身,使形神相亲,表里俱济也。(《养生论》)

服食修炼固有益于养身,而内去欲,却是更为重要的。稽康不是主张情欲发动起来之后再以礼去抑制,而是主张内心去欲,不让情欲发展:

> 善养生者则不然矣,清虚静泰,少私寡欲,知名位之伤

德,故忽而不营,非欲而强禁也。识厚味之害性,故弃而弗顾,非贪而后抑也。外物以累心,不存神气,以醇白独著,旷然无忧患,寂然无思虑,又守之以一,养之以和,和理日济,同乎大顺。(《养生论》)

以大和为至乐,则荣华不足顾也。以恬澹为至味,则酒色不足钦也。(《答难养生论》)

他认为不是不要饮食男女,而是饮食男女要得理。得理,就是内去欲,如瞽者之遇室,西施与嫫母同情;如聩者之忘味,糟糠与精粹等甘。"今能使目与瞽者同功,口与聩者等味,远害生之具,御益性之物,则始可与言养性命矣。"(《答难养生论》)把内去欲、求意足作为养生之要,说明他的养生理论与王弼情感观这条线相衔接,近于老、庄,而不近于以礼节情的儒家观点。

嵇康养生论的现实意义,在于它反映出对于任情而动的社会思潮的一种反思。重情,任情纵欲,固是重个性、重自我的产物,在摆脱礼法束缚上,有其积极意义。但是,这种思潮的不受限制的发展,对社会也会造成破坏。它既与名教矛盾,亦与合理的人性的正常发展矛盾。这一从礼教束缚中解放出来的任情纵欲的思潮如何发展,王弼从以性制情的角度,嵇康则从养生的角度提出了自己的看法。他们的看法,在总的倾向上是一致的,都是以老、庄的自然思想作为立脚点,从老、庄思想内部寻找解决这一问题的途径,而不是用名教的手段来解决。

嵇康养生论的另一现实意义,就是它从一个侧面反映了重自我因而贵生命的思想,这也是重人的价值的一种表现。

三

　　正始玄学家提出的又一个具有深刻现实意义的论题,便是言意关系问题。

　　言意关系问题的提出,非始于正始,此为学界所共知,无须赘述。然而正始前后这一问题又提出来,并且得到如此深入的探究,则只能从现实需要上来加以解释。

　　两汉经学是述古,解释圣人的教导,是把"经"实用化。它需要的是实证、阐释、推理的方法。经学衰落之后,对人生、对社会、对宇宙万物都做了重新思索,它主要的不是阐释,不是实证,不是从已有的理论中找到根据来指导实践,而是从现实生活中已经出现的问题,来思索宇宙人生,是一种新理论的创立。玄学所涉及的主要是本体论的问题,疏证、训诂已经无济于事,需要从经验上升到抽象思辨,需要找到一种全新的方法。言意问题就是在这样的背景下受到重视的。

　　实证与义理思辨,是很不一样的。实证对于理论的表述往往沦于肤浅,对更为复杂的理论问题往往无能为力。我们可以比较经学家注《论语》与王弼注《论语》的不同方法,来说明这一点。《论语·述而》:"子曰:志于道,据于德,依于仁,游于艺。"郑玄注:

　　　　志,慕也,道不可体,故志之而已。

郑玄的着眼点,在释"志"字之义,何以用"志"字,就是因为"道"不易表述。但是这个"道"到底是什么,他就无能为力了。王弼注:

> 道者，无之称也，无不通也，无不由也。况之曰道。寂然
> 无体，不可为象。是道不可体，故但志慕而已。（《论语释
> 疑》）

王弼当然是以老释孔，把孔子的"道"改造了。孔子的"道"，指道德，王弼却把它变成了老子的本体论的"道"。这一点姑且不说，我们只说他如何解释道不可体。他从"道"的性质（无不通，无不由）、形态（寂然无体，不可为象）来说明，因为道是无所不在、至大无外的"无"，所以不可体。他已经完全离开《述而》本身，阐述他的"道"的实质，作一种纯抽象的表述。这一表述，远远超过了它的字面的意义，引导人进入一个更广阔的思辨的领域。

《论语·泰伯》："子曰：'大哉，尧之为君也！巍巍乎唯天为大，唯尧则之。荡荡乎民无能名焉。'"孔安国疏：

> 则，法也，美尧能法天而行化。

包氏注：

> 荡荡，广远之称，言其布德广远，民无能识名焉。

王弼注：

> 荡荡，无形无名之称也。夫名所名者，生于善有所章而
> 惠有所存。善恶相须，而名分形焉。若夫大爱无私，惠将安
> 在？至美无偏，名将何生？故则天成化，道同自然，不私其子
> 而君其臣。凶者自罚，善者自功；功成而不立其誉，罚加而不

任其刑。百姓日用而不知所以然,夫又何可名也。(《论语释疑》)

孔疏与包注,只阐释《论语》本身的含义,而王注则离开《论语》加以发挥。《泰伯》本身只颂扬尧的功德的巨大,而王弼则把这种功德解释成老子的无为而治,论无为而治的意义,已经不停留在对尧的功德的颂扬上,而进入一般义理的探讨,具有理论的价值。

思辨较之实证,更重意,而不是更重言象,把得意看作是目的,而把言、象看作是得意的一种手段,得了意,言、象都可以忘。但是意是不可能完全得到的,更幽微的意,非言、象所能表述。言不尽意,是这时的普遍认识。蒋济、钟会、傅嘏,都是主张言不尽意的。欧阳建《言尽意论》托"雷同君子"之口说:

> 世之论者,以为言不尽意,由来尚矣。至乎通才达识,咸以为然。若夫蒋公之论眸子,钟、傅之言才性,莫不引此以为谈证。

蒋济论眸子,未见著录。《三国志·魏书·钟会传》:"(会)少敏惠凤成。中护军蒋济著论,谓'观其眸子,足以知人'。会年五岁,繇遣见济,济甚异之,曰:'非常人也。'"引文可知蒋济之确曾著论论眸子。《太平御览》卷三六六存有其"两目不相为视"一段,未审为其眸子论中片断否?他论眸子如何引"言不尽意论"为证,已完全不可考。钟会之才性论与傅嘏之才性论,均未存留,亦无从推知其言不尽意之观点。然欧阳建所言,当有根据。"言不尽意"为正始前后之一普遍认识,似可视为事实。现在留下来的最早的一段论述,是荀粲的,见《三国志·魏书·荀彧传》注引何劭《荀粲传》:

粲诸兄并以儒术论议,而粲独好言道。常以为子贡称夫子之言性与天道,不可得闻,然则六籍虽存,固圣人之糠秕。粲兄俣难曰:"《易》亦云:圣人立象以尽意,系辞焉以尽言,则微言胡为不可得而闻见哉?"粲答曰:"盖理之微者,非物象之所举也。今称立象以尽意,此非通于意外者也;系辞焉以尽言,此非言乎系表者也。斯则象外之意,系表之言,固蕴而不出矣。"

荀粲之用意,在贬儒术,谓夫子既不言性与天道,而只言文章(文献),则儒家典籍乃糠秕耳。粲盖以为性与天道才是精华,才有深奥之义理,而文章(文献)特外壳而已。荀粲崇道家,这样说是可以理解的。而崇儒术的荀俣为了说明圣人亦言天道,于是引孔子说《易》为证,提出了象和系辞可以表达微言的问题。荀俣这一观点,来自《易·系辞》,为后来欧阳建"言尽意论"所发挥。他的这一观点,才引出了荀粲的一番"言不尽意"的议论。荀粲所要说明的,是"理之微者",难以用言、象表达。言、象所能表达的,只是表层的意义,即言、象本身的含义;而更深层,即象外之意、系表之言,则是难以表达的。这既提出义理有不可能完全认知的部分,也指认知的部分与语言表达能力之间的矛盾。其实,这一思想是从《庄子》来的,《庄子·秋水》:"可以言论者,物之粗也;可以意致者,物之精也;言之所不能论,意之所不能察致者,不期精粗焉。"

发展了"言不尽意论"的是王弼。他的贡献,在于用"言不尽意论"来解决义理抽象的方法问题。他在《周易略例·明象》中说:

夫象者,出意者也。言者,明象者也。尽意莫若象,尽象莫若言。言生于象,故可寻言以观象;象生于意,故可寻象以观意。意以象尽,象以言著。故言者所以明象,得象而忘言;象者所以存意,得意而忘象。犹蹄者所以在兔,得兔而忘蹄;筌者所以在鱼,得鱼而忘筌也。然则,言者,象之蹄也;象者,意之筌也。是故,存言者,非得象者也;存象者,非得意者也。象生于意而存象焉,则所存者乃非其象也;言生于象而存言焉,则所存者乃非其言也。然则,忘象者,乃得意者也;忘言者,乃得象者也。得意在忘象,得象在忘言。故立象以尽意,而象可忘也;重画以尽情,而画可忘也。

这段论述可以看作义理抽象的完整的方法论,有着极为丰富的内涵。

首先,王弼承认言可明象,象可尽意,从"夫象者"到"故可寻象以观意",都是要说明这一问题的。因为言以明象、象以表意,所以可以由言观象,由象观意。这个"象",是指具体的象;这个"意",是指具体的意。具体的象与意,是可以由言和象去表现的,例如牛、马。

但只承认这一点还不够,他进而论述得象忘言,得意忘象。这里的"得象"和"得意",已经不是指具体的象与意,而是指具有普遍意义的象与意。他在下面接着论述这个问题时说:"义苟在健,何必马乎? 类苟在顺,何必牛乎? 爻苟合顺,何必坤乃为牛? 义苟应健,何必乾乃为马?"就是这个意思。《说卦》:"乾,健也;坤,顺也。"又说:"乾为马,坤为牛。"《说卦》是解说八卦属性与卦象的,乾为天,天行健,乾卦的性质是刚健,故以健行之马象征之。但"马"只是健的一个具体象征,乾卦的性质,它所代表的义理既是刚健,那么刚健并非只有"马"这一种物象可以象征,其他物象也可以。坤卦的性质是柔顺,"坤,顺也","坤为牛"。坤为地,地道柔顺,牛性也柔顺,故坤为牛,以牛象征之。但是坤卦的柔顺的性质,并非只有"牛"可以象征,只要是柔顺的,其他物象也可以。如果卦义属"健"和"顺",不一定只有乾卦可以用"马"象征,其他卦也可以用"马";不一定只有坤卦可以用"牛"象征,其他卦也可以用"牛"。邢璹注:"遁无坤,六三亦称牛。明夷无乾,六二亦称马。"这就是说,义理抽象之后,具体的物象与言语都可以舍弃。这就是"得象忘言"、"得意忘象"。反过来说,如果执着于具体的言和象,就不可能得到具有更普遍意义的象和意,所以他说:"是故,存言者,非得象者也;存象者,非得意者也。"最后导致的结论是:"忘象者,乃得意者也;忘言者,乃得象者也。"忘言忘象的目的,是为了把握住更具普遍意义的象和意,是从具体上升到抽象。

这样,我们从方法论的角度考察王弼关于言意关系的这段话,就可以把他的玄学方法论表述为如下图式:

$$\begin{cases} 言明象 \\ 象尽意 \end{cases} (具体) \rightarrow \begin{matrix} 忘言 \\ 忘象 \end{matrix} (舍弃具体) \rightarrow \begin{matrix} 得象 \\ 得意 \end{matrix} \begin{pmatrix} 得到具有普遍 \\ 意义的象和意 \end{pmatrix}$$

我们或者可以把最后这一环节看作由具体上升到理论。

这方法论的提出,显然与现实生活的需要分不开。现实中对于许多重大理论命题的探讨,需要有一种具有更强的思辨色彩的理论方法,因为只有训诂、实证和阐释已经完全无能为力了。

王弼自己处处用的都是这种方法,他注《易》、注《老》都如此。《老子指略》中有一段话正可与上引他论言意关系的那段话相发明:

> 凡物之所以存,乃反其形;功之所以克,乃反其名。夫存者不以存为存,以其不忘亡也;安者不以安为安,以其不忘危也。故保其存者亡,不忘亡者存;安其位者危,不忘危者安。……故取天地之外,以明形骸之内;明侯王孤寡之义,而从道一以宣其始。

不仅思辨,而且有浓厚的辩证的意味。

这种方法的运用,我们在嵇康的文章(例如《声无哀乐论》)中也可以看到。

四

正始玄学家讨论的核心理论问题,当然是本末、有无。这一问题的提出,正是为了从根本上解决现实生活中自然与名教的矛盾。

本末、有无问题提出的一个重要意义,就是从认识论上把汉儒的宇宙万物构成论推进到宇宙万物的本源论上。汉儒讲宇宙构成,便讲阴阳五行,由此而进一步讲天人感应,天也就成了有意识的天。清谈兴起之后,人物品评讲才性,加入了老、庄思想,强调人的自然本性,讲人的自然气质。但是,最后还是归结到五行,《人物志》就是一例。归结到五行,就讲五常、五德,最终还是落实到儒家的纲常名教上。虽说才性与禀赋有关,但也证明五常与禀赋有关,证明五常的合理性。正始玄学家出来,论本末、有无,撇开了五行五德,追究宇宙万物的本源,才把这个问题从根本理论上解决了。

对于本末、有无,正始玄学家认识并不一致,最有影响的要数王弼的贵无论。《三国志·魏书·钟会传》注引何劭《王弼传》说王弼未弱冠,往见当时的吏部郎裴徽。裴徽问他:"夫无者诚万物之所资也,然圣人莫肯致言,而老子申之无已者何?"王弼回答说:"圣人体无，无又不可以训，故不说也；老子是有者也，故恒言无所不足。"这是一段很有名的反映王弼基本观点的话。从这段话，我们还可以推测裴徽的观点。裴徽是承认万物得以产生的根源是"无"的，他只是不明白为什么孔子不说"无"，而老子反复说"无"，原因何在。从《三国志·魏书·管辂传》裴注可知，他曾调和荀粲与傅嘏谈论的矛盾。傅嘏是尚名理的，荀粲则尚玄远。裴徽能为二家释，"使两情皆得，彼此俱畅"，则裴徽的观点当属较通达的一种，虽谈玄而不执着于玄。从他对王弼提出的问题看，他对于圣人不说"无"并无非议之意。而王弼的回答，其实是顺着这一思路来的。不过他对圣人不说"无"给了解释，认为圣人不是不体认"无"，而是体认了不说，因为"无"不可以训说。这是说，世界是"有"，离开了"有"，一切无从说起。老子之所以说"无"，是因为他承认"有"，所以常说"无"归于完全空无之不足，即以"有"归之于"无"，以"有"说"无"。圣人因为"无"不可以训说，故不说，而说"有"，但是他是体认"无"的；老子以为说空"无"难以说清，故以"有"说"无"。这样，孔、老便在这一点上统一起来了：都承认"有"与"无"，不过阐释的侧重点不同而已。

王弼的这个"无"不是空无，而是自然的有，是存在于自然万物自身中的，存在于"有"自身中的，是"道"，是"一"。王弼注《老子》四十章"天下万物生于有，有生于无"：

> 天下之物，皆以有为生。有之所始，以无为本。将欲全有，必反于无也。

全有，就是纯然有，实在有。要承认实在有，只有返归于"无"才能得到解释。前引王弼《论语释疑》中"道者，无之称也，无不通也，无不由也"也是这个意思。"道"就是"无"，就是无不由无不通，存在于

宇宙万物之中。王弼注《老子》四十一章"大方无隅,大器晚成,大音希声,大象无形。道隐无名,夫唯道善贷善成":

> 凡此诸善,皆是道之所成也。在象则为大象,而大象无形;在音则为大音,而大音希声。物以之成,而不见其形,故隐而无名也。贷之非唯供其乏而已,一贷之则足以永终其德,故曰"善贷"也。成之不如机匠之裁,无物而不济其形,故曰"善成"。

道无物不在,自然而然地生成万物,但不见其生成的过程。它不仅可使物有象,而且可以使它有其品质,故曰"善贷";它不仅可以成一物,而且可以成一切物,故曰"善成"。

这都是要说明,一切"有"皆推原于"无",而"无"就存在于一切的"有"中。所以他说老子论"道"论"一":

> 故其大归也,论太始之原以明自然之性,演幽冥之极以定惑罔之迷。因而不为,损而不施;崇本以息末,守母以存子,贱夫巧术,为在未有;无责于人,必求诸己;此其大要也。(《老子指略》)

崇本也就是守母;息末,是生息末,也就是存子,推原事物的本源——"无",也就是为了承认"有",即万事万物的存在,也就是为了明事物的自然之性。反过来说,承认万物的存在,就要崇本、守母,要顺其自然之性,不要人为地干预它。虽存子,而必守母,虽息末,而必崇本,"本"是"道"、是"一"、是"无",就是自然。因此,王弼处处讲"因",讲"顺",讲"随"。《老子》二十九章注:

凡此诸或,言物事逆顺反覆,不施为执割也。圣人达自然之性,畅万物之情,故因而不为,顺而不施。除其所以迷,去其所以惑,故心不乱而物性自得之也。

万物以自然为性,故可因而不可为也,可通而不可执也。物有常性,而造为之,故必败也。物有往来,而执之,故必失矣。

五十六章注:

因自然也。

四十五章"大成若缺……大辩若讷"这一段注:

随物而成,不为一象,故若缺也。大盈充足,随物而与,无所爱矜,故若冲也。随物而直,直不在一,故若屈也。大巧因自然以成器,不造为异端,故若拙也。大辩因物而言,己无所造,故若讷也。

不是不言、不巧、不直、不成、不盈,而是因物随物而言,因自然而巧,随物而直,随物而与,随物而成,就是说,不是完全否定,而是顺物之性而已。

王弼的这些观点,有着巨大的现实意义。对于自然与名教的矛盾来说,他找到了一种解决办法:承认名教的存在,但它应该顺物之性,因而不为,把名教引向自然。这在王弼注《论语》中可以得到具体的说明。他注《学而》章"孝悌也者,其为仁之本与":

自然亲爱为孝,推爱及物为仁也。

不是不要孝,而是不要伪饰的徒具形式的孝,要自然亲爱、发自内心的孝。他注《里仁》"夫子之道,忠恕而已矣":

> 忠者,情之尽也;恕者,反情以同物者也。

在《老子》三十八章注中,他在理论上进一步阐述这一思想:

> 夫仁义发于内,为之犹伪,况务外饰而可久乎!……仁义,母之所生,非可以为母;形器,匠之所成,非可以为匠也。舍其母而用其子,弃其本而适其末,名则有所分,形则有所止。虽极其大,必有不周;虽盛其美,必有忧患。功在为之,岂足处也。

母,是自然,这里指人的自然本性。仁义是人的自然本性生发出来的,不应舍弃人的自然本性去追求仁义。若舍弃人的自然本性去追求仁义与孝悌,其伪必生。

王弼的这一表述,不仅可以从理论上解释正始前后士人在对待仁义孝悌上重真情而不重礼的形式的行为,而且可以作为这些行为的合理性的理论依据。

正始其他玄学家在本末、有无上的见解,或与王弼、何晏有别,但在具有明显的现实意义这一点上则是相同的。

向秀注《庄》,片断保存于张湛《列子注》与陆德明《经典释文》中。《列子·黄帝篇》注引向秀注:

> 同是形色之物耳,未足以相先也。以相先者,唯自然也。

这个"自然",就是自生自化的"有"。《列子·天瑞篇》注引向秀注:

> 吾之生也，非吾之所生，则生自生耳。生生者岂有物哉？故不生也。吾之化也，非物之所化，则化自化耳。化化者岂有物哉？无物也，故不化焉。若使生物者亦生，化物者亦化，则与物俱化，亦奚异于物？明夫不生不化者，然后能为生化之本也。

向秀这个自生自化的"自然"之所以是"有"，从他注《庄子·应帝王》中"郑有神巫曰季咸"一段文字可以得到佐证。张湛《列子·黄帝篇》注引向秀的这段文字：

> 夫实由文显，道以事彰。有道而无事，犹有雌无雄耳。今吾与汝虽深浅不同，然俱在实位，则无文相发矣。故未尽我道之实也。此言至人之唱，必有感而后和者也。

这是注壶子回答列子的话"吾与汝无其文，未既其实，而固得道与"的。壶子这句话似不可解，历来解释不一。王叔岷先生以为"无"当为"玩"，"既"亦当为"玩"字之误，较可信。如作这样理解，则壶子的话的原意，是说列子从他这里学到的只是一些皮毛，而没有学到根本。"文"，指事物的有形存在，而"实"，指其根本，即"道"。向秀却倒过来解释，以为有"道"而无事，等于有雌而无雄，把"事"放到更为重要的位置上。"事"是实有，是自生自化的而已。

讲自然的自生自化，进而讲自然无心。《列子·黄帝篇》注引向秀注：

> 得全于天者，自然无心，委顺至理也。
> 无心以随变也，泛然无所系。
> 萌然不动，亦不自止，与枯木同其不华，死灰均其寂魄，此

至人无感之时也。夫至人其动也天，其静也地，其行也水流，其湛也渊嘿。渊嘿之与水流，天行之与地止，其于不为而自然一也。

自然无心，就是不为而自然。不为而自然既可以是超越名教的，任情而动，任情纵欲，也可以是名教的，只要无心即可；在某种意义上，又可以是任情而动与名教的统一。正是在这一点上，向秀从自生自化的"有"，走向儒道合一。后来谢灵运在《辨宗论》中说"向子期以儒道为一"，是说得很确切的。

无论王弼还是向秀，都是力图从理论上寻找到一条解决现实生活中名教与自然的矛盾的出路，或者说，寻找到一块解决名教与自然的矛盾的理论基石。

正始玄学的理论大家何晏和夏侯玄，我们都还没有作认真的介绍。因为我们的目的，只在于说明正始玄学涉及现实主题的主要理论命题。即使是正始玄学涉及现实主题的理论命题，当然也远不止上述这些。但从上面这些命题的解决中，我们可以看到一种基本的倾向，那就是为现实生活中已经出现的新的问题寻找解决的途径，寻找理论上的依据。任情率真、任情纵欲，重个性之后，向何处去？要不要有某种约束？名教和自然的矛盾如何解决？是取其一还是合为一？人生应该有什么样的生活归宿？有什么样的生活情趣？等等。不管玄学家们是否已经意识到他们是在探讨这些问题，他们的玄学论题毫无疑问地是这些问题的反映，虽然有时是曲折的反映。他们是在探索新的人生。

第三节　正始士人的心态

正始士人有不同的群体,这里所涉及的,是受玄学思潮影响的士人。而这部分士人的心态,正是当时士人心态的主流。

影响他们心态的因素是多种多样的,政局、社会环境、家族关系,以至经济地位、文化教养等等,但是,影响最为深广的,是玄学思潮。玄学思潮对于他们的人生理想、生活情趣、生活方式,特别是对于他们的精神生活,影响是根本性的。

而由于正始玄学家在解决玄学命题时态度和结论的差异,往往使得他们的心态也存在差异。要把他们的总倾向相近而其实千差万别的心态说清是极不容易的,我们试着来分析几个代表人物,以便窥测他们的不同类型。

上篇　嵇康:悲剧的典型

嵇康是返归自然的玄学思潮造就出来的典型人物,然而却是一个悲剧的典型。这其中,包含有甚深的历史意蕴。

嵇康,字叔夜,生于黄初五年(224 年)。他出生两年后,魏文帝曹丕逝世,曹叡即位,是为明帝。此时,活跃于思想领域的士人,是以裴徽、荀粲、夏侯玄、何晏、诸葛诞等为代表的一批崇尚玄风的名士。明帝好儒术。据《三国志·魏书·明帝纪》记载,明帝即位的第二年,便下诏"尊儒贵学",随后于太和四年(230 年)又从董昭议,以浮华之名罢诸葛诞、邓飏等官,这时前后被抑黜不用的,似还有何晏、夏侯玄等人。直到魏明帝死后,齐王曹芳即位,正始初,曹爽执掌大权时,才重新启用这些崇尚玄风的名士。这时嵇康已经十七八岁。就是说,正当嵇康的少年时代,曹氏政权并不支持玄论派,它是重名教的。这样的格局,很难说嵇康少年时代对曹氏政权有好感。正始中,嵇康与向秀、山涛、阮籍等游,但与其时掌握大权的何晏、夏侯玄等人,也并无关系。大约在他二十几岁的时候,娶曹操子曹林之女长乐亭主为妻(一说是曹林的孙女,然亦无确证)。但曹林这一系在正始年间似未进入权力中心,所以嵇康娶长乐亭主之后,只补了个郎中的小官,不久拜中散大夫,也只是个七品的闲职,而且这个闲职似乎也未认真做过,因为他生儿育女之后,还依然锻铁洛邑、灌园山阳,依然游于山林。直到景元四年(263 年)他被杀,与曹氏政权似并无更密切之关系。

对于嵇康所追求的理想人生境界,后人做过各种解释。江淹《拟嵇中散言志》以为嵇康追求的是一种超尘绝俗的理想人生:

> 曰余不师训,潜志去世尘。远想出宏域,高步超常伦。灵凤振羽仪,戢景西海滨。朝食琅玕实,夕饮玉池津。处顺故无累,养德乃入神。旷哉宇宙惠,云罗更四陈。哲人贵识义,大雅明庇身。庄生悟无为,老氏守其真。天下皆得一,名实久相宾。咸池飨爰居,钟鼓或愁辛。柳惠善直道,孙登庶知人。写怀良未远,感赠以书绅。(《江文通集汇注》卷四)

夏完淳袭用江淹诗意,作《嵇叔夜言志》:

> 曰余厌尘网,振衣潜羽仪,卓荦惊古人,灼灼扬高姿。远眺八纮外,陵景希清夷。灵凤矫羽翼,飘然云际飞。朝餐若木华,夜饮苍渊池。悠悠庄周子,方能悟无为。爰居飨钟鼓,徒令达者嗤。长啸倚天表,采药南山陲。

他们的着眼点,都在嵇康的志向高洁上。于是猜想嵇康的心态是遨游尘埃之外,不与流俗为偶。在他们看来,嵇康仿佛不食人间烟火。

陈祚明则以为,嵇康之主要心态,是愤世嫉俗,是对司马氏之不满,他的忘情老、庄,并非其本愿:

> 叔夜情至之人,托于老、庄忘情,此愤激之怀,非其本也。详竹林沉冥,并寻所寄;"典午"阴鸷,摧戕何、夏,惟图事权,不惜名彦。如斯之举,贤者叹之,非必于魏恩深,实亦丑晋事鄙。(《采菽堂古诗选》)

这又可以说,嵇康之与俗忤违,并非仅因其超尘绝俗之人生追求所致。反过来也可以说,他的理想人生,乃在入世,虽然由于环境关系,他并未对这种入世的理想作出明确的表达。

其实,他们都是从嵇康的某一个侧面推测嵇康心态的全貌。嵇康的亲朋对嵇康的评论,当然是更为可靠的了解他的心态的线索。他的哥哥嵇喜在《嵇康传》中说他"长而好老、庄之业,恬静无欲。性好服食,常采御上药。善属文论,弹琴咏诗,自足于怀抱之中。……超然独达,遂放世事,纵意于尘埃之表"(《三国志·魏书·王粲传》注引)。他的好友向秀后来在《思旧赋序》中说:"嵇志远而疏。"距嵇康不太远的李充在《吊嵇中散文》中说:

> 先生挺遐世之风,资高明之质;神萧萧以宏远,志落落以遐逸;忘尊荣于华堂,括卑静于蓬室;宁漆园之逍遥,安柱下之得一。寄欣孤松,取乐竹林;尚想荣庄,聊与抽簪。……凌晨风而长啸,托归流而永吟。乃自足于丘壑,孰有愠乎陆沉。(《太平御览》卷五百九十六)

嵇喜、向秀和李充,对于嵇康的描述更有人间意味,虽然他们没有更详尽的解说。从他们的这些描述里,可以看出嵇康追求一种恬静寡欲、超然自适的生活。这种生活的最基本的特点,便是返归自然,但又不是不食人间烟火,不是虚无缥缈,而是优游适意,自足怀抱。这正是玄学思潮在人生理想上的一种典型反映。

对于这样一种理想人生,嵇康是深思熟虑过的。可以说,他是一位不仅在实践中而且从理论上自觉追求这种理想人生的人。他对于如何处世,是反复思考了的。在《卜疑》中,他一连提出了二十八种处世态度作为选择。这二十八种处世态度,归纳起来,大抵是三类。一类是入世。入世有种种方式,或建立大功业,"将进伊挚而友尚父";或安享富贵淫乐,"聚货千亿,击钟鼎食,枕藉芬芳,婉娈美色";或"卑懦委随,承旨倚靡";或"进趋世利,苟容偷合";或"恺悌弘覆,施而不德";或为任侠,如"市南宜僚之神勇内固,山渊其志","如毛公蔺生之龙骧虎步,慕为壮士";等等。另一类是游戏人间,"傲倪滑稽,挟智任术"。再一类便是出世,出世也有种种方式,或不食人间烟火,"苦身竭力,剪除荆棘,山居谷饮,倚岩而息";或隐于人间,"外化其形,内隐其情,屈身隐时,陆沉无名,虽在人间,实处冥冥";或逃政而隐,"如箕山之夫,颍水之父,轻贱唐虞,而笑大禹";或修神仙之道,"与王乔赤松为侣";或如老聃之清静微妙,守玄抱一;或如庄周之齐物,变化洞达而放逸;等等。他列出的这二十八种处世态度,可以说几乎包括了士人出处去就可能有的各种方式。而最后,通过太史贞父之口,说出了一种选择:"内不愧心,外不负俗,交不为利,仕不谋禄,鉴乎古今,涤情荡欲。"这个选择其实是一些行为准则,还没有展开为生活方式。但是这已经说明,他并不像任情纵欲的思潮起来之后多数士人那样把返归自然当作只是生之本能,他对于返归自然应该是一种什么样的生活,是认真探讨了的。从嵇康的诗文里,我们可以清楚地感到,他有着一个十分明确的生活目标,有一个为自己描绘的非常动人的生活图景。他一生都向往于这样一种虽处人间而超脱世俗之外,自由闲适、如诗如画的生活,他一生的精神追求,主要的便是这一点。

一

嵇康是第一位把庄子的返归自然的精神境界变为人间境界的人。

庄子是主张返归自然,泯灭自我的大师。他把物我一体,与道为一看作是人生的最高境界。他以为至人是世事无所系念于心的,因之也就与宇宙并存:

> 王倪曰:"至人神矣,大泽焚而不能热,河汉冱而不能寒,疾雷破山、飘风振海而不能惊。若然者,乘云气,骑日月,而游乎四海之外。死生无变于己,而况利害之端乎!"(《齐物论》)

要做到这一点,就要游于形骸之内,而不游于形骸之外。游于形骸之内,就要以死生为一条,以可不可为一贯,既要泯灭是非界线,无可无不可,又要泯灭物我界线,做到身如枯木,心如死灰,达到坐忘的境界。《应帝王》说了一个列子请郑巫为壶子看相的故事,描述了人生的几种精神境界。达到没有朕兆的境界已经不容易了,而最高的境界是万象俱空的境界,什么也不是,以为是什么就是什么。他描述没有朕兆的境界:

> 乡吾示之以太冲莫胜。是殆见吾衡气机也。鲵桓之审为渊,止水之审为渊,流水之审为渊。渊有九名,此处三焉。

这是一种深不可测的境界,没有迹象可寻。他描述万象俱空的境界:

> 乡吾示之以未始出吾宗。吾与之虚而委蛇,不知其谁何,因以为弟靡,因以为波流。

这个境界实际上就是"无",是坐忘的境界。进入这个境界之后,便可以随物化迁:

> 浸假而化予之左臂以为鸡,予因以求时夜;浸假而化予之右臂以为弹,予因以求鸮炙;浸假而化予之尻以为轮,以神为马,予因以乘之,岂更驾哉?且夫得者,时也,失者,顺也,安时而处顺,哀乐不能入也。此古之所谓悬解也。(《大宗师》)

我既不必执着为我,任自然而委化,也就一切不入于心。庄子妻子死了鼓盆而歌。他处穷闾厄巷,槁项黄馘,而泰然自若。他完全地进入了一种内心的境界中,舍弃人间的一切。他主张生应该逍遥,"巧者劳而知者忧,无能者无所求,饱食而遨游,泛若不系之舟,虚而遨游者也"。他这个逍遥,完全是精神的,即所谓"树之于无何有之乡,广莫之野,彷徨乎无为其侧,逍遥乎寝卧其下"。心与道合,我与自然泯一,这就是全部追求。

这种追求,与其说是一种人生境界,不如说是一种纯哲理的境界。这种境界,并不具备实践的品格,在生活中是很难实现的。若果真的进入这种境界,便会有如梦如幻之感。《大宗师》托孔子与颜回的对话,说的正是这一点:

颜回问仲尼曰:"孟孙才,其母死,哭泣无涕,中心不戚,居丧不哀。无是三者,以善处丧盖鲁国,固有无其实而得其名者乎? 回壹怪之。"

　　仲尼曰:"夫孟孙氏尽之矣,进于知矣,唯简之而不得,夫已有所简矣。孟孙氏不知所以生,不知所以死,不知就先,不知就后;若化为物,以待其所不知之化已乎! 且方将化,恶知不化哉? 方将不化,恶知已化哉? 吾特与汝,其梦未始觉者耶! 且彼有骇形而无损心,有旦宅而无情死。孟孙氏特觉,人哭亦哭,是自其所以乃。且也相与吾之耳矣,庸诅知吾所谓吾之乎? 且汝梦为鸟而厉乎天,梦为鱼而没于渊。不识今之言者,其觉者乎,其梦者乎?……"

　　而这种似梦非梦、似我非我的境界,正是"入于寥天一"的境界。庄子多处提到生之如梦,梦亦如梦,都说明着这种纯哲理的境界之难以成为可捉摸的实在的人生。在庄子,是要以这样的精神境界去摆脱人间的一切痛苦,是一种悲愤的情绪走向极端之后的产物,其实是对现实的一种回避。

　　但是对于后人,庄子这一基本思想的影响则要广泛得多,它的客观的存在比它本来的面目更为多样而丰满。各人从不同的角度,去领悟庄子的返归自然,返归自然而寡欲,返归自然而无欲,返归自然而纵欲等等。但是,真正做到物我两忘,身为枯木、心如死灰,虽槁项黄馘而仍然泛若不系之舟,于无何有之乡遨游,则是很难的,可以说是不可能的。庄子所追求的人生境界,并不是一个实有的人间境界。

　　嵇康的意义,就在于他把庄子的理想的人生境界人间化了,把它从纯哲学的境界,变为一种实有的境界,把它从道的境界,变成诗的境界。

庄子是槁项黄馘，而嵇康的返归自然，却是"土木形骸，不加饰厉，而龙章凤姿，天质自然"(《世说新语·容止》注引《康别传》)。《世说新语·容止》：

> 嵇康身长七尺八寸，风姿特秀。见者叹曰："萧萧肃肃，爽朗清举。"或云："肃肃如松下风，高而徐引。"山公曰："嵇叔夜之为人也，岩岩若孤松之独立；其醉也，傀俄若玉山之将崩。"

他虽然不加修饰，完全是自然面目，但已是名士风姿，无半点枯槁困顿的形态了。

最重要的，是嵇康把坐忘的精神境界，变成了优游容与的生活方式：

> 息徒兰圃，秣马华山。流磻平皋，垂纶长川。目送归鸿，手挥五弦。俯仰自得，游心太玄。(《兄秀才公穆入军赠诗》十九首之十五)
>
> 琴诗自乐，远游可珍。含道独往，弃智遗身。寂乎无累，何求于人？长寄灵岳，怡志养神。(同上诗之十八)
>
> 流咏兰池，和声激朗。操缦清商，游心大象。倾昧修身，惠音遗响。钟期不存，我志谁赏！(《酒会诗》七首之四)
>
> 淡淡流水，沦胥而逝。泛泛柏舟，载浮载滞。微啸清风，鼓楫容裔。放棹投竿，优游卒岁。(同上诗之二)

优游、了无挂碍、怡然自得的生活，充满着闲适情趣。他所追求的这些优游闲适的生活，当然有庄子返归自然的精神，不是富贵逸乐，不是任情纵欲,而是一种不受约束、随情之所至的淡泊生活。这种生活与建安士人的及时行乐、诗酒宴会,已经完全不同了。建安士人是在感喟时光流逝、人生短促之后尽情地享受人生,纵乐中带着一种悲凉情调。而嵇康则是在一种对于自然的体认中走向这如诗如画的人生境界,闲适中透露出一种平静的心境。嵇康是从自然中领悟人生的美。他的琴、歌、酒,都是在对于自然的体认中展开的,他的游猎垂钓,他的鼓楫泛舟,也是为了游心于寂寞。这些当然来源于庄子,有着浓重的庄子的影响。他的垂纶长川,便使人想到庄子的避世。《庄子·秋水》说庄子钓于濮水,楚王派大夫二人去请他出来做事:

> 庄子持竿不顾,曰:"吾闻楚有神龟,死已三千岁矣。王巾笥而藏之庙堂之上。此龟者,宁其死为留骨而贵乎,宁其生而曳尾于涂中乎?"二大夫曰:"宁生而曳尾涂中。"庄子曰:"往矣,吾将曳尾于涂中。"

庄子垂钓的故事,后来便成了隐者的象征。致有达官显贵也图画庄子垂钓形象于厅壁以自标高洁者①。其实,在《庄子》中,就已经明确提到垂钓是避世者之所好。《刻意》:

> 就薮泽,处闲旷,钓鱼闲处,无为而已矣。此江海之士,避世之人,闲暇者之所好也。

---

① 《晋书·嵇含传》:"时弘农王粹以贵公子尚主,馆宇甚盛,图庄周于室,广集朝士,使含为之赞。含援笔为吊文,文不加点。其序曰:'帝婿王弘远华池丰屋,广延贤彦,图庄生垂纶之象,记先达辞聘之事,画真人于刻桷之室,载退士于进趣之堂,可谓托非其所,可吊不可赞也。'"含,嵇康从孙。

毫无疑问,嵇康所追求的人生境界充满着庄子精神,从庄子受到启示,其中包含着庄子理想人生的意蕴。嵇康从优游容与的生活中要体认的,正是庄子所要追求的道的境界,游心大象,游心太玄,含道独往等等,都说明了这一点。他在很多地方提到主于内、不主于外。《答难养生论》:"有主于中,以内乐外;虽无钟鼓,乐已具矣。故得志者,非轩冕也;有至乐者,非充屈也,得失无以累之耳。……故顺天和以自然,以道德为师友,玩阴阳之变化,得长生之永久,任自然以托身,并天地而不朽者,孰享之哉?"更重精神的满足,而轻荣华富贵,这当然也是庄子式的。

但是,他到底是改造了庄子了。他的游心太玄,他的求之于形骸之内,求意足,已经不是空无,不是梦幻,不是不可捉摸的道,而是实实在在的人生,是一种淡泊朴野、闲适自得的生活。在这种可感可行的生活里,他才进入游心太玄的境界中。"目送归鸿,手挥五弦",是一种体验,在无拘无束的悠闲自得的情景中,忽有所悟,心与道合,于是我与自然融为一体。这种心境是难以言状的,言所不能传的意蕴,正在"目送归鸿"之中,前人称其"妙在象外"[1]。《晋书·顾恺之传》谓:"恺之每重嵇康四言诗,因为之图,恒云:手挥五弦易,目送归鸿难。"目送归鸿之所以难以图画,就在于其中有难以言说者在,不唯后人难以言说,即在当时,嵇康也难以言说。后来唐人司空图论诗,其论"沉著"一品有云:"如有佳语,大河前横。"盖谓言语道断,庶几近之。"目送归鸿,手挥五弦",当然并非"沉著"之境界,然其有悟于道,而无从说起者则同。亦以其有悟于道,故俯仰自得,从其中得到一种心境的宁静,得到一种享受,又回到现实中

---

[1] 王士禛《古夫于亭杂录》卷二论及"手挥五弦,目送归鸿"时,说:"嵇语妙在象外。"

来。这不可言说，是现实体验中的一种不可言说，非进入庄子式的"太冲莫胜"抑或"未始出吾宗"的境界，并未归于空无。它既是对于道的了悟，又是一种审美，一种对于宁静之美的体验。

嵇康从未进入一个坐忘的境界，他追求的只是一种心境的宁静，一种不受约束的淡泊生活。这种生活是悠闲自得的，应该有起码的物质条件，起码的生活必需，必要的亲情慰藉，是在这一切基础上的返归自然。在《与山巨源绝交书》中他说他"游山泽、观鱼鸟，心甚乐之；一行作吏，此事便废，安能舍其所乐，而从其所惧哉？"他向往的是摆脱世俗的羁缚，回到大自然中去。他常常与向秀、吕安"率尔相携，观原野，极游浪之势，亦不计远近，或经日乃归，复修常业"（《太平御览》卷四百九引《向秀别传》）。在《与山巨源绝交书》中，他还提到当他醉心于大自然中时，他喜欢一个人自由自在地独处。他说如果做了官，"抱琴行吟，弋钓草野，而吏卒守之，不得妄动，二不堪也"。他是很喜欢自由自在的，《与山巨源绝交书》中把这种自由自在陈述得相当充分，他说一做官，这种生活方式受到干预，他便受不了：

> 卧喜晚起，而当关呼之不置，一不堪也。……危坐一时，痹不得摇，性复多虱，把搔无已，而当裹以章服，揖拜上官，三不堪也。素不便书，又不喜作书，而人间多事，堆案盈机，不相酬答，则犯教伤义，欲自勉强，则不能久，四不堪也。不喜吊丧，而人道以此为重……然性不可化，欲降心顺俗，则诡故不情，亦终不能获无咎无誉，如此，五不堪也。不喜俗人，而当与之共事，或宾客盈坐，鸣声聒耳，嚣尘臭处，千变百伎，在人目前，六不堪也。心不耐烦，而官事鞅掌，机务缠其心，世故繁其虑，七不堪也。

这七不堪，都是说自己向往的是随性自然的生活，而这种生活在世俗中是不可能得到的，不惟有俗务的干扰，且亦有种种礼法的制约，只有超脱于世俗之外，才能随情适意：

> 今但愿守陋巷，教养子孙，时与亲旧叙阔，陈说平生，浊酒一杯，弹琴一曲，志愿毕矣。

这里充满着生之情趣，充满朴素亲情，虽返归自然，实处人间，闲适愉悦，自由自在。七不堪，不是说他什么生活享受都不需要，无欲无念，而只是说要自由自在，不受约束，在纯朴的自由自在的生活中，得到快乐，得到感情的满足。

在论及魏晋之际的士人时，人们常常把他们完全当作政治的人，把他们归入曹氏与司马氏两个集团中，一切都从政局的种种变幻纠葛去解释他们的行为心态。这当然是有根据的。此时之主要士人，由于他们的各种复杂关系，不同程度地与政局有牵连。但是，这并不是他们的全部人生。他们还受着并非全由政局左右的社会思潮的影响。他们的追求，更非政局所能全部概括。即如嵇康，他的行为虽然常常牵涉到政治，但就其主观的追求而言，却是力求摆脱政治的牵制。他所追求的自由自在的生活，在相当大的程度上带着审美的意味，带着一种审美的心境：

> 南凌长阜，北厉清渠，仰落惊鸿，俯引渊鱼。盘于游畋，其乐只且。(《兄秀才公穆入军赠诗》十九首之十一)
> 轻车迅迈，息彼长林，春木载荣，布叶垂阴。习习谷风，吹我素琴。咬咬黄鸟，顾俦弄音。感悟驰情，思我所钦。(同上诗之十三)

临川献清酤，微歌发皓齿，素琴挥雅操，清声随风起。

（《酒会诗》七首之一）

这些景物的描写，或设想对方将经历之境界，或为自身所亲历，但写来都一往情深，其中蕴含有对于大自然之甚深眷恋，对于大自然的美的体味。在嵇康的诗里，我们常常可以感受到一种清冷的韵味，这种飘浮于清峻基调之外的淡淡的清冷韵味，正是他自由自在、闲适愉悦的生活中审美意味的反映。

其实，他在生活中也处处反映着审美的情趣。他是一个很有艺术修养的人，精于音乐，能书能画。他的音乐素养，可以从他的《琴赋》、《声无哀乐论》中得到证明；他还善于弹琴。关于他的善弹琴，还有种种小说的附会。《琴赋》所反映的他对于琴声的形象体味，为前此所未见，其美感之细腻敏锐，亦属空前。《声无哀乐论》从音乐的艺术特质上立论，一扫儒家乐论之功利说，亦为前此所仅有。若非对音乐有精心之理解，决难道出①。嵇康虽自言不喜作书，而其实他是极善书的。唐人张怀瓘于《书断》中列康草书为妙品。怀瓘《书议》谓："尝有其草写《绝交书》一纸。非常宝惜，有人与吾两纸王右军书不易。"《书断》又谓："叔夜善书，妙于草制。观其体势，得之自然，意不在乎笔墨。若高逸之士，虽在布衣，有傲然之色。"韦续《墨薮》："嵇康书，如抱琴半醉，酣歌高眠。又若众鸟时翔，群乌乍散。"唐人所见嵇康书，是否为真迹，前人已颇怀疑，然嵇康之善书，似为事实。又张彦远《历代名画记》："嵇康工书

---

①钱锺书先生论嵇康《声无哀乐论》，谓："盖嵇体物研几，衡铢剖粒，思之慎而辨之明，前载得未曾有。"（《管锥编》第三册1087页，中华书局1986年版）

画,有《狮子击象图》、《巢由图》传于代。"了解了这些,就可以知道,他其实是一个很有艺术气质的人,是一个纯情的人。他说的"浊酒一杯,弹琴一曲"的话,其中是充满着对于生活的艺术情趣的向往的。

至此,我们就可以得到这样一个印象:嵇康追求一种自由自在、闲适愉悦、与自然相亲、心与道冥的理想人生。这种理想人生摆脱世俗的系累和礼法的约束,而又有最起码的物质生活必需,不失素朴的亲情慰藉。在这种生活里,他才能得到精神的自由,才有他自己的真实存在。庄子的纯哲理的人生境界,从此变成了具体的真实的人生;也从此,以其真实可感,如诗如画,正式进入了文学领域。可以说，嵇康第一个把庄子诗化了①。

二

嵇康的最有名的主张，当然是"越名教而任自然"，他的最惊

---

① 嵇康把老、庄思想诗化的提法，见于王韬同志的硕士学位论文《嵇康的诗歌美学思想》（待刊，原作存南开大学图书馆）。王文谓："嵇康不同于哲学思辨派和放浪派的关键之处，就在于嵇康使老庄思想诗化、艺术化了；老庄第一次步入了文学艺术的殿堂，使中国的文学艺术放射出夺目的光辉。"他认为嵇康人生的艺术化，表现在"排除功利目的的考虑"，"摆脱了功名利禄的束缚与放纵情欲的诱惑"，"充满了返归自然，物我为一的精神。这是老庄的真精神。这种精神，以其虚静为怀，进入一种空灵之美的境界，实质上正是一种艺术精神"。我以为王君的这一观点是对于嵇康精神的一种发现，是对的，我从中受到启发，更引而论之，而稍有不同。
说嵇康第一个把庄子诗化，可从历史的考察中得到证实。隐士早有。然隐之之义，要在不事王侯，高尚其事。《后汉书·逸民列传序》论逸民，谓"长往之轨未殊，而感致之数匪一。或隐居以求其志，或回避以全其道，或静己以镇其躁，或去危以图其安，或垢俗以动其概，或疵物以激其清。然观其甘心畎亩之中，憔悴江海之上，岂必亲鱼鸟乐林草哉，亦云性分所至而已"。大抵说来，或在逃政，或在全己，都并未把一种任自然的生活作为理想人生的境界去自觉追求，更并非因为追求自然之美而隐逸。以《后汉书·逸民列传》所收逸民而论，逄萌、李子云、王君公皆怀德避世；周党、谭贤、殷谟守节不仕；梁鸿、高凤皆仁义逊让，隐居以避患；台佟、庞公为全生，韩康为避名。他们之隐逸，与其说是一种感情的选择，不如说是一种道德的选择。唯严光与戴良，似带有浓厚之感情色彩，然二人亦并未有如嵇康所表现之对于一种如诗如画素朴生活之追求，并无明显之审美情趣在。他们之与嵇康不同，恐怕就在这里。嵇康对于生活实有一种执着的热情，而他们更多的却是理智的驱使，无怪范泰要说："古者隐逸，其风尚矣。颍阳洗耳，耻闻禅让；孤竹长饥，羞食周粟。或高栖以违行，或疾物以矫情，虽轨迹异区，其去就一也。若伊人者，志陵青云之上，身晦泥污之下，心名且犹不显，况怨累之为哉！与夫委体渊沙，鸣弦揆日者，不其远乎！"（《后汉书·逸民列传论》）他看到了这些隐士与屈原、嵇康的（转下页注）

世骇俗的话，当然是他在《与山巨源绝交书》中提到的"非汤、武而薄周、孔"。而且，这些他都认真实行了，他与名教取一种完全对立的态度，不是狂放，不是放诞，而是一种严肃的傲然，而且对于仕途有一种近于本能的厌恶情绪。

对于嵇康何以厌恶仕途，后世有种种解释。其中的一种解释认为，他是曹魏的姻亲，心存魏室，不愿为司马氏所用。方弘静《千一录》：

> 汉氏桓、灵以来，海内鼎沸久矣，有能定于一者，万姓之倒悬，不亦解乎？山公是以引中散也。而司马氏非应天顺人者也，汤武且薄之，宁比于窃钩者？此志也山公宁不知之？

这是说，嵇康之所以拒绝山涛之推荐，乃是由于鄙薄司马氏。吕兆禧《吕锡侯笔记》此点说得更为明确：

（接上页注）不同，可说是很有见地的。嵇康之前有追求山水情趣者，如郭泰、李膺、仲长统诸人。泰自谓"岩岫颐神，娱心彭老，优哉游哉，聊以卒岁"（《抱朴子·外篇·正郭篇》引），然泰之所以颐神岩岫，亦因"天之所废，不可支也"（《后汉书·郭泰传》引泰语），有末世避乱之意，且泰亦意在求名。李膺之悦山乐水，缘于不容于时。仲长统之流水高山，亦如钱锺书先生所云，"异于饭蔬饮水枕肱者"，盖其为富贵逸乐之人，非岩居穴处之士。钱先生说："又可窥山水之好，初不尽出于逸兴野趣，远致闲情，而为不得已之慰藉。达官失意，穷士失职，乃倡幽寻胜赏，聊用乱思遗老，遂开风气耳。"（《管锥编》第三册 1036 页）此诸人者，皆未若嵇康之返归自然纯出于自适也。且康原未岩栖隐遁。他驻足人间，而求返归自然以自适，于生活情趣与理想人生，均有明确之追寻，处处有庄子之精神，而处处未离现实人生，故曰：嵇康乃诗化庄子之第一人。

嵇叔夜以宗室联姻，一拜中散，便无意章绶者，诚见主屏国危，不欲俯首司马氏耳。故山涛欲举以自代，辄与绝交。观其书有非汤武之语，固有所指；而作《高士传》取龚胜者，岂非以其不仕新莽也。《世语》谓康欲起兵应毌丘俭，言虽近诬，要也叔夜意中事也。

这种观点的更为绝对的说法，是说嵇康积极反对司马氏。持这种观点的一个最有力的证据，是说他在毌丘俭起兵反司马氏中起了作用。这条材料来自《三国志·魏书·王粲传》注引《世语》。这是唯一的一条材料。其实，这条材料的可靠性是大可怀疑的。唐人修《晋书》，已经注意到了这一点。《晋书·嵇康传》："（钟会）言于文帝曰：'嵇康，卧龙也，不可起，公无忧天下，顾以康为虑耳。'因谮：'康欲助毌丘俭，赖山涛不听。'"用一"谮"字，以明本无其事，实为钟会之诬词。嵇康之不可能参预毌丘俭起兵，可从毌丘俭起兵的经过推断。《三国志·魏书·毌丘俭传》：

初，俭与夏侯玄、李丰等厚善。扬州刺史前将军文钦，曹爽之邑人也，骁果粗猛，数有战功，好增虏获，以微宠赏，多不见许，怨恨日甚。俭以计厚待钦，情好欢洽。钦亦感戴，投心无贰。正元二年正月，有彗星数十丈，西北竟天，起于吴楚之分。俭、钦喜，以为己祥。遂矫太后诏，罪状大将军司马景王，移诸郡国，举兵反。

《晋书·天文志》：

（正元）二年正月，有彗星见于吴楚分，西北竟天。镇东大将军毌丘俭等据淮南叛,景帝讨平之。

可知毌丘俭之起兵,虽先有谋虑,厚结文钦,然决定起兵之时日实甚仓卒。正元二年(255 年)正月因彗星见,旋即起兵。在这样短的时间内,要与洛阳方面联络,是极不可能的。且《世语》所说,是"毌丘俭反,康有力,且欲起兵应之,以问山涛。涛曰:'不可。'俭亦已败"。不仅指毌丘俭之起兵与嵇康有关,康曾为出力,且谓康欲起兵应之。此更为无稽。当时无论从任何角度说,嵇康都没有在洛阳起兵的条件。他当时的官职是中散大夫,是一个备议论的闲散位置,并无什么实际的权力。在当时的军队中,他也没有任何力量。有的学者认为,嵇康可能会发动太学生,占领洛阳城①。这其实是一种纯粹的想象之词。这些观点的产生,建立在嵇康为曹魏政权效力这样一种认识上,并不了解嵇康的为人。《与山巨源绝交书》作于景元二年(261 年)。《书》一开始就说:"足下昔称吾于颍川,吾常谓之知言。然经怪此意,尚未熟悉于足下,何从便得之也?前年从河东还,显宗阿都,说足下议以吾自代,事虽不行,知足下故不知之。"这里明说,山涛初尝称道嵇康之不愿出仕于山钦②,嵇康以为这是深知他的为人,后来又举他自代,说明其实还是不了解他。这里所说的前年,即甘露四年(259 年),距毌丘俭起兵已过四年,就是说,在甘露四年以前,嵇康还认为山涛是了解他的,甘露四年以后,才知山涛对他其实并不了解。了解他什么呢?就是了解他不愿入仕,不愿参预政事,如《书》所说,不愿忍受七不堪。这就说明,甘露四年以前,嵇康以其不愿参预政事

①庄万寿《嵇康年谱》167 页,台湾三民书局 1981 年版。
②李善注:"称,谓,说其情不愿仕也。惬其素志,故谓知言也。"

之心态,绝不可能参预毌丘俭起兵,更不可能有在洛阳起兵的愿望。以嵇康忠于魏而反晋者,仅因其为魏之姻亲。其实,无论从史料还是从嵇康自己的诗文中,都找不到明确的忠于曹魏的证据。《世语》的这条材料是不可靠的。裴松之曾论及《世语》之史料价值,谓:

> (张)璠撰《后汉纪》,虽似未成,辞藻可观。(虞)溥著《江表传》,亦粗有条贯。惟(郭)颁撰《魏晋世语》,蹇乏全无宫商,最为鄙劣,以时有异事,故颇行于世。干宝、孙盛等多采其言以为《晋书》,其中虚错如此者,往往而有之。(《三国志·魏书·三少帝纪》注)

当然,能够最有力证明嵇康并未直接卷入反对司马氏的政治斗争的事实,是他对于荣华名利的基本态度。就是说,嵇康并不是因为反对司马氏才不愿做官的。实实在在是因为他有一种厌恶荣华名利的情绪。下面是他在诗中表现的这种情绪:

> 泽雉虽饥,不愿园林。安能服御,劳形苦心?身贵名贱,荣辱何在?贵得肆志,纵心无悔。(《兄秀才公穆入军赠诗》十九首之十九)
>
> 多念世间人,凤驾咸驱驰。冲静得自然,荣华安足为?(《述志诗》二首之一)
>
> 哀哉世俗殉荣,驰骛竭力丧精。得失相纷忧惊,自是勤苦不宁。(《六言》十首之四)
>
> 三为令尹不喜,柳下降身蒙耻。不以爵禄为已,静恭古惟二子。(同上诗之八)

富贵尊荣,忧患谅独多。……惟有贫贱,可以无他。歌以言之,富贵忧患多。(《秋胡行》七首之一)

详观凌世务,屯险多忧虞。……权智相倾夺,名位不可居。……至人存诸己,隐璞乐玄虚;功名何足殉,乃欲列简书!(《答二郭》三首之三)

泽雉穷野草,灵龟乐泥蟠。荣名秽人身,高位多灾患,未若捐外累,肆志养浩然。(《与阮德如》)

这些诗作于不同时期,而厌仕的思想却终始一致,厌薄功名,鄙视荣华富贵。在文中,他也多处表达了类似思想。在《答难养生论》中,他也提到他在诗中提到的子文、柳下惠的故事:

且子文三显,色不加悦;柳惠三黜,容不加戚。何者?令尹之尊,不若德义之贵;三黜之贱,不伤冲粹之美。……奉法循理,不絓世网,以无罪自尊,以不仕为逸,游心乎道义,偃息乎卑室,恬愉无遌,而神气条达,岂须荣华,然后乃贵哉?

《答难养生论》又说:

不以荣华肆志,不以隐约趋俗,混乎与万物并行,不可宠辱,此真有富贵也。……以大和为至乐,则荣华不足顾也;以恬淡为至味,则酒色不足钦也。

这些都说明,他从内心深处不愿追求仕禄,不愿参预政争。因为他把这些看作是对自己自由的束缚。他之与山涛绝交,最基本的原因正是这一点。如果把嵇康拒绝山涛的推荐归之于政治的原因,那就把玄风对于士人从生活态度到生活方式的影响低估了。有的学者把山涛荐嵇康看作是整个名士集团或者说站在曹魏一边的政治势力与司马氏的较量①,这不仅把竹林名士的政治色彩看得太浓重,而且把他们的政治一致性看得过于绝对。事实上,他们在醉心玄风上的一致性比他们政治上的一致性更为鲜明。山涛更加靠近司马氏,这点我们后面还要谈到,阮咸与刘伶,都并未显示其倾向曹魏的态度。其时政局中曹魏与司马氏两种势力的斗争固甚激烈,但并非士人的一切行为都可以归入这种斗争中。山涛荐嵇康,并非为了"表明他自己在面对着一个重要的邀请时没有离开自己的一群"(引文见徐高阮《山涛论》,《"中研院"历史语言研究所集刊》第四十一本第一分),而是因为他觉得嵇康较自己才致更佳,他更多的是出于对嵇康的赞赏②。山涛任选曹,以正直处事为其准则,他认为任吏部郎,最重要的条件就是正直,能正己正人。他推荐崔谅、史曜、陈准任吏部郎,理由就是他们正直,"此三人皆众论所称,谅尤质正少华"。他推荐阮咸任吏部郎,也以其"真素寡欲,深识清浊,万物不能移也"。所谓万物不能移,是说因其真素寡欲,而能做到刚强不屈,这对于负有选用人才重任的吏部郎来说,是十分重要的。他们选拔人才,要以朝廷利益

---

① 徐高阮《山涛论》(《"中研院"历史语言研究所集刊》第四十一本第一分)对山涛所处政局之种种矛盾有甚为精细之分析,但其中亦颇多推测之词,如对嵇康《与山巨源绝交书》的分析即一例。他认为:"吏部郎的任命,加上山涛的提议以嵇康自代,大概可以推想是两个政治力量之间的一种协商。山涛用行动使人明白,没有个人的就范或交易。"而嵇康的《绝交书》,则是"假借了一个没有实在意义的谢绝推引的题目针对眼前时势而发的一份反抗的宣言"。

② 《世说新语·贤媛》有关于山涛引嵇、阮家中留宿,山涛与其妻论嵇、阮才致的话。

为重,而能不屈服于各种各样请托构陷与压力。山涛之所以推荐嵇康,正是因为嵇康刚直不阿,符合他心目中吏部郎的理想标准。山涛是从积极入世的态度要求嵇康,而嵇康却是以一种厌恶仕禄的心态拒绝山涛的推荐。《与山巨源绝交书》可以说是嵇康厌恶仕禄的心态的很典型的反映。

出于与不愿追求仕禄、不愿参预政争的同样的原因,他强烈地反对名教。在《绝交书》中说,他自己"每非汤、武而薄周、孔"。他如何非汤、武而薄周、孔,没有留下来多少材料。钱锺书先生谓:

> 按其"非薄"之言,不可得而详;卷五〇《难张辽叔〈自然好学论〉》谓"六经未必其为太阳","何求于六经",又《管蔡论》谓管、蔡蒙"顽凶"之诬,周公诛二人,乃行"权事",无当"实理",亦足示一斑。(《管锥编》第三册 1088 页)

除了钱先生指出的以外,在《答难养生论》中,他对孔子颇多非议:

> 或修身以明污,显智以惊愚,藉名高于一世,取准的于天下;又勤诲善诱,聚徒三千,口勌谈议,身疲磬折,形若求孺子,视若营四海,神驰于利害之端,心骛于荣辱之途,俯仰之间,已再抚宇宙之外者。若比之于内视反听,爱气啬精;明白四达,而无执无为;遗世坐忘,以宝性全真;吾所不能同也。

他所写的这个孔子,是庄子眼中的孔子①,是一个为名利奔忙的孔子,所以他说是"神驰于利害之端,心骛于荣辱之途"。这对于名教中人来说,是不可思议的,是对孔子的大不敬。

"非汤、武而薄周、孔",可以看出来他对于名教的厌恶态度。这就可以了解他为什么要"越名教而任自然"。任自然,就是任心之自然,只有超越名教的约束,才能达到心之自然。他是在《释私论》中论公私、是非时论述这一思想的:

> 夫气静神虚者,心不存于矜尚;体亮心达者,情不系乎所欲。矜尚不存于心,故能越名教而任自然;情不系于所欲,故能审贵贱而通物情。物情顺通,故大道无违;越名任心,故是非无措也。

无矜尚,是非不存于心,气静神虚,体亮心达,通万物之情,一事之来,不人为地考虑得失,任心而行,则自然是是而非非,心中无私,就能越名教而任自然。不能做到越名教而任自然,便有伪饰。他在这篇文章的后面说道:"抱私而匿情不改者,诚神以丧于所惑,而体以溺于常名,心以制于所慑,而情有系于所欲,咸自以为有是而莫贤乎己。未有攻肌之惨,骇心之祸,遂莫能收情以自反,弃名以任实。"任实,就是任情实,即任心。有伪饰就不能任情实,要任情实就要反伪饰。这也可以看出来,他之主张"越名教而任自然"带着强烈反对名教的虚伪的性质。

---

① 《庄子·渔父》:"子路傍车而问曰:'……今渔者杖拏逆立,而夫子曲要磬折,言拜而应,得无太甚乎?'"《庄子·外物》:"老莱子之弟子出薪,遇仲尼,反以告曰:'有人于彼,修上而趋下,末偻而后耳,视若营四海,不知其谁氏之子?'老莱子曰:'是丘也。'"

从他厌恶仕途，反对名教看，他有着一种傲视世俗，以己为高洁、以世俗为污浊的心态。有一种强烈的愿望：保持自己的高洁，不为世俗所沾染、所迷惑。这正是嵇康心态的最主要方面。

三

嵇康这样一种人生理想，这样一种心态，不幸却伴有一个过于执着、过于切直的性格。

《世说新语·德行篇》注引《嵇康别传》：

> 康性含垢藏瑕，爱恶不争于怀，喜怒不寄于颜。所知王浚冲在襄城，面数百，未尝见其疾声朱颜。此亦方中之美范，人伦之胜业也。

《德行篇》：

> 王戎云："与嵇康居二十年，未尝见其喜愠之色。"

《三国志·魏书·王粲传》注引《魏氏春秋》也说：

> 与之游者，未尝见其喜愠之色。

《晋书·嵇康传》也说他：

> 恬静寡欲，含垢匿瑕，宽简有大量。

《世说新语》小说家言，不知何所据。四条材料从字面看，显然来自一个出处。但无论如何,都可以说明,嵇康在平日交往上,是十分注意自节,做到喜怒不形于色的。这也就是他在《家诫》中告诫他儿子的:"若行寡言,慎备自守,则怨责之路解矣。""夫言语,君子之机,机动物应,则是非之形著矣,故不可不慎。"(历代学者常常以为《家诫》与康之行事异趣,其实却有许多可解释的内在一致性。)在《绝交书》中,他也明说自己有意学阮籍的口不论人过,与物无伤,只是做不到。可见,与人交往而喜愠不形于色,是他的玄学思想修养,是他所追求的和平宁静的人生境界对于自己情性的一种自我制约的结果,而其实并不是他的性格的表现。他的性格,是刚直峻急。他在《绝交书》中就说,降心顺俗,就感到那是"诡故不情",就是说,与自己的本性忤违,不近情理;又说自己"刚肠疾恶,轻肆直言,遇事便发"。他其实是个是非之心十分分明的人,对于他认为非的,便加以愤激的驳斥,例如,他对于吕巽的行为,便极其愤慨,以至与之绝交。《与吕长悌绝交书》说明,他原来与吕巽是至交,但是因为吕巽诬陷吕安①,他便愤然与之决裂。在《与吕长悌绝交书》中说:

> 足下阴自阻疑,密表系都,先首服诬都,此为都故,信吾又无言。何意足下苞藏祸心耶?都之含忍足下,实由吾言。今都获罪,吾为负之,吾之负都,由足下之负吾也。怅然失图,复何言哉!若此,无心复与足下交矣。

---

① 《三国志·魏书·王粲传》注引《魏氏春秋》:"康与东平吕昭子巽,及巽弟安亲善,会巽淫安妻徐氏,而诬安不孝,囚之。安引康为证,康义不负心,保明其事。"

与吕巽绝交，以其不道德且卑鄙；与山涛绝交，是因为他的行为与己之人生理想大相背离。他对于与他情趣不同的人，采取一种傲然蔑视的态度，如对钟会。《三国志·魏书·王粲传》注引《魏氏春秋》：

> 钟会为大将军所昵，闻康名而造之。会，名公子，以才能贵幸，乘肥衣轻，宾从如云。康方箕踞而锻，会至，不为之礼。

邓粲《晋纪》记同一事：

> 嵇康曾锻于长林之下，钟会造焉。康坐以鹿皮，巍然正容，不与之酬对，会恨而去。

嵇康的这些性格特点，孙登早就指出来，以为这正是他的致命弱点。《三国志·魏书·王粲传》注引《嵇康别传》：

> 孙登谓康曰："君性烈而才俊，其能免乎？"

性烈，而且感情也极其浓烈，他不是庄子式的那种死生无所动心、是非不系于怀的人。他一旦感情激荡起来，便难以已已。看他的《幽愤诗》，看他的《思亲诗》，便可以明白感受到这一点：

> 奄失恃兮孤茕茕，内自悼兮啼失声。思报德兮邈已绝，感鞠育兮情剥裂。嗟母兄兮永潜藏，想形容兮内摧伤。……忽已逝兮不可追，心穷约兮但有悲，上空堂兮廓无依，睹遗物兮心崩摧。（《思亲诗》）

这样一位感情如此浓烈，而又性格刚直峻急的人，他的感情性格与人生理想之间，与他在这个人生理想指引下的心态之间，便产生了矛盾。

"越名教而任自然"，可以有许多可供选择的生活方式，例如，可以放纵，不受名教的约束，任情而行，而对于人间的是非，也不管不问，置之不理，例如阮咸与刘伶。《世说新语·赏誉篇》注引《名士传》：

> 咸字仲容，陈留人，籍兄子也。任达不拘，当世皆怪其所为。及与之处，少嗜欲，哀乐至到，过绝于人，然后皆忘其向议。

《晋书》本传说他：

> 居母丧，纵情越礼。素幸姑之婢，姑当归于夫家，初云留婢，既而自从去。时方有客，咸闻之，遽借客马追婢，既及，与婢累骑而还，论者甚非之。

本传又称：

> 诸阮皆饮酒，咸至，宗人间共集，不复用杯觞斟酌，以大盆盛酒，圆坐相向，大酌更饮。时有群豕来饮其酒，咸直接去其上，便共饮之。

《晋书·刘伶传》说伶"常乘鹿车，携一壶酒，使人荷锸而随之，谓曰：'死便埋我'"。《世说新语·文学篇》注引《竹林七贤论》谓：

"伶处天地间,悠悠荡荡,无所用心。尝与俗士相牾,其人攘袂而起,欲必筑之。伶和其色曰:'鸡肋岂足以当尊拳!'其人不觉废然而返。"至于他的裸形屋中纵酒,客来而处之泰然,他的《酒德颂》所表现的狂态,则可以说他是一个完全不加检束的人。阮咸与刘伶的行为,当然是违背名教的。但是他们虽"越名教而任自然",却与世无争。他们只求自己的放纵任情,而于社会并无妨碍。他们虽行为悖于名教,而并无反名教的言论,不像嵇康的"非汤、武而薄周、孔"。从他们的心态看,其实只是求自适而已。刘伶留存下来的仅有的一首诗,求自适的心情表现得很是真切:

> 陈醴发悴颜,巴歈畅真心。缊被终不晓,斯叹信难任。何以除斯叹,付之与瑟琴。长笛响中夕,闻此消胸襟。

诗中情思,比嵇康更带世俗气息。除了求自适之外,阮咸与刘伶处世其实是极不认真的。两人后来也都并不拒绝做官,所以他们也就都以寿终。

"越名教而任自然"还可以有另一种生活方式,如孙登,岩居穴处,当然亦于世无碍。

但是嵇康与他们都不同,他太认真。他的"越名教而任自然",是认认真真地执行了的,分毫不爽。这样认真,这样执着,就使自己在整个思想感情上与世俗,特别是与当政者对立起来,就使自己在思想感情上处于社会批判者的立场。刘伶、阮咸、孙登他们,都不存在"非汤、武而薄周、孔"的问题,也不存在羡慕阮籍"口不论人过"的问题,因为他们根本就没有想到要论人过,没有想到要是是而非非。

嵇康在思想感情上把自己和世俗对立起来,特别是把这种对立落脚到"非汤、武而薄周、孔"之后,他便把自己从超越名教返归自然的愿望中拉回到世俗的敌对者的位置上,而这正是他完全预料不到的,与他的初衷完全相反。出现了以己为高洁、以世俗为污浊这样一种局面之后,他之处于世俗对立面的位置上便是不可避免的了。

以己为高洁是可以的,以世俗为污浊则不可。皇甫谧正是在这一点上掌握得恰到好处。因此,他高洁之名甚大,而世俗与当政者亦始终对其备加崇敬。皇甫谧当然不完全是玄学思潮造就的人物,他既熟习老、庄,且著《玄守论》,谓"又生为人所不知,死为人所不惜,至矣。……苟能体坚厚之实,居不薄之真,立乎损益之外,游乎形骸之表,则我道全矣"。但他也博通儒家经典,而且既作《高士传》,又作《列女传》,并未非议名教。他虽隐居不仕,屡辟不就,但他申述不应聘的理由,并不像稽康那样提出"七不堪"、"二不可"一类内容,而是说自己有病。晋武帝征召他,诏书说:"男子皇甫谧,沉静履素,守学好古,与流俗异趣,其以谧为中庶子。"(刘道荟《晋起居注》,《黄氏逸书考》辑本)武帝是知道他"与流俗异趣"的,但这异趣,并不是非薄名教,而是说他立身高洁。他便上疏说:

> 久婴笃疾,躯半不仁,右脚偏小,十有九载。又服寒食药,违错节度,辛苦荼毒,于今七年。隆冬裸袒食冰,当暑烦闷,加以咳逆,或若温疟,或类伤寒;浮气流肿,四肢酸重。于今困劣,救命呼吸,父兄见出,妻息长诀。

真是情辞恳切,丝毫也没有超尘出俗、不与为偶的气味。不仅如此,他后来还上表,向皇帝借书,皇帝便送了他一车书。皇甫谧这样做,既无损于己之高洁,又给皇帝增加了礼贤下士的美名。于己,是让朝野都知自己无心仕禄,趣在读书;于皇帝,是奉献他一点风流儒雅,让他感到舒服,两相无碍。皇甫谧后来当然也得以善终。不惟得以善终,且在朝在野,都给了他甚高评价。

稽康却是处处以己之执着高洁,显名教之伪饰。而伪饰,正是当时名教中人之一要害。

当时反对"越名教而任自然"最激烈的人,就是维护名教最出力的人,如何曾。而这些人,同时又是最豪华奢侈的人。《晋书·何曾传》说:

> 曾性至孝,闺门整肃,自少及长,无声乐嬖幸之好。年老之后,与妻相见,皆正衣冠,相待如宾。己南向,妻北面,再拜上酒,酬酢既毕便出。一岁如此者不过再三焉。

《何曾传》又说:

> 然性奢豪,务在华侈。帷帐车服,穷极绮丽,厨膳滋味,过于王者。每燕见,不食太官所设,帝辄命取其食。……食日万钱,犹曰无下箸处。

以儒家之道德观而言,穷奢极欲,且过于王者,实是有悖于修身准则的。但他一方面穷奢极欲,一方面却以道德家自居,视玄学名士之行为为大逆不道。他之极力要置阮籍于死地,就是例子。《何曾传》说:

> 时步兵校尉阮籍负才放诞,居丧无礼。曾面质籍于文帝

座曰："卿纵情背礼败俗之人,今忠贤执政,综核名实,若卿之曹,不可长也。"因言于帝曰:"公方以孝治天下,而听阮籍以重哀饮酒食肉于公座。宜摈四裔,无令污染华夏。"帝曰:"此子羸病若此,君不能为吾忍耶?"曾重引据,辞理甚切。帝虽不从,时人敬惮之。

司马昭为什么没有杀阮籍,我们后面论及阮籍时将专论。何曾因弹劾阮籍不孝而使时人敬惮,则可知此事在维护名教上所引起的广泛的社会反响。其实,阮籍是个真正的孝子,只不过他的孝表现在真感情而不是表现在礼的形式上而已。何曾却是个伪饰的人。都官从事刘享尝奏何曾华侈,何曾辟刘享为掾,然后借小故横加杖罚;权臣贾充,人品极坏,何曾心鄙之而身附之,其诈伪有类于此。他死的时候,礼官议谥,博士秦秀议谥以"缪丑",可见当时士人对他的一些看法。

何曾当然与嵇康无直接之关系,但是作为当时名教势力之一种代表,却是与嵇康的操守完全对立的。与嵇康有直接关系的是钟会与吕巽,而钟会与吕巽,在行为的伪饰上与何曾是一样的。当然,更重要的是司马氏。司马氏之杀戮异党,是极其残忍的,从司马懿杀王凌而夷其三族起,到司马炎的杀张弘而夷其三族,二十二年间夷三族的就有六起,而司马氏是以孝治天下的。很显然,当时朝廷之上其实充满着一种虚伪风气,虽讲名教而其实不忠不孝。这样一种政治气氛,可以容忍阮咸、刘伶辈的狂放,可以容忍孙登、皇甫谧辈的隐逸,而决不能容忍嵇康辈的"越名教而任自然"。嵇康的执着的存在,对于伪饰的名教中人实在是一种太大的刺激。他之为司马氏所不容,乃是必然的事。

历代论者,差不多都看到了这一点。《颜氏家训·养生篇》说：

> 嵇康著《养生》之论，而以傲物受刑。

同书《勉学篇》说：

> 嵇叔夜排俗取祸，岂和光同尘之流也。

《竹林七贤论》谓：

> 嵇康非汤、武，薄周、孔，所以迕世。（《太平御览》卷一百
> 三十七引，转引自《嵇康集校注》附录）

《世说新语·雅量篇》注引张骘《文士传》，有钟会廷论嵇康的一
段话：

> 今皇道开明，四海风靡，边鄙无诡随之民，街巷无异口之
> 议，而康上不臣天子，下不事王侯，轻时傲世，不为物用，无益
> 于今，有败于俗。昔太公诛华士，孔子戮少正卯，以其负才乱
> 群惑众也。今不诛康，无以清洁王道。

《名士传》这段话是否为钟会所说，颇可怀疑，而其反映的一种心
绪，却颇为符合其时之历史真实。康之被杀，要在迕俗、乱群惑
众。特别是这"乱群惑众"，于行名教之朝廷实大有妨碍，是非杀
不可的了。

后来的士人，在这一点上比嵇康要聪明得多。他们不少人以

高洁自恃,却不连俗,不过于认真,而采取一种无可无不可的态度。王维论嵇康,有一段非常精采的话:

> 降及嵇康,亦云"顿缨狂顾,逾思长林而忆丰草"。顿缨狂顾,岂与俯受维絷有异乎?长林丰草,岂与官署门阑有异乎?异见起而正性隐,色事碍而慧用微,岂等同虚空,无所不遍,光明遍照,知见独存之旨邪?(《与魏居士书》,《王右丞集笺注》卷十八)

果真泯灭有无是非之界线,则归卧自然,自恃高洁,不惟不违俗近世,且可获闲适怡悦于生前,留高士美名于身后。所以王维就做得比嵇康要高明得多,既归卧山林,又不离轩冕,像他自己说的:

> 迹崆峒而身拖朱绂,朝承明而暮宿青霭,故可尚也。(《暮春太师左右丞相诸公于韦氏逍遥谷宴集序》,《王右丞集笺注》卷十九)

四

嵇康的悲剧,不仅因为他连俗而终于导致杀身之祸,更在于他的玄学人生观的悲剧本质。

毫无疑问,嵇康以其高洁之品格,赢得了广泛的同情与崇敬,试想他入狱之时,名士争相入狱以求替其罪,太学生上书请以其为师;临刑时顾视日影,从容弹一曲《广陵散》,这是一种怎样的潇洒风流!清人谢启昆有诗云:

> 结伴竹林形自垢,逢人柳下坐长箕。《养生论》好醇颜

发,服食缘悭石髓贻。鹤在清霄罗未远,琴弹白日影初移。三千太学伤东市,一笛山阳怅子期。(《树经堂咏史诗·嵇康》,《国朝五家咏史诗钞》)

嵇康的悲剧,确令千载之下为之感喟哀伤。但是这个悲剧的历史含蕴却未曾为人所注目。

两汉之后,儒家的处世哲学一直成为中国士人人生观的基本构架,或出或处,都以之为基本准则。玄学思潮出现之后,士人的生活情趣、生活方式有了很大的变化。但是,正始玄学家如何晏、王弼、夏侯玄等人,都并没有寻找到一个反映玄学思潮的新的人生观。就是说,玄学理论本身是在现实需要中产生的,它是个性解放之后的产物,它的特质是返归自然。但是这些玄学家还没能把这个返归自然的理论变为一种人生观。把它变为一种人生观的,是嵇康。

这个人生观的本质是把人性从礼法的束缚中解放出来,是追求个性的自由。但是,任何个性的自由都存有如何处理个人与社会的关系问题,如何处理感情欲望与理智的关系问题。人是社会的人,他既是自我,也是社会群体中的一员,不可能不受任何约束而独立于社会群体之外。两汉以后,礼法已经成为维系社会的基本准则,深入到政治生活、伦理道德的一切领域,要摆脱它的约束,必须提出新的道德准则,新的人际关系的构架,而嵇康的玄学人生观却并未能解决这些问题。他只提出了以自制的办法来约束个人欲望的无限膨胀,如他在《养生论》、《答难养生论》中所论述的。这样一种玄学人生观,不可能维系社会的存在,不会为社会所接受,因为它没有外在的必要约束。

这样一个玄学人生观,作为维系个性自由来说,它是意义重大的。但是由于它没有解决个人对社会承担的责任的问题，它之注定为社会所摈弃，也就势在必然。高尚的并不都是现实的。因其高尚，而感动人心；而以其远离现实，却以悲剧而告终。

嵇康的人生悲剧，也可以说是玄学理论自身的悲剧：从现实需要中产生而脱离现实，最后终于为现实所抛弃。虽然玄学理论在此后一百八十余年间还影响深远，但是它的悲剧结局却是一开始便注定了的。

嵇康的悲剧，还纠结着当时士人与政权的关系的种种复杂因素。嵇康强烈的反名教的言行，作为玄学人生观的典型代表，它显然代表着当时崇尚玄风的激进士人的情绪倾向。而这个情绪倾向，本来就与立于朝廷的何曾辈的势力、与以名教伪饰的司马氏势力相抵触，由于也是名士的何晏、夏侯玄等的被杀而变得与司马氏政权处于更加对立的状态，这只要从三千太学生上书这一行动中，就可以体味到这种情绪的存在。嵇康自身，并非以反对司马氏之行动而被杀，但司马氏之杀嵇康，却实在包含有打击名士们的对立情绪、给予警告的意味。从思想上说，嵇康的被杀是"非汤、武而薄周、孔"、"越名教而任自然"的言行为名教所不容；从政治上说，他却是不知不觉代表着当时名士们对于司马氏势力的不满情绪，他的被杀是司马氏在权力争夺中的需要：借一个有甚大声望的名士的生命，以弹压名士们的不臣服的桀骜。

嵇康的品格，如竹如松如荷之高洁，又如雪之晶莹。但是，他终于以悲剧告终。他之所以为千古士人所崇敬者以此，为千古士人所感慨歆歔者亦以此！

中篇　阮籍：苦闷的象征

与嵇康不同，阮籍的一生，不是处于与名教完全对立的地位，不是以己之高洁显世俗之污浊,不是采取一种完全超越世俗的人生态度。他的一生,始终徘徊于高洁与世俗之间,依违于政局内外,在矛盾中度日,在苦闷中寻求解脱。

阮籍,字嗣宗,生于建安十五年(210年)。他是建安七子之一阮瑀的儿子,阮瑀死时,他才三岁。他十一岁的时候,曹丕演了一出汉帝禅位、他自己登上帝位的戏,正式结束了两汉四百二十七年的历史。三十三岁的时候,他曾应太尉蒋济辟,但只做了很短时间的尚书郎,便以病免。三十八岁的时候,曹爽召他为参军,他托病没有应召,两年后,曹爽便为司马氏所杀。到了四十三岁,他却成了当时掌握朝廷大权的司马师的从事郎中,两年后,封关内侯,徙散骑常侍。这中间他做过十天的东平相。后来司马师死,司马昭接着掌权,他又做了司马昭的从事郎中。五十三岁那一年,求为步兵校尉。也正是这一年,嵇康被司马昭杀了。第二年冬,阮籍病死。他死前,魏禅于晋的局面已定。他死两年后,魏主正式禅位于晋。就是说,阮籍的一生,看到两次斗争十分残酷的"禅代"。两次禅代中,并不像有的学者认为的那样,阮籍同情曹魏而反对司马氏。除了他的生命的最后时刻,终于代郑冲写劝进笺之外,他在曹魏和司马氏之间,也看不出有明显的偏于一边的行为。他的苦闷,他的一生的痛苦,另有原因。

一

阮籍一生,对人生有着极为深沉的感慨。

他始终感慨人生的无常。在《咏怀》诗八十二首中,这是一个重要主题,其四:

天马出西北,由来从东道。春秋非有托,富贵焉常保。

清露被皋兰,凝霜沾野草。朝为媚少年,夕暮成丑老。自非
王子晋,谁能常美好!

此谓人事推移与物候更易皆自然而然,不可抗拒,富贵既不能长
存,生命亦不能永保,方当春露,忽焉秋霜,方当年少,忽焉白头①。
　　此种思想,在《咏怀》之七、三十二、五十、五十五、六十五、七
十一等诗中均有反映。其七:

　　炎暑惟兹夏,三旬将欲移。芳树垂绿叶,青云自逶迤。
四时更代谢,日月递差驰。徘徊空堂上,忉怛莫我知。

此盖叹岁月之流逝,而己不为世人所理解。其三十二:

　　朝阳不再盛,白日忽西幽。去此若俯仰,如何似九秋。
人生若尘露,天道邈悠悠。齐景升丘山,涕泗纷交流。孔圣
临长川,惜逝忽若浮。

---

①阮籍《咏怀》,解者多以香草美人之传统附会之,每每于诗句中索求深意。
此诗“天马”二句,即解者纷纷。张琦谓:“喻司马有必兴之势。”陈沆谓:
“马出西极,途非不遥,孰召使来? 则由东道生人引之。犹司马氏本人臣,
而致使有禅代之势,非在上者致之有渐乎?”陈伯君以为盖指魏明帝青龙
三年以马往吴易珠宝事,“言天马本出西北而向东道,今马亦由西北而东。
继即讽喻魏明帝,谓春秋非可凭依,夕暮即成丑老,何必嬗于此玩好之物
哉!”(见《阮籍集校注》卷下)如从是说,则“由来”不可解,以马往吴易珠
宝,非“由来”如此。“由来”者,盖取天马之东以起兴,言事有固然,如春秋
代序,非有所依凭,自然而然耳。接下叹青春不能长保,顺理成章,实无须
曲为之说也。

此言时光流逝，人生短促。但有两点值得注意：一是在体认人生短促的同时，体认道之无穷。而此一点，正是老、庄和玄学的基本观点，道无所不在，化生天地万物，而且无始无终。《老子》第二十五章：

> 有物混成，先天地生，寂兮寥兮，独立而不改，周行而不殆，可以为天下母；吾不知其名，字之曰道。

王弼注："返化终始，不失其常，故曰'不改'也。"《庄子·秋水》：

> 万物一齐，孰短孰长？道无终始，物有死生，不恃其成；一虚一满，不位乎其形。年不可举，时不可止；消息盈虚，终则有始。是所以语大义之方，论万物之理也。

道无穷尽，人生短促，成了士人超尘出世的一个认识基础。二是叹人生之短促，即使明君和圣人也不例外。而其时圣人有情无情问题，正是玄学思潮的热点之一。此两点可注意，说明阮籍对于人生无常的叹息，明显地带着玄学思潮的印记。

其五十：

> 清露为凝霜，华草成蒿莱。谁云君子贤，明达安可能。乘云招松乔，呼吸永矣哉！

其七十一：

> 木槿荣丘墓，煌煌有光色。白日颓林中，翩翩零路侧。

蟋蟀吟户牖，蟪蛄鸣荆棘。蜉蝣玩三朝，采采修羽翼。衣裳为谁施？俯仰自收拭。生命几何时，慷慨各努力。

前诗从时光之流逝、人生短促，走向求仙；后诗则从时光流逝，生命短促走向悲愤。但是这两者都解决不了问题，人生朝露的思想是那样强大。其五十五：

人言愿延年，延年欲焉之？黄鹄呼子安，千秋未可期。独坐山岩中，恻怆怀所思。王子一何好，猗靡相携持。悦怿犹今辰，计校在一时。置此明朝事，日夕将见欺。

"所思"者何？盖思延年而不可得，故恻怆伤怀①，望仙人提携，得以延年，而神仙亦终不足信。其六十五：

王子十五年，游衍伊洛滨。朱颜茂春华，辩慧怀清真。焉见浮丘公，举手谢时人。轻荡易恍惚，飘飘弃其身。飞飞鸣且翔，挥翼且酸辛。

究系仙去耶？非仙去耶？飘飘恍惚。若且神仙可信，何以"挥翼

---

① 此诗蒋师瀹与陈沆均认为系写高贵乡公谋讨司马师之事，陈伯君在《阮籍集校注》中已经指出此种附会之错误，盖高贵乡公召王沈、王经、王业共密议讨司马昭，何等机密，阮籍不得而知，何能言之于诗。黄侃对此诗之解释较为近理。黄侃谓："神仙之事，千载难期，纵复延年，终难自保。晨朝相悦，夕便见欺，方知预计明朝，犹为图远而忽近也。"

且酸辛"？其中盖有甚为深沉的忧生之叹，谓神仙其实也不足信①。其六十六之"寒门不可出，海水焉可浮"意亦同，黄侃所谓"亦言神仙难信，富贵无常"。

生命短促，且神仙亦无法挽回这短促生命的深深忧伤，常常弥漫于阮籍心中。这正是玄学思潮对于阮籍的影响的结果。自建安以来，个性觉醒对于生命的珍惜的思潮，发展到正始玄风时期，是更加哲理化了，也更加深化了。

阮籍心绪的另一点，是他对于其时世俗的污秽有深深的厌恶与愤慨，这在他的诗文中都有反映。东平是他向往的地方，是他

----

① 此诗黄节引朱嘉征说，以为吊嵇康之作，引何焯说，以其为魏明帝不能辨司马懿之奸而作，引蒋师瀹说，以其为伤常道乡公而作，黄节自己以为是伤高贵乡公而作。蒋、何二说，黄节已辨其不合史实之误。黄节以为朱说可备一说，其实朱说亦无据。《咏怀》中可看出明显是悼念嵇康之作有二，即其六十二、其七十九。其六十二："平昼整衣冠，思见客与宾。宾客者谁子？倏忽若飞尘。裳衣佩云气，言语究灵神。须臾相背弃，何时见斯人。"黄侃谓此诗"眼中之人，忽为尘土。虽复裳衣华美，言语通神，而重见之因竟失。阮公其有悲于叔夜、泰初之事乎？"其七十九："林中有奇鸟，自言是凤凰。清朝饮醴泉，日夕栖山冈。高鸣彻九州，延颈望八荒。适逢商风起，羽翼自摧藏。一去昆仑西，何时复回翔！……"此首蒋师瀹谓系为山涛而作，实拟于不伦。陈伯君引张琦谓"似系叔夜之辞"，是。以凤凰拟嵇康，与时人对嵇康之评价一致。《嵇康别传》谓其"龙章凤姿"。嵇康自己也把自己比喻为神凤，《述志诗》："斥鷃擅蒿林，仰笑神凤飞。"阮籍上述两诗，均对嵇康之被杀表现出深沉的悲哀与思念，丝毫也没有拟之为王子晋的意味。以此两诗与《咏怀》之六十五相比，则《咏怀》之六十五似非为嵇康而发。黄节以为悼高贵乡公，理由是高贵乡公死时年二十，在位六年，则其即位时正年十五，而史称其"才慧凤成"，正与诗意合。按，此说于诗意实不可通。诗明言其年十五，游戏洛滨而见浮丘公，举手谢时人，非言其年二十仙去。还是黄侃对此诗之解释较为平实："神仙竟无可信，子晋缑岭之游，人传仙去；然飘飘恍忽，竟与死去何殊！观于此诗，而阮公忧生之情，大可见矣。"

自己向司马昭说曾游东平，"乐其土风"，要求到东平去，并因此被任命为东平相的，但是他写的《东平赋》，则极写东平风土之恶劣：

> 叔氏婚族，实在其湄，背险向水，垢污多私。是以其州闾鄙邑，莫言或非，殪情戾虑，以殖厥资。其土田则原壤芜荒，树艺失时，畴亩不辟，荆棘不治，流潢余潦，洋溢靡之。……由而绍俗，靡则靡观，非夷罔式，导斯作残。是以其唱和矜势，背理向奸，尚气逐利，罔畏惟怨。其居处壅翳蔽塞，宛邅弗章，倚以陵墓，带以曲房；是以居之则心昏，言之则志哀，悸罔徙易，靡所寤怀。

《亢父赋》也写同样之情状："故人民被害嚼啮，禽性兽情"；"故其人民狼风豺气，螯电无厚"；"故其人民侧匿颇僻，隐蔽不公，怀私抱诈，爽慝是从，礼义不设，淳化匪同。"

他对于东平与亢父民风的评价，显然带有借题发挥、兼及世俗的痕迹，把一肚皮对于世俗的不满与牢骚，借写东平与亢父发泄出来。这从诗中可以得到佐证。《咏怀》之二十五：

> 拔剑临白刃，安能相中伤。但畏工言子，称我三江旁。

其三十：

> 单帷蔽皎日，高树隔微声。谗邪使交疏，浮云令昼冥。

他把很大的不满对着谗佞之徒，而这一点或与他的切身经历有关。在论述嵇康的那一节里，我们曾举何曾在司马昭面前谮毁阮籍的事,此事对于阮籍来说,关乎杀身之祸,震动当极大;而嵇康的被害,当进一步引起阮籍对于邪佞之徒的痛恨。当然,大家都知道,他对邪佞之徒的愤恨,集中表现在《猕猴赋》里:

> 体多似而匪类,形乖殊而不纯。外察惠而内无度兮,故人面而兽心。性褊浅而干进兮,似韩非之囚秦,扬眉额而骤呻兮,似巧言之伪真。藩从后之繁众兮,犹伐树而丧邻。整衣冠而伟服兮,怀项王之思归。耽嗜欲而眄视兮,有长卿之妍姿。举头吻而作态兮,动可憎而自新。沐兰汤而滋秽兮,匪宋朝之媚人。终蛊弄而处绁兮,虽近习而不亲。多才伎其何为兮,固受垢而貌侵。姿便捷而好技兮,超超腾跃乎岩岑。

这是阮籍的一篇非常成功的赋,把咏物赋写成讥讽文字,而且写得如此成功,阮籍是第一人。同时人钟毓写有《果然赋》,从片断看,只是实写;傅玄写有《猿猴赋》,是写猴戏,从存留的片断看,也是实写。二赋均未见借猿猴以讽谏。而阮籍写来,显然激愤满怀,全是借猕猴以对干进的邪佞之徒加以嘲笑。有人认为此赋有所实指,或为讥讽曹爽而作。其实不必坐实,把它看作对世态的一种描述似更近于阮籍的本意。此赋所表现的基本思想,与《亢父赋》是相似的,只不过是说法不同而已。

而阮籍对于世态的这种厌恶与愤激之情,又与他对名教的态度有关。《咏怀》之六十七:

> 鸿生资制度,被服正有常。尊卑设次序,事物齐纪纲。容饰整颜色,磬折执圭璋。堂上置玄酒,室中盛稻粱。外厉贞素谈,户内灭芬芳。放口从衷出,复说道义方。委曲周旋

仪,姿态愁我肠。

这使人想起嵇康所说的"七不堪"来,字里行间,流露着他对于礼法之士的深深厌恶。事实上,他在这诗里所表现的对于礼法的厌恶,已经完全表现在他的日常行动里。《世说新语·德行》注引王隐《晋书》谓:"魏末阮籍,嗜酒荒放,露头散发,裸袒箕踞。"王隐《晋书》又说他"邻家女有才色,未嫁而卒,籍与无亲,生不相识,径往哭之,尽哀而去。其达而无检,类皆此类也"(王隐《晋书》,汤球辑,广雅书局丛书本)。《世说新语·任诞》又记一事:"阮公邻家妇有美色,当垆酤酒。阮与王安丰常从妇饮酒,阮醉,便眠其妇侧。夫始殊疑之,伺察,终无他意。"又记:"阮籍嫂尝还家,籍见与别。或讥之。(《曲礼》:"嫂叔不通问。"故讥之。)籍曰:'礼岂为我辈设也。'"关于他居丧而饮酒吃肉,纵情啸咏、下围棋等等不守礼的行为,史亦多有记载。在阮籍的感情上,有着一道与世俗礼法之士间的鸿沟。以己为高洁,而以世俗为污浊。这一道鸿沟,与嵇康的心态是相同的。在一个政局动荡不定,政治生活充满险恶风波的环境里,自己既要时时摆脱身入局中的险恶处境,而又有人生无常、生命短促的叹息,是很难使一个人安静生活下去的。玄学家接受老、庄的价值观,蔑弃名教,厌恶世俗的功名富贵与欺诈伪饰,当然处处感受到自己与世俗不能相容的感情压力。要摆脱这种思想感情的压力,需要找到精神的支撑点,找到一种自我解脱的途径。阮籍的精神支撑点,比嵇康还要虚幻,他追求一个实际并不存在的逍遥世界。这在《清思赋》中有具体描述。《清思赋》在反映阮籍心态上有着十分重要的地位,而这一点,以往并未受到应有的重视。把《清思赋》和阮籍其他诗文互相印证,可以清楚看到这一点。

夫清虚寥廓，则神物来集；飘飖恍忽，则洞幽贯冥；冰心玉质，则皦洁思存；恬淡无欲，则泰志适情。伊衷虑之道好兮，又焉处而靡逞。

清虚寥廓，飘飖恍忽，冰心玉质，恬淡无欲，都是指心境。无所系念，空灵，不执着于实有，皎洁，无欲念之系累，此为其理想之心境，亦为其理想之人格、理想之人生境界。这种思想显然来自庄子。《庄子·田子方》：

田子方侍坐于魏文侯，数称溪工。文侯曰："溪工，子之师邪？"子方曰："非也，无择之里人也；称道数当，故无择称之。"文侯曰："然则子无师邪？"子方曰："有。"曰："子之师谁邪？"子方曰："东郭顺子。"文侯曰："然则夫子何故未尝称之？"子方曰："其为人也真，人貌而天虚，缘而葆真，清而容物。物无道，正容以悟之，使人之意也消。无择何足以称之！"

"虚"，心也。"人貌而天虚"，人的形貌而天之心，意谓形貌如常人而心契合天然，与自然一体，因其与自然一体，故能顺应外物而保其天真；因其与自然为一体，清虚寥廓，故能容物。这是一种没有物累、妙合于道的人生境界，所以下面魏文侯就说：

远矣，全德之君子！始吾以圣知之言仁义之行为至矣，吾闻子方之师，吾形解而不欲动，口钳而不欲言。吾所学者直土梗耳，夫魏真为我累耳。

庄子的这个故事,是要说明于世俗无所系念,没有物累,而心妙合于道的人,比圣知仁义的人要高。在《知北游》中,庄子亦描述了心与道冥的境界:

> 尝相与游乎无何有之宫,同合而论,无所终穷乎!尝相与无为乎!澹而静乎!漠而清乎!调而闲乎!寥已吾志,无往焉而不知其所至,去而来而不知其所止,吾已往来焉而不知其所终;仿徨乎冯闳,大知入焉而不知其所穷。

这也是说的心任自然而无为,清虚寥廓,与道冥合。阮籍追求的,就是这样的心境,这样的理想人格,这样的人生境界。

这样一个人生境界,比嵇康的理想人生境界更为飘忽,更非人间所实有,其中还杂有神仙思想的影响。他常常把它幻想成一个超脱尘寰,远离人间,美妙绝顶而又虚无缥缈的神仙般的境界。《清虚赋》接下便写有所警悟,幻想进入这样一个境界:

> 遂招云以致气兮,乃振动而大骇。声飂飂以洋洋,若登昆仑而临西海,超遥茫渺,不能究其所在。心瀗瀗而无所终薄兮,思悠悠而未半,邓林殪于大泽兮,钦邳悲于瑶岸。裴徊夷由兮,猗靡广衍。游平圃以长望兮,乘修水之华旗。长思肃以永至兮,涤平衢之大夷。循路旷以径通兮,辟闾阂而洞闱。

神思之飞驰,仿佛登昆仑而临西海,瀗瀗悠悠,无所终止,唯恐神思之驰骋,到达不了那样一个境界。他用"邓林殪于大泽兮,钦邳悲于瑶岸"来比喻自己对于那样一个理想境界的不渝追求。邓林

与钦邳的故事给阮籍以甚深的印象,他多处引用这两个典故。《咏怀》之十:

> 焉见王子乔,乘云翔邓林。

其二十二:

> 夏后乘灵舆,夸父为邓林。存亡从变化,日月有浮沉。凤凰鸣参差,伶伦发其音。王子好箫管,世世相追寻。谁言不可见,青鸟明我心。

其五十四:

> 夸谈快愤懑,惰慵发烦心。西北登不周,东南望邓林。旷野弥九州,崇山抗高岑。一餐度万世,千岁再浮沉。谁云玉石同?泪下不可禁。

此三处用"邓林"典,都带有对理想的追求的意味。《咏怀》之十,全诗主旨盖反世俗之纵欲,而主淡泊以养生,谓纵欲淫佚亦稍纵即逝,唯有淡泊可以永年。黄侃解此诗谓:"奇舞微音,世之所用解忧者也,而片刻暂欢,未足排终身之积惨。必有王乔之寿,邓林之游,然后至乐不乏于身,大患不婴其虑矣。"此处之"游邓林",显与人生理想境界之追求有关。《咏怀》之二十二的主旨,盖谓己所追求之境界,非不可得而见,青鸟若有,当可知我之用心。此处用"邓林"典,亦带理想追求之意味,谓沧海桑田,人生短促,一切终将逝去,唯有王子晋登仙之事,为历代所向往。以夏启、夸父起兴,示喻"我心"对此一理想追求之坚决。《咏怀》之五十四,全诗主旨盖言宇宙无穷,而人生有限,然念及玉石俱焚,不禁悲从中来耳。此处用"邓林"典,盖承首两句而来:世俗污浊,令人愤懑,夸谈只是暂抒愤懑之情,若求彻底之摆脱,只有遗世远游,"望邓林"者,向往于超脱尘寰之境界也。接下才叹人生有限,宇宙无穷。此三诗之用"邓林"典,均未离其人生追求。《与晋王荐卢播书》:"诚以邓林、昆吾,翔凤所栖;悬黎和肆,垂棘所集。"也说明"邓林"典在阮籍心中是作为理想境界的喻示来使用的。《清思赋》中这一段关于神思驰向理想境界的描写,正表现他追求的决心。继之便进入幻境,自己仿佛飘飘仙去,而把自己的理想追求比喻为神女:

> 羡要眇之飘游兮,倚东风以扬晖。沐浥渊以淑密兮,体清洁而靡讥。厌白玉以为面兮,披丹霞以为衣,袭九英之曜精兮,佩瑶光以发微。服绦煜以缤纷兮,綷众采以相绥。色熠熠以流烂兮,纷错杂以葳蕤。象朝云之一合兮,似变化之相依。麾常仪使先好兮,命河女以胥归。步容与而特进兮,眄两楹而升墀;振瑶溪而鸣玉兮,播陵阳之斐斐。蹈消澳之危迹兮,蹑离散之轻微。释安朝之朱履兮,践席假而集帷。敷斯来之在室兮,乃飘忽之所晞。馨香发而外扬兮,媚颜灼以显姿。清言窃其如兰兮,辞婉娩而靡违。

接下又写神女离去,恍恍忽忽;最后发为感慨:"既不以万物累心兮,岂一女子之足思!"在《咏怀》诗中,他也多次以佳人比喻自己所要追求的理想人生境界,如其十九:

西方有佳人，皎若白日光。被服纤罗衣，左右佩双璜。修容耀姿美，顺风振微芳。登高眺所思，举袂当朝阳。寄颜云霄间，挥袖凌虚翔。飘飖恍忽中，流眄顾我傍。悦怿未交接，晤言用感伤。

这诗里所写的佳人形象，可以说与《清思赋》中所写的神女形象是十分相似的，结尾的感慨与《清思赋》所写"假精气之清微兮，幸备醮以自私，愿申爱于今夕兮，尚有访乎是非。被芬芳之夕畅兮，将暂往而永归，观悦怿而未静兮，言未究而心悲。……援间维以相示兮，临寒门而长辞"，意思亦相近。《咏怀》之六十四，亦足以佐证《清思赋》：

朝出上东门，遥望首阳基。松柏郁森沉，黄鹂相与嬉。逍遥九曲间，徘徊欲何之。念我平居时，郁然思妖姬。

此诗前人多不得其解，或有以其实指某人某事者，然说均不可通。陈伯君谓似应与《清思赋》结尾"既不以万物累心兮，岂一女子之足思"联系起来考虑，这意见是对的。但他未加详论，似亦不甚了了。其实，"妖姬"亦《清思赋》所写之神女也。"郁然"，状"思"之浓烈，盖言望首阳而思超尘出世也。

这就是阮籍对于理想人生境界的追求。这个理想人生境界，也就是《大人先生传》中那位"飘飖于天地之外，与造化为友，朝餐阳谷，夕饮西海，将变化迁易，与道周始"的大人先生的人生境界。不过《大人先生传》较之于《清思赋》，写得更为明白具体，不像《清思赋》之朦胧恍忽。

《大人先生传》在思想上无所发明，不过杂糅老、庄而已；写法

上也繁冗杂沓,远不如《清思赋》。他写理想人生,是:

> 夫大人者,乃与造物同体,天地并生,逍遥浮世,与道俱成,变化散聚,不常其形。……是以至人不处而居,不修而治,日月为正,阴阳为期。岂羡情乎世,系累于一时?……故至人无宅,天地为客;至人无主,天地为所;至人无事,天地为故。无是非之别,无善恶之异,故天下被其泽,而万物所以炽。

就是说,与道冥一,与自然一体,泯灭物我,泯灭是非。这些思想在老、庄中都可以找到。可注意的是,《大人先生传》中也写了幻想中的境界,与《清思赋》相类似:

> 佩日月以舒光兮,登徜徉而上浮,压前进于彼逌兮,将步足乎虚州。扫紫官而陈席兮,坐帝室而忽会酬。萃众音而奏乐兮,声惊渺而悠悠。……召大幽之玉女兮,接上王之美人。体云气之逌畅兮,服太清之淑贞。合欢情而微授兮,先艳溢其若神。华姿烨以俱发兮,采色焕其并振,倾玄髦而垂鬓兮,曜红颜而自新。时暧暧而将逝兮,风飘飘而振衣,云气解而雾离兮,霭奔散而永归。心悄悯而遥思兮,眇回目而弗睎。

与《清思赋》一样,这里也写自己飘飘于仙境之中,召神女与同游。这可以说明,在阮籍心中,这是一个令人神往的境界。这个境界与嵇康是很不相同的。嵇康也追求超尘脱俗,摆脱名教的束缚,但他追求的是一个人间实有的境界,在那里有精神的自由,又有必要的物质生活条件,有淳朴的亲情,而无世俗的污浊与系累。

嵇康已经把庄子物我一体、心与道冥人间化了,诗化了。而阮籍追求的,却仍然是庄子的境界,它与现实人生还隔着一层,它还是一种幻境,它是庄子的翱翔于太空的大鹏,它是庄子的神游于无何有之乡。阮籍追求的,就是这样一个纯精神的自由的境界。他在《答伏义书》中,回答伏义对他的批评与劝说时,对伏义的儒家入世的人生观取一种不屑一顾的态度,以为"鸾凤凌云汉以舞翼,鸠鹩悦蓬林以翱翔;螭浮八滨以濯鳞,鳌娱行潦而群逝"。他说:"然则弘修渊邈者,非近力所能究矣;灵变神化者,非局器所能察矣。"他显然很轻视儒家入世的人生观,这种人生观伏义在《与阮籍书》中说得很清楚,而阮籍则视之为"瞀夫",讥之为"琐虫"。他觉得自己的人格与抱负要高尚得多,非流俗所可比。《咏怀》之四十三说:

> 鸿鹄相随飞,飞飞适荒裔。双翮凌长风,须臾万里逝。朝餐琅玕实,夕宿丹山际。抗身青云中,网罗孰能制?岂与乡曲士,携手共言誓。

他的抱负是舒网以笼世,开模以范俗,而不是受世俗的约束。如果做不到,那便超尘出世。《与伏义书》说:

> 若良运未协,神机无准,则腾精抗志,邈世高超,荡精举于玄区之表,撼妙节于九垓之外而翱翔之,乘景曜,躔踔凌忽慌,从容与道化同逌,逍遥与日月并流,交名虚以齐变,及英祇以等化,上乎无上,下乎无下,居乎无室,出乎无门,齐万物之去留,随六气之虚盈,总玄网于太极,抚天一于寥廓,飘埃不能扬其波,飞尘不能垢其洁,徒寄形躯于斯域,何精神之

可察。

这仍然是《清思赋》、《大人先生传》中所描述的那个精神自由遨游于无何有之乡、与道一体的境界。这就是阮籍一生向往的无法实现的理想人生。

二

无疑阮籍是非常自傲的。他早年亦有壮志，这从《咏怀》之三十八、三十九中可以得到说明。其三十八似为抒写早年情怀之作：

> 炎光延万里，洪川荡湍濑。弯弓挂扶桑，长剑倚天外。泰山成砥砺，黄河为裳带。视彼庄周子，荣枯何足赖。捐身弃中野，乌鸢作患害。岂若雄杰士，功名从此大。

此诗与阮籍其他咏怀诗在感情基调与表达方式上都有很大不同。感情基调是慷慨昂扬的，表述则明快质实，不像其他咏怀之作的隐约朦胧。其三十九，或为赞扬正始五年曹爽征蜀而作①：

> 壮士何慷慨，志欲威八荒。驱车远行役，受命念自忘。良弓挟乌号，明甲有精光。临难不顾生，身死魂飞扬。岂为全躯士，效命争疆场。忠为百世荣，义使令名彰。垂声谢后世，气节故有常。

---

①从陈伯君说，见其《阮籍集校注》323至324页。

这也是一首向往建功立业的诗。在阮籍内心深处，并不是完全没有入世的思想，这点是与嵇康很不相同的。他之所以登广武古战场，观楚汉战争处，而叹："时无英雄，使竖子成名乎！"(《三国志·魏书·王粲传》注引孙盛《魏氏春秋》)就说明内心潜藏着平时并没有表现出来的入世思想。《历代名贤确论》引苏轼论此事，谓"嗣宗虽放荡，本有意于世，以魏晋间多事，所以放于酒耳"(卷五十八)。明人杨维桢论此事，亦称其"盖以英雄自命，不在刘、项之下，慨然有济世之志者也"(《竹林七贤画记》，《东维子文集》卷十八)。苏轼和杨维桢，都看到了阮籍内心深处的这种抱负，但是，阮籍并未找到实现自己抱负的条件，他处处逃避着自己抱负的实现。正始初他入仕，本非自愿，是在乡人劝说下才去的，中间又以疾归里；后来虽做了司马氏的官，但都并不认真，日以纵酒为事，与其抱负大异。这里有几个事件可以注意。一件是"禅让"问题。这是魏晋政治生活中的一个重要事件。曹魏与司马氏在争夺政权的斗争中都用了奸诈权术，魏迫汉禅与晋迫魏禅，都行着一样的手段。这类事件对于阮籍的影响当是很大的。汉禅于魏时，阮籍才十一岁，而晋受魏禅，阮籍代郑冲写劝进笺时，已经五十四岁，写完《劝进笺》不久，他便离开了人世。因此，政局中的禅让事件，可以说贯穿于他的一生。而他对于集中反映出政权争夺中的卑劣黑暗的"禅让"问题，有着极为深切的体察与深沉的感慨。这种感慨，隐约曲折地反映在《咏怀》之二十中①。他用"揖让长离别，飘飘难与期"，表示了他对一再演出的奸诈丑恶的"禅让"事件之失望与反感。对于政局如何发展，他又感到彷徨，诗的

————————

①周勋初先生对此诗有精辟之解释，见其《阮籍〈咏怀〉诗其二十新解》，载其《文史探微》，上海古籍出版社1987年版。

一开头"杨朱泣路歧,墨子悲素丝",反映了他这种彷徨失望的心绪。不论是对曹氏还是对司马氏,他都是失望的,他都感到现实政治没有出路。《晋书》本传说他:"时率意独驾,不由径路,车迹所穷,辄痛哭而返。"这些行为,正说明了他内心无所适从,苦闷彷徨的心情。但是,他又无可奈何地卷进"禅让"事件之中,诗末"嗟嗟途上士,何用自保持?"就是这种无可奈何的慨叹。此诗显然是写《劝进笺》后所写,联想魏迫汉禅而着落到自己被卷进晋迫魏禅事件时的痛苦心情上。由这一事件,我们可以窥测出阮籍内心对于其时当权者的一种鄙薄心理。

又一个可注意的事件,便是司马氏的杀曹爽。司马氏杀曹爽,继而杀夏侯玄,是夺取曹魏政权的两个关键步骤,也正是在杀曹爽与夏侯玄这两件事上,非常生动地表现出司马氏父子的奸诈、老谋深算与残酷无情。而且,杀曹爽与夏侯玄,不仅事涉政界,且亦涉大批名士。这两件事的处理,对士人的影响是很大的。杀曹爽时,同时杀了何晏、邓飏、丁谧、毕轨、李胜、桓范等人,史称"天下名士去其半"。这件事在阮籍心中引起了强烈的反响,这反映在《咏怀》之六、十一、四十二中。其六:

> 昔闻东陵瓜,近在青门外。连畛距阡陌,子母相钩带。
> 五色曜朝日,嘉宾四面会。膏火自煎熬,多财为祸害。布衣
> 可终身,宠禄岂足赖。

其十一:

> 湛湛长江水,上有枫树林。皋兰被径路,青骊逝骎骎。
> 远望令人悲,春气感我心。三楚多秀士,朝云进荒淫。朱华

振芬芳,高蔡相追寻。一为黄雀哀,涕下谁能禁。

其四十二:

> 王业须良辅,建功俟英雄。元凯康哉美,多士颂声隆。
> 阴阳有舛错,日月不常融。天时有否泰,人事多盈冲。园绮
> 遁南岳,伯阳隐西戎。保身念道真,宠耀焉足崇。人谁不善
> 始,鲜能克厥终。休哉上世士,万载垂清风。①

其四十二大约作于曹爽网罗名士、正掌握大权时。阮籍已经看到
政局错综复杂、危机隐伏的种种迹象。对于曹爽网罗的这一大批
名士,他是给予肯定的评价的,诗的首四句正是写的这件事。但
是他已经预感到曹爽未必能成功,故接以"阴阳有舛错,日月不常
融。天时有否泰,人事多盈冲",一切都难以预料,善始未必能善
终,隐遁才是保身的唯一途径。这种认识或者正是他以疾辞曹爽
参军的原因。其六和其十一,大约均作于曹爽、何晏等被杀之后,
其中带有感慨与悲哀。膏火自煎,山木自寇,爽等之败,招祸者正
是荣名宠禄;而一旦失败,则已无可挽回,徒令千古为之悲叹而
已。从这三首诗,可以看到何晏等被杀,阮籍是受到很大震动的。
这对于他后来在司马氏那里做官口不论时事当有甚大关系。《世
说新语·德行》注引《魏书》:

> 兖州刺史王昶请与相见,终日不得与言。昶愧叹之,自
> 以不能测也。口不论事,自然高迈。

---

① 此诗解者纷纷,此从陈伯君说。

王昶为兖州刺史在魏文帝黄初年间,时阮籍乃一十余岁之少年,与叔父往见昶,口不论事,乃其天赋所致。有些资质,加上政局中种种险恶事实的教训,他之口不论时事,便成了立身最特出之一准则。《德行》注引李秉《家诫》:

> 昔尝侍坐于先帝,时有三长史俱见,临辞出,上曰:"为官长当清、当慎、当勤,修此三者,何患不治乎?"并受诏。上顾谓吾等曰:"必不得已而去,于斯三者何先?"或对曰:"清固为本。"复问吾,吾对曰:"清慎之道,相须而成,必不得已,慎乃为大。"上曰:"卿言得之矣,可举近世能慎者谁乎?"吾乃举故太尉荀景倩、尚书董仲达、仆射王公仲。上曰:"此诸人者,温恭朝夕,执事有恪,亦各其慎也。然天下之至慎者,其唯阮嗣宗乎!每与之言,言及玄远,而未尝评论时事,臧否人物,可谓至慎乎!"

司马昭之所以认为天下之至慎者唯阮嗣宗,盖就其不评论时事与不评论时人而言,并非指其处事之谨慎。对于司马昭来说,这一点是非常重要的。他之以阮籍为至慎之典范,意正在于示臣下以不应评论时政。他对于阮籍的最重要的希望,也就是他不要议论时政。阮籍在当时是影响很大的一位士人,伏义《与阮籍书》说:

> 骤听论者洋溢之声,虽未倾盖,其情如旧。……或谓吾子英才秀发,邈与世玄,而经纬之气有塞缺矣;或谓吾子智不出凡,器无隈奥,而陶变以眩流俗。……行来之议,又传吾子雅性博古,笃意文学,积书盈房,无不烛览,目厌义藻,口饱道润,俯咏仰叹,术可纯儒;然开阖之节不制于礼,动静之度不

羁于俗。……然众论云扰,佥称大异,疑夫郁气之下必有秘
伏,重奥之内必有积宝,虽无颜氏之妙,思睹恍惚之迹,虽无
钟子之达,乐闻山水之音,想亦不隐才颖于肝膈而不扬之于
清观,任贤智于骨气而不播之于高听。

伏义这封信显系写于阮籍入仕之前,其时嗣宗声名已远播儒林。
《三国志·魏书·王粲传》注引孙盛《魏氏春秋》谓:"后朝论以其
名高,欲显崇之,籍以世多故,禄仕而已。"这是说他入仕以后,朝
廷对于他的盛名亦甚看重。阮籍在其时士林中之地位,显为一代
名士之代表人物。司马氏杀何晏、夏侯玄、嵇康,而没有杀阮籍,
原因固甚复杂,但最重要的一点,便在政治利益上。何晏、夏侯玄
直接卷入政争,非杀不可;嵇康持一种与名教直接对抗、誓不两立
的态度,于当权者有碍,也非杀不可。而阮籍的行为虽有悖于名
教,任诞不羁,但那只是停留在生活方式上,对政治上的是非无所
议论,对当时的人物无所臧否,他对于政权实无害处。名声甚大
而于政权并无妨碍,杀了既于当政者无所裨益,且蒙残害名士之
恶名。从这里我们或者可以窥见司马昭保护阮籍的用心所在。

在中国历史上,士与政权的关系是政治格局中一个非常重要
的问题。这个问题牵涉的面极广,非本书所拟理论。这里只就阮
籍与司马氏的关系谈士与政权关系中的一个问题:政权与士的相
互依存问题。大多数的政权,总想得到士的支持,这不仅因为政
权的维护与巩固需要它的智囊,而且政权的正义性需要借助社会
舆论。东汉末年党锢事件之后,整个士阶层可以说已经处于与宦
官外戚势力完全对立的地位,整个社会舆论对于腐败势力是极为
不利的。这时,宦官曹节便上书汉灵帝,建议收买韦著,以减轻社
会舆论的压力。《后汉书·韦著传》:

灵帝即位，中常侍曹节以陈蕃、窦氏既诛，海内多怨，欲借宠时贤以为名，白帝就家拜著东海相。

韦著是隐士，名声很大，数征辟不就，但是这一次他竟赴任。赴任之后，大概是遵循"乱世用严刑"的原则行事，结果为受罚者所奏，竟输作左校之后罢归，闹得声名狼藉。不过从这件事，可以看到士与政权的关系的一个侧面。在阮籍之后，晋元康中赵王伦杀张华、裴颜，这是当时两位很著名的士人。刘颂对张华甚表同情，赵王伦的党羽张林大怒，将害刘颂，孙秀劝阻，理由也是时论倾向的问题，他说：

> 诛张、裴已伤时望，不可复诛颂。(《晋书·刘颂传》)

阮籍与司马氏的关系，其中也包含有这一点。杀何晏、夏侯玄、诸葛诞等，使司马氏已经处于与名士群体对立的地位；在司马氏周围的，是名教之士如何曾辈。但是其时名士在社会上实有甚大之影响，它是玄学思潮的代表者，而作为东汉末年经学衰落之后代之而起的新思潮，玄学代表人物在士人中的影响远胜于名教中人物，如果司马氏把名士群体完全排斥于这个政权之外，把它当作敌对力量加以消灭，这不仅在当时是做不到的，而且对政权的巩固极为不利。阮籍作为名士群体的重要代表人物，受到特别的保护，也就是可以理解的了。

在名士群体中，除山涛因特别的关系在司马氏政权中占有重要地位之外，就算阮籍地位特殊了。山涛的问题，我们下面还将论及，阮籍受到的待遇，却是非常特别的。司马昭不仅保护了阮籍，而且为其子司马炎（就是后来的晋武帝）求婚阮籍女，其中当然也不排除政治上的考虑。阮籍为此一醉六十日而婉拒之，司马昭不仅不加怪罪，而且以后对之仍极为宽容。阮籍要求任东平的地方官，司马昭便任他为东平相。《世说新语·任诞》注引《文士传》：

> 晋文帝亲爱籍，恒与谈戏，任其所欲，不迫以职事。

《世说新语·简傲》：

> 晋文王功德盛大，坐席严敬，拟于王者。唯阮籍在座，箕踞啸歌，酣放自若。

这除了从政治上的考虑加以解释外，似无别种解释。阮籍既非其智囊，亦非实任重要职事者，于其政权实无事功可言；而司马氏亦非名士，非出于与阮籍之共同爱好而袒护之。阮籍之所以获得如此之特殊待遇，只有一种解释，那便是社会舆论问题，通过阮籍，影响名士群体，使他们不与司马氏政权为敌。

应该说，阮籍是明白司马氏政权的用意的。这从他的行为中可以得到说明。他在生活上任诞不羁，纵酒，不拘礼法，但是在政治上却极为谨慎小心，对政治上的是非得失，从不加以议论。《晋书》本传说："钟会数以时事问之，欲因其可否而致之罪，皆以酣醉获免。"在一个错综复杂的政局中，居心险恶者是可以从任何一个角度加人罪名，置人死地的。阮籍对此非常清醒。他知道对于时事表示可与否都免不了获罪，唯一的办法便是借酣醉加以回避。他终生对于政治都采取了这一态度：不置可否。不仅不置可否，而且处处避免引起误会。他为东平相，"至，皆坏府舍诸壁障，使内外相望"。这样做目的甚为明显，意在表明自己并无阴谋行为。从这件事可以看出他日子过得是何等吃力！一方面，任诞不拘礼法；一方面，处处小心谨慎，生怕在政治上出差错。要在这两者之间求得平衡，实在是非常不容易的。这就涉及他内心深刻的矛盾的问题了。

阮籍内心是非常孤独，非常苦闷的。《咏怀》之十七：

> 独坐空堂上，谁可与欢者！出门临永路，不见行车马。登高望九州，悠悠分旷野。孤鸟西北飞，离兽东南下。日暮思亲友，晤言用自写。

没有理解自己的人，内心是极度的寂寞与孤独。独坐空堂，寂寞孤独；出门，寂寞孤独；登高，亦寂寞孤独，所见唯孤鸟与离兽，心绪亦如孤鸟与离兽。他的心情始终是抑郁的。他很喜欢写黄昏。黄昏与他的心境，有一种情思的共鸣。《首阳山赋》："时将暮而无俦兮，虑凄怆而感心。振沙衣而出门兮，缨委绝而靡寻；步徙倚以遥思兮，喟叹息而微吟。"《咏怀》之八："灼灼西颓日，余光照我衣。回风吹四壁，寒鸟相因依。周周尚衔羽，蛩蛩亦念饥。"其二十四："殷忧令志结，怵惕常若惊。逍遥未终晏，朱晖忽西倾。蟋蟀在户牖，蟪蛄号中庭。心肠未相好，谁云亮我情。"有时他写夜，《咏怀》之一："夜中不能寐，起坐弹鸣琴。薄帷鉴明月，清风吹我襟。孤鸿号外野，翔鸟鸣北林。徘徊将何见，忧思独伤心。"有时他直接用黄昏来比喻人生，如《咏怀》之八十、八十一。阮籍内心的寂寞与孤独，是感到世上无可与语者。《咏怀》之十四："感物怀殷忧，悄悄令心悲。多言焉所告，繁辞将诉谁！"无可与语固然有志向操守方面不易找到知音的原因，但主要的是政治考虑。因为竹林之游的朋友，是与语了的；非政治问题，也是与语了的，他与司马氏在一起时不是不说话，而是"言及玄远"。无可与言，是不能说出自己的政治见解与臧否人物，"损益生怨毒，咄咄复何言"（《咏怀》之六十九），一发表见解就会招惹灾祸。这就造成了矛盾与痛苦。对于政治上的是非，他不是毫无反应；对人物的善恶好坏，他也并不能做到"齐是非"，但是这一切又没有地方可说，没有人可说，不是不想说，而是不敢说。他时时刻刻都处在一种自我压抑的心绪中。这种心绪，他在《咏怀》之三十三表现得十分明白：

> 终身履薄冰，谁知我心焦！

他确实终生带着一种压抑的、苦闷不堪的、临深履薄的心情。这怎么能够真正放达得起来呢？他的纵酒，与嵇康是很不相同的。嵇康是潇洒一杯，风流纵逸；阮籍却是排遣郁闷，不得不喝。

他不愿介入当时的政争，连时事时人的是非得失也不敢理论褒贬。本来他完全可以像嵇康那样，视世俗为龌龊，视官场如仇敌，但是他没有那样做，他采取了一种依违于可否之间的态度，与官场若即若离。伏义说他：

> 而况吾子志非遁世，世无所适，麟骥苟修，天云可据，动则不能龙擅虎超，同机伊霍，静则不能珠潜璧匿，连迹巢光，言无定端，行不纯轨，虚尽年时，以自疑外。

这虽然说的是阮籍入仕以前的情形，但其实可以看作他一生行为的特点。仕既不愿同流合污，多所回避；隐又不能敛迹韬光，了却尘念。与其说他是耽于仕禄,毋宁说他是惧祸。他之依附于司马氏,以至最后代郑冲写《劝进笺》,主要因由恐怕都是这"惧祸"二字。余嘉锡对阮籍有一段非常精彩的论述:

> 嗣宗阳狂玩世,志求苟免,知括囊之无咎,故纵酒以自全。然不免草劝进之文词,为马昭之狎客,智虽足多,行固无取。(《世说新语笺疏》536 页,上海古籍出版社 1993 年版)

他主要不是真放,而是佯狂,不是抗志高洁,而是玩世,而一切都是为了自全。

三

这并不是说阮籍心态背离玄学人生态度,而是说玄学的人生态度在阮籍身上有一种特殊的表现。他既有一个幻想精神翱翔于无何有之乡的庄子式的人生境界,又面对那样险恶的一种政治环境,加之他的惧祸心理,这就决定了他走浮诞玩世一途。

稽康任自然,是认真的,如上所说,他已经把庄子化为一首纯真生活的诗,是要付之实行的,并且以其认真的实行来彻底摆脱名教的束缚,终于为当政者所不容,导致杀身之祸。阮籍的人生境界却始终是一种梦幻,它是无法实行的,它只是作为心理平衡的力量存在着。当他面对现实人生的苦闷时,他就用这样一个人生境界来支撑自己,求得心理的平衡。这样一个理想境界,以其高远与虚幻,因之于现实政治也就无害。司马昭正是因阮籍"言及玄远",才容忍他的存在的。对于司马昭来说,他离现实越远越好。

因有这一个虚幻的人生理想存在着,就使阮籍常常得到自我解脱。因其高远，难以实现，所以当生活于平庸中时，心里也能得到安慰。自己原本是向往于逍遥游的，逍遥游不可能，做燕雀也就可以无愧于心。他就是这样矛盾地存在着，当自视极高时，傲视一切，高自标置；而当自己事实上也处于一筹莫展的平庸境况时，便把那抱负变作一声自忧自怜的叹息。我们在阮籍的作品中找到了这种心态。《咏怀》之四十六：

> 鷽鸠飞桑榆，海鸟运天池。岂不识宏大，羽翼不相宜。招摇安可翔，不若栖树枝。下集蓬艾间，上游园圃篱。但尔亦自足，用子为追随。

黄侃评此诗，谓"用子追随，阮公所以自安于退屈也"。黄侃解阮籍诗，往往比他人更为明快而且实在，少附会成分，更能得阮籍之本意。阮籍意谓非不慕大鹏之逍遥游，盖乏逍遥游之条件，不若学燕雀之栖于一枝。以此种心态视《咏怀》之二十一、五十八所表现的心态，不啻天壤之别。《咏怀》之四十六这种心态，也反映在其四十七中：

> 生命辰安在，忧戚涕沾襟。高鸟翔山岗，燕雀栖下林。青云蔽前庭，素琴凄我心。崇山有鸣鹤，岂可相追寻。

《咏怀》之八，也有："宁与燕雀翔，不随黄鹄飞。黄鹄游四海，中路将安归！"退屈自安是自我解脱的方法，当然也是无可奈何的方法。

另一种自我解脱的办法便是任其自然。穷达有数，非可强求得之，不若任其自然，使心情得到平静。《咏怀》之二十八：

> 穷达自有常,得失又何求? 岂效路上童,携手共遨游。
> 阴阳有变化,谁云沉不浮? ……岂若遗耳目,升退去殷忧。

《咏怀》之四十五"竟知忧无益,岂若归太清",其二十六"鸾鷖时栖宿,性命有自然。建木谁能近,射干复婵娟。不见林中葛,延蔓相勾连",都是这种心情的表现。

四

显然,阮籍所受玄学的影响,没有稽康彻底,稽康是越名任心,阮籍却仍然是依违避就,结果稽康为社会所不容,阮籍却得以善终。为社会所不容的,留下了一腔悲愤,最后还有那一曲荡人心魄的《广陵散》,留下了一出让后人同情、惆怅而且景仰的悲剧。得以善终的,又以苦闷伴随一生。谁得谁失,殊难判断。

阮籍之所以幻想逍遥游而终于依违避就,根本的原因,就在于他内心深处终究还有儒家的思想根基。他早年的入世壮志(参见《咏怀》之三十八、三十九)固是一表现,更重要的表现,是在《乐论》中。《乐论》中充满《礼记·乐记》的基本观点,虽然有学者认为《乐论》乃嗣宗为高贵乡公讲《礼记》而作,然亦并无确实之证据,即令为讲授《礼记》而作,亦不能否定其中儒家的礼乐观为阮籍的一种思想认识。正是因为有了这一个儒家思想的基础,阮籍才未能像稽康那样,采取一种彻底的越名任心的态度。

不过阮籍倒是给以后的士人的处世态度以很多方面的影响。

首先,就是余嘉锡所说的,为后来慕浮诞者之宗主。其实,和阮籍同时的王戎、阮咸、刘伶,也都可以作为浮诞者的代表,他们的功业,便是以浮诞反名教。这其实是玄风反映在生活方式上的一种扭曲的表现,而这一类表现,后来却发展成为玄风生活方式的主流。应该说,嵇康是玄风生活方式的正统的一路,而这一路,因嵇康被杀,宣告此路不通,便没有发展下去。

其次,就是阮籍从逍遥游中寻找到的解脱人生苦恼的方式,为后来士人所普遍运用。庄子思想对于士人的影响,阮籍之前主要是任自然,任由情性自由发泄;到了阮籍,庄子思想才被用来作为解脱人生苦恼的精神力量。后来苏轼把这一点发展至相当成熟。当他受到挫折的时候,他便从庄子是非齐一、物我两忘的思想里得到解脱,"聚散细思都是梦,身名渐觉两非亲";"生前富贵,死后文章,百年瞬息万世忙,夷齐盗跖俱亡羊,不如眼前一醉,是非忧乐都两忘";"古今如梦,何曾梦觉,但有旧欢新怨";"回首向来萧瑟处,归去,也无风雨也无晴"。他就是用这种看透一切的态度,走向旷达。无怪苏轼给了阮籍以很高的评价,说是"千古风流阮步兵……空留风韵照人清"①。在以庄子思想解脱人生苦闷上,阮籍是苏轼的先导。

下篇　入世的名士:何晏、山涛及其他

正始玄风中的一部分重要名士,他们在论述玄学命题时,发挥着老、庄思想,但在他们的人生态度中,却很少老、庄的影子。他们对待人生,持一种积极入世的态度,他们的处世心态,亦非超然玄远。何晏、王弼、夏侯玄、山涛等人,就都是这类名士的代表。

何晏是玄学的创始者之一,他却是一个热心于事功的人。他是曹爽的主要谋士,在曹爽与司马氏的权力争夺中,处于很重要

---

①上述词句依次为:《至济南,李公择以诗相迎,次其韵》二首之二、《薄薄酒》二首之二、《永遇乐·登燕子楼作》、《定风波·沙湖道中遇雨》、《定风波·送元素》。

的地位。曹爽与司马懿并受魏明帝遗诏，辅助少主齐王芳。本来，他于司马懿是晚辈，并不敢专断独行；但是齐王即位之后，曹爽都督中外诸军事，一门兄弟数人皆以列侯侍从，贵宠莫比，一时声势威赫。何晏、邓飏、李胜、丁谧、毕轨等人，也在这时为曹爽所荐用：何晏、邓飏、丁谧并为尚书，何晏典选举。他们这些人，依附于曹爽之后，便成为曹爽的智囊，为曹爽在政争中出主意。《三国志·魏书·曹爽传》说："丁谧画策，使爽白天子，发诏转宣王为太傅，外以名号尊之，内欲令尚书奏事，先来由己，得制其轻重也。"在施政方面，他们也为曹爽积极谋划。《资治通鉴·魏纪》正始八年：

> 时尚书何晏等朋附曹爽，好变改法度。太尉蒋济上疏曰："昔大舜佐治，戒在比周；周公辅政，慎于其朋。夫为国法度，惟命世大才，乃能张其纲维以垂于后，岂中下之吏所宜改易哉！终无益于治，适足伤民。宜使文武之臣，各守其职，率以清平，则和气祥瑞可感而致也。"

蒋济以为只有命世之才才能改变国家法度，而何晏等人并不具备这个条件。他并不是反对改变法度本身，而是反对何晏等人。关于改法度的事，后来王广也提到。《三国志·魏书·王凌传》注引《汉晋春秋》说：曹爽、何晏等人被杀之后，太尉王凌与其甥令狐愚于嘉平三年曾谋讨司马懿，迎立楚王曹彪，使人告知王广，王广说：

> 凡举大事，应本人情。今曹爽以骄奢失民，何平叔虚而不治，丁、毕、桓、邓虽并有宿望，皆专竞于世。加变易朝典，

政令数改，所存虽高而事不下接，民习于旧，众莫之从。故虽势倾四海，声震天下，同日斩戮，名士减半，而百姓安之，莫或之哀，失民故也。今懿情虽难量，事未有逆，而擢用贤能，广树胜己，修先朝之政令，副众心之所求。爽之所以为恶者，彼莫不必改，夙夜匪解，以恤民为先。父子兄弟，并握兵要，未易亡也。①

从王广的话中，可以看出来曹爽被杀之后，改易的制度便又改了回去，法度的变易只在一个短时期之内，并无多大影响，因之史亦缺载。但无论如何，可以说明何晏是积极参预政治的。他入政，基本持一种儒家的观点。早在太和六年（232 年）他作《景福殿赋》时，就赞颂魏明帝"孜孜靡忒，求天下之所以自悟，招中正之士，开公直之路，想周公之昔戒，慕咎繇之典谟，除无用之官，省生事之故，绝流遁之繁礼，反民情于太素"。明帝重儒术，何晏所言，亦颇从儒术着眼。正始八年，他上书劝齐王芳，亦以儒术为规戒："是故为人君者，所与游必择正人，所观览必察正象，放郑声而弗听，远佞人而弗近，然后邪心不生而正道可弘也。"（《三国志·魏书·三少帝纪》）何晏似乎还是一位注意钱财积聚的人物，《三国志·魏书·曹爽传》说：

晏等专政，共分割洛阳、野王典农部桑田数百顷，及坏汤沐地以为产业，承势窃取官物，因缘求欲州郡。有司望风，莫

①裴松之以为"如此言之类，皆前史所不载，而犹出习氏。且制言法体不似于昔，疑悉凿齿所自造者也"。按，就其倾向而言，显系司马氏辩说。然称何晏等"变易朝典，政令数改"之事，与蒋济奏疏悉相符合，并非造作之言。

敢忤旨。

何晏的这些行为，与阮籍和嵇康都是很不相同的。他在心态上并没有与名教对立的地方，也没有与世俗的对抗心理。只是在他的抱负里，似藏有逍遥游的思想，但那只是一种与他的口谈玄虚相应的志向，并未成为他的处世的基本态度，当他体认政局中的险阻忧虑时，这些志向才会出现。这在他的《言志诗》中表现了出来：

> 鸿鹄比翼游，群飞戏太清。常恐失网罗，忧祸一旦并。岂若集五湖，顺流唼浮萍。逍遥放志意，何为怵惕惊！
> 转蓬去其根，流飘从风移，茫茫四海涂，悠悠焉可弥。愿为浮萍草，托身寄清池。且以乐今日，其后非所知。

他卷入政争之中，是时时都感受到风险的，这时他便想设若能摆脱世网的羁缚，如鸿鹄作逍遥之游，便也无须如临深履薄了。但是既已参预，则无复后退，如浮萍之任随风吹水送，随时世之变幻而已。从何晏的一生看，这"且以乐今日，其后非所知"，实在是他的基本心态的概括。

山涛在政治倾向上与何晏不同，他是受到司马氏信任的人。但是他积极入世的心态，却与何晏一致。《晋书》本传说他未仕时曾对他的妻子韩氏说："忍饥寒，我后当作三公，但不知卿堪作公夫人不耳？"孙绰论山涛，说：

> 山涛吾所不解，吏非吏，隐非隐，若以元礼门为龙津，则当点额暴鳞矣。（《晋书·孙绰传》）

今人余嘉锡论山涛,说:"然实身入局中,未尝心存事外也。"这都可以说是深知山涛之言。

山涛是竹林七贤中最年长的一位,生于建安十年(205年)。他也是七贤中享年最长的一位,太康四年(283年)卒时年七十九。他正始五年(244年)四十岁为郡主簿之前,已结识嵇康、吕安与阮籍。与嵇康、阮籍情意甚笃,然志趣其实并不相同,这从他举嵇康自代以至引出嵇康与之绝交一事,即可说明。他走的是另一条入仕的道路。

山涛的积极入仕,与何晏不同。何晏似乎有些轻躁,急于用事,在短期间内希望得到权力的迅速发展,所以他一再为曹爽出谋议。山涛则谨慎小心地接近权力,用顾恺之的话来说,是"淳深渊默"。他是一个很有见识的人,不看准政治形势,是不会采取行动的。他本来是司马氏的很近的姻亲。山涛的从祖姑是司马懿的岳母,他是完全可以通过这条途径入仕的。但是,他并没有很快地去找司马氏父子。当他正始五年任郡主簿的时候,曹氏与司马氏权力争夺的局面胜负并未明朗化。正始八年,斗争到了关键时刻,表面上曹爽权力达到顶峰,而其实政治上的实力却是有利于司马氏父子一方,他们采取以退为进的策略,暗地里进行谋划,积聚力量,司马师阴养死士三千,而司马懿则于这年五月装病在家,用以麻痹曹爽。有见识的士人对于政局将要发生的变化已经有了预感,不久以前阮籍谢绝了曹爽征辟的参军。司马懿一装病,山涛就看出来事变在即,《晋书》本传说他因看到这种情势而隐退:

> 与石鉴共宿,涛夜起蹴鉴曰:"今为何等时而眠邪!知太傅卧何意?"鉴曰:"宰相三不朝,与尺一令归第,卿何虑也!"

涛曰："咄！石生无事马蹄间邪！"投传而去。未二年，果有曹
爽之事，遂隐身不交世务。

他做的是曹爽的官，而曹爽将败，故隐退避嫌。但当大局已定，司
马氏掌权的局面已经形成时，他便出来，靠了与司马氏的关系，去
见司马师。司马师知道他的用意与抱负，便对他说："吕望欲仕
邪？"于是，"命司隶举秀才，除郎中，转骠骑将军王昶从事中郎。
久之，拜赵国相，迁尚书吏部郎"（《晋书》本传）。开始做的当然
都是小官，到了任尚书吏部郎的时候，才真算是步入权力中心的
开始。尚书吏部郎的拟命，大概是在甘露四年（259 年），但不知
因何种原因，一直拖了两年没有定下来，到了景元二年（261 年），
才正式任命，从此，山涛的仕途便一帆风顺了。

　　他后来得到了司马氏的很大的赏识与信任，有两件事可以说
明这一点。咸熙元年（264 年）正月，司马昭挟魏天子率兵西征在
蜀叛变的钟会，当时曹魏诸王都在邺，而司马氏的一个很有势力
的亲信贾充正督诸军据汉中，邺城中司马氏的力量单薄。为了防
止曹魏诸王作难，司马昭便给了山涛五百亲兵，让他以本官行军
司马镇邺，对他说："西偏吾自了之，后事深以委卿。"（《晋书》本
传）如果山涛是曹氏的人，那么司马昭的这一行为无异引狼入室。
他之所以委派山涛镇邺，只有一种解释：他已经了解了山涛在这
场政争中的基本态度。其实，当司马师说"吕望欲仕邪"的时候，
司马家便已经明白行事谨慎的山涛知道大局已定，投靠来了，自
那时起，便把他当作了自己的人。另一件事，干系比这件更为重
大，那便是晋王立世子的问题。这事发生在同一年的十月。司马
师无子，司马昭便将第二个儿子继嗣司马师，这便是齐王攸。咸
熙元年十月司马昭要立齐王攸为世子。这时魏禅于晋的局面已

定,只差一个仪式而已,立世子,其实就是立晋国的太子的大事。攸虽然也是司马昭的儿子,但已过嗣司马师,立他为世子,是表示天下是司马师打下的,理应由其子嗣位。司马昭对其臣下说:"此景王之天下也,吾何与焉?"(《晋书·武帝纪》)但是他的这个意见,遭到了臣下何曾、裴秀和山涛的反对。这反对的背后,实是一场权力的激烈争夺。司马炎是司马昭的长子,也即是攸的哥哥。他事先买通了裴秀,裴秀便到司马昭面前为他当说客,劝司马昭说:"中抚军(炎)人望既茂,天表如此,固非人臣之相也。"(《晋书·裴秀传》)就是说,既得人心,又有天生的仪表,帝王非他莫属。司马昭拿不定主意,去问何曾,何曾也说着同样的话:"中抚军聪明神武,有超世之才。发委地,手过膝,此非人臣之相也。"(《晋书·武帝纪》)从这相同的话语,可推测也是司马炎作了运动的。司马昭又问山涛,山涛回答说:"废长立少,违礼不祥。国之安危,恒必由之。"世子位于是乃定。七个月后,即次年的五月,世子司马炎为太子。年底,司马炎便正式受禅,为晋武帝了。在这场帝位的争夺中,山涛显然于武帝有甚大之功劳。他之与司马氏有密切的关系,得到司马氏的信任,亦于此可见。

从这两件事看,他确是身入局中了。

在处世态度上,山涛也与嵇、阮辈有很大不同。《晋书》本传说:"(涛)又与钟会、裴秀并申款昵。以二人居势争权,涛平心处中,各得其所,而俱无恨焉。"对于他的这一点,余嘉锡评论说:"夫钟会之为人,嵇康所不齿,而涛与之款昵,又处会与裴秀交哄之际,能并得其欢心,岂非以会为司马氏之子房,而秀亦参谋略,皆昭之宠臣,故曲意交结,相与比周,以希诡遇之获欤!"(《世说新语笺疏》680页)余嘉锡的评论颇为尖刻,也颇为偏激。从山涛后来的行事看,他虽身入局中,然亦非势利之辈。他之交好钟、裴,盖缘于处事谨慎,不欲树敌。其时涛已有甚高之地位,获司马炎之充分信任,正无须乎以讨好钟、裴而冀有所获也。不过从这件事,也可看出山涛并不像嵇康之是非分明,也不像嵇康的刚直峻急。他较为圆滑,而且较为深沉。

他之加入竹林名士,是以其风神气度。王戎对他的评论是:"如璞玉浑金,人皆钦其宝,莫知名其器。"(《晋书·王戎传》)就是说,他给人一种质素深广的印象。而大器度,正是其时名士之一种风度。他也饮酒,但有一定限度,至八斗而止,与其他人的狂饮至大醉者不同。他性好老、庄,然与好玄远之言者又有不同。《世说新语·赏誉》:

> 人问王夷甫:"山巨源义理何如?是谁辈?"王曰:"此人初不肯以谈自居,然不读老、庄,时闻其咏,往往与其旨合。"

他并不反礼教,史称其居丧过礼,与越名教而任自然者极不同;然而他不像何曾辈之华奢。他生活俭约,为时论所崇仰。他在嵇康被杀后二十年,荐举康子绍为秘书丞,对绍说:"为君思之久矣,天地四时,犹有消息,而况人乎!"(《世说新语·政事》)可见他二十年未忘旧友。这些都可以说明,他立身清正,而又行不违俗。他是竹林七贤之一,而行事与心态,其实与嵇康、二阮、刘伶等人并不相同。他的主要心态,是积极入世,谨慎处事,俭约自守,并未沾染纵诞之风。

在这一点上,夏侯玄与之相近。不过夏侯玄身上玄风的影响更为明显些,他不仅谈玄,而且著论论述玄学命题,而其潇洒风神,有类嵇康。《世说新语·雅量》称其:"尝倚柱作书,时大雨,霹雳破所倚柱,衣服焦然,神色无变,书亦如故。"《世说新语·方正》

谓其被杀时,临刑东市,颜色不异。袁宏作《三国名臣颂》,赞玄:"邈哉太初,宇量高雅,器范自然,标准无假。……君亲自然,非由名教。"(《晋书·袁宏传》)他在名士中有很高威望,无疑也是既有名士风标,又持入世态度的士人的代表人物。

正始玄学对于士人的心态的影响是复杂的。同样接受玄学影响,而处世态度各异。就其特质而言,嵇康的心态似较典型地体现了玄学品格。但是嵇康的被杀证明,这种更具玄学品格的人生观不可能为世俗所接受,这样的人生道路行不通。因之嵇康被杀,向秀失图,遂应本郡计入洛,对司马昭说出了一些违心的奉承的话,而后又写出了那样悲凉的一篇《思旧赋》。向秀悲凉入洛,意味着士人跟嵇康式的玄学独立人格的告别。

第三章 西晋士人心态的变化与玄学新义

　　嵇康和阮籍死后两年,即魏咸熙二年(265 年)十一月,司马炎终于迫着魏元帝曹奂正式演出了一幕禅让的戏剧,自立为帝,改国号晋。从这时起到五胡乱起、洛阳长安陷落,永嘉南渡,终于导致西晋政权结束的建兴四年(316 年),共五十二年,是我们所要研究的又一个时期。这个时期的政治环境、社会思潮和士人心态与正始时期相比,都有了十分明显的不同。玄风正在不知不觉地变化,玄学义理也有了新的发展;而最重要的,是士人心态有了一个大的转变。在这个时期里,我们找不到像嵇康那样执着认真的“越名教而任自然”的士人,同样也找不到像阮籍那样在名教与自然的矛盾狭缝中依违避就,因而内心极端苦闷、在抑郁苦闷中终其一生的士人。这时的士人群体,已经为自己找到了一种全新的人生境界。他们在名教与自然之间,在出世与入世之间,找到了一条既出世又入世、最省事、最实用而且也最安全的通道,走向大欢喜的人生,当然最后也走向了乱亡。

第一节 政失准的与士无特操

一

嵇康被杀，向秀失图。此乃其时士人心态转变之一转折点，欲窥测西晋士人之心态，与西晋玄风之转变，于此不得不有所认识。

《世说新语·言语》：

> 嵇中散既被诛，向子期举郡计入洛，文王引进，问曰："闻君有箕山之志，何以在此？"对曰："巢许狷介之士，不足多慕。"王大咨嗟。

刘孝标注引《向秀别传》所记同一事而略异：

> 后康被诛，秀遂失图，乃应岁举到京师，诣大将军司马文王。文王问曰："闻君有箕山之志，何能自屈？"秀曰："常谓彼人不达尧意，本非所慕也。"一坐皆悦。随次转至黄门侍郎、散骑常侍。

《晋书·向秀传》采用《世说新语》的说法。其实《别传》所记，当为《世说》之所本，而其不同处，正在《别传》中的"一坐皆悦"，到《世说》中被改为"王大咨嗟"，《晋书》中被改为"王大悦"，这些改动，都没有《别传》中"一坐皆悦"的记载更能反映其时的真实情形。司马氏之杀嵇康,对于认真执行"越名教而任自然"的士人来说,实是一巨大之打击。从当政者的角度考虑问题,越名任心实于政权大有妨碍,此一点已如前章所论。从士人之角度考虑问题,嵇康的归宿无异于被告知:"越名教而任自然"是有限度的,如果过于认真,过于执着,处处以己之高洁显朝廷之污浊,处处采取一种与朝廷不合作的态度,下场当如嵇康。此一事件之在越名任心的士人中引起巨大普遍之反响,当无疑义。司马昭之所以引见向秀并且问他何以应郡计入洛,意正在于窥知杀嵇康一事在其时名士中引起之反应。他的问话,对于越名教而任自然的名士来说,实在是非常刻薄的:你不是要超尘出世,不与朝廷合作吗?为什么还低三下四来找官做呢?这一个问话,如果落在嵇康身上,那回答将是难以想象的。对于向秀来说,无疑也有着极大的刺激,好比一个打了败仗的俘虏,在得胜者的洋洋得意的嘲弄中蒙受耻辱。司马昭的这一尖锐发问,如果遭到向秀的顶撞,那场面将很难收拾,廷臣们的紧张可想而知。不料向秀的回答同样出人意外,不惟毫无顶撞之意,且违心阿谀,把司马昭比喻为尧,明确表示自己在尧的领导下,不再取巢许的不合作态度了。向秀的这一回答,明白告诉了司马昭对于名士的政策的成功,意味着司马昭要借一个有甚大名声的名士的生命,使桀骜的名士们臣服的策略的成功,司马昭的喜悦可想而知。向秀的回答既然意味着名士们的臣服,事关司马氏夺取政权的思想舆论障碍的最后扫除,廷臣们当然也就皆大欢喜,"一坐皆悦"了。

向秀的入洛,当然有其思想上之基础。他在理论上,本来就主张重情欲,以为失去情欲的满足,人生便没有意义,要他完全舍弃现实人生的种种诱惑以避世,他实在做不到。完全放弃任自然,而遵名教,他也做不到。这才有惧祸而入洛这一行为。这且不说。这里要说的是,向秀在对着司马昭说这话的时候,其实内心隐藏着甚深的悲哀。这只要读读他后来写的《思旧赋》就可以了解。陈寅恪先生曾说过:"可知向秀在嵇康被杀后,完全改节失图,弃老庄之自然,遵周孔之名教。"①其实向秀的改节,乃是一种无可选择的选择,他也并非完全弃老庄之自然,而遵周孔之名教。《思旧赋》的整个感情基调是很凄凉的,一种对于故友的深沉思念,一种对于一去不返的与故友共同度过的自然任心的岁月的眷恋,交错着郁愤与悲哀,弥漫在这短短的欲言又止的赋里。一个与过去的心态与行为自愿的完全决裂的人,是不可能在怀旧中表现出如此深沉的悲哀来的。《思旧赋》的《序》说:

> 余逝将西迈,经其旧庐。于时日薄虞渊,寒冰凄然。邻人有吹笛者,发声寥亮;追思曩昔游宴之好,感音而叹,故作赋云。

在这《序》里我们可以窥见他这时的心境。在这样一个凄凉的氛围里。他完全沉浸在一种难以自已的感伤里。他是为寻故友踪迹旧游之地专门停下车来的,原本就在一种怀旧的思绪左右之下。在这赋的本文里,他写道:

> 济黄河以泛舟兮,经山阳之旧居。瞻旷野之萧条兮,息余驾乎城隅。践二子之遗迹兮,历穷巷之空庐。叹《黍离》之愍周兮,悲《麦秀》于殷墟。惟古昔以怀今兮,心徘徊以踌躇。栋宇存而弗毁兮,形神逝其焉如。

---

① 万绳楠整理《陈寅恪魏晋南北朝史讲演录》55页,黄山书社1987年版。

分明是一种对过去无法割舍的悲哀。薄暮时分,凝寒凄然,以一种脉脉之情寻访旧游之地,但见人去庐空,栋宇虽存而故人之神采已杳然空踪,于是生《黍离》、《麦秀》之叹息。这《黍离》、《麦秀》之叹息,乃是此时潜藏于子期心中的最深层的意识的泄露。《毛诗序》说:"《黍离》,闵宗周也。周大夫行役至于宗周,过故宗庙宫室,尽为禾黍。闵周室之颠覆,彷徨不忍去而作是诗也。"悲《黍离》,是悲故国。《尚书大传》说殷商的微子朝见周天子,过殷墟,见殷墟为田,乃歌曰:"麦秀蕲蕲兮禾黍油油,彼狡童兮不我好仇。"《麦秀》之歌,显然也是悲故国。从现存关于向秀的史料记载中,找不出他忠于曹魏的证据,但如果我们从他在曹魏时期与入晋之后的行为看,我们就可以找到这种悲故国心态的真实意蕴。在曹魏时期,向秀和嵇康一样,是追求适性任情的名士,虽然他的玄学的基本观点与嵇康不同,但是在行为上取自适以为乐、不受世务的羁缚、不卷入政局的是非则一。《太平御览》卷四百九引《向秀别传》:

> 秀字子期,少为同郡山涛所知,又与谯国嵇康、东平吕安友善,其趋舍进止,无不必同,造事营生,业亦不异。常与康偶锻于洛邑,与吕安灌园于山阳,收其余利,以供酒食之费。或率尔相携,观原野,极游浪之势,亦不计远近,或经日乃归,复修常业。

《晋书》本传说他好《庄子》,"乃为之隐解,发明奇趣,振起玄风,读之者超然心悟,莫不自足一时也"。《世说新语·文学》:"初,注《庄子》者数十家,莫能究其旨要。向秀于旧注外为解义,妙析奇致,大畅玄风。"刘注引《竹林七贤论》:

秀为此义,读之者无不超然,若已出尘埃而窥绝冥,始了视听之表。有神德玄哲,能遗天下,外万物,虽复使动竞之人顾观所徇,皆怅然自有振拔之情矣。

向秀与嵇康一样,在人生旨趣上是崇自然的。他曾经在那样的生活里领受过体认自我价值的人生乐趣,试想其锻铁洛邑,灌园山阳,于原野山林间了无系累游乐之时,是一种怎样的自由的心境。而重过旧游地,那样的心境已经恍如隔世了。他已向司马昭低头臣服,无可奈何地向以往的自由生活告别了。这怎么能不触目伤情,"追思曩昔游宴之好"呢?伤故国,故国之悲,并不是伤曹魏政权的覆灭,而是伤以往生活的无可奈何的逝去。《黍离》、《麦秀》的叹息,是对于曾经有过而现在已经不可能再有的不受羁缚的生活的眷恋与悲悼。故国之悲的真实意蕴就在这里。他正是在这样的潜藏于内心深处的意识的支配下,来寻访旧日行迹的。就在这凄凉的景色与凄凉的心境中他听到了嘹亮的笛声:

听鸣笛之慷慨兮,妙声绝而复寻。

这嘹亮慷慨的笛声,把他从眼前的悲凉心境引向了往日的回忆,也引起了对于嵇康的琴声的联想。在这《思旧赋》里,他两次写到嵇康临刑弹琴的事。《序》说:

嵇博综技艺,于丝竹特妙。临当就命,顾视日影,索琴而弹之。

《赋》说:

昔李斯之受罪兮,叹黄犬而长吟;悼嵇生之永辞兮,顾日
影而弹琴。托运遇于领会兮,寄余命于寸阴。

　　对于嵇康临刑弹琴的回忆,不惟有甚深的悲哀,且亦隐含着抑郁
与悲慨,或者这抑郁与悲慨,就融化在那慷慨的笛声里,这就涉及
向秀改节的问题来了。向秀之所以改节,正是嵇康的死。嵇康临
刑的这一幕,时时在他的心里缠绕不去。他之举郡计入洛并非自
愿,而是惧祸,是死的威胁与自全的欲望迫使他改节的。子期在
这里引用李斯的故事,彦和曾谓其拟于不伦①。彦和仅从拟嵇康
之被杀于李斯之被杀着眼,而谓其不伦,而不知子期用李斯典,意
实不在此,而在其对于生之眷恋与死之悲哀,如陆机临刑前之叹
"华亭鹤唳,岂可复闻乎",谓死之将至方觉生之弥足珍惜。这就
是伴随着深沉的悲哀一同存在于这《思旧赋》里的对于死的恐惧。
《思旧赋》提供给我们的向秀心态的这一讯息,明白无误地告诉我
们:向秀的改节,实在是一种无可选择的选择。

　　西晋士人,正是从这一点,走向一个新的精神天地。

　　西晋士人入世太深,不仅名教之士如此,玄学名士亦如此。
考察西晋士风,就可以发现,士人普遍地身入局中,不管以何种面
貌出现,他们都没有走庄子式的真正超尘脱俗的道路,他们和政
局有着极为密切的关系,正因为如此,所以西晋一代的政风对于
士风有着极广泛的影响。

---

①《史记·李斯列传》:"二世二年七月,具斯五刑,论腰斩咸阳市。斯出狱,
　与其中子俱执,顾谓其中子曰:'吾欲与若复牵黄犬,俱出上蔡东门逐狡
　兔,岂可得乎?'遂父子相哭,而夷三族。"刘勰《文心雕龙·指瑕》:"若夫君
　子拟人必于其伦……向秀之赋嵇生,方罪于李斯……不类甚矣。"

二

西晋一朝似乎有过一个全盛期,那就是它在太康元年(280年)灭吴统一全国的时候。从东汉末年的军阀割据到统一全国,绵延近百年的战乱总算结束了。按理说,这应该是一个恢复元气的时期。但是,统一全国之后才十年,八王之乱又起,最终导致了永嘉南渡,偏安江左。在中国的历史上,统一全国而又很快败亡的,除隋朝外,就是西晋了。隋朝的建立,在经济上曾有过短期的迅速恢复与发展;西晋始建时,似亦有一点新的气象。唐太宗为《晋书·武帝纪》写论,说武帝司马炎雅好直言,宽而得众,所以建国初期"民和俗静,家给人足"。但是事实上,唐太宗所说的这些在西晋的整个政局上并不是主要的。西晋一朝,从始建到南渡,它的整个政局都是混乱的,在政治上,它事实上始终处于不安定的状态。之所以如此,最基本的一点,就是这个朝廷的建立,借助于不义的、残忍的手段;建立之后,又因为它立身不正,没有一个有力的维护朝纲的思想原则。这就造成了政局中的许多尴尬局面。在许多问题上,这个政权的占有者处于一种道义上的尴尬境地,失去了凝聚力。他只能依违两可,准的无依。这就是西晋政风的基本特点。这样的政风,很自然地导致政局的混乱,也影响着士人的价值取向,导致士无特操。

首先的一个问题,便是在君臣纲纪上西晋的立国者处于一种两难的境地之中。在这个问题上的选择只可能有一种,那就是采取一种含混的态度。

要维护一个一统的政权,需要有一些行之有效的思想准则,作为这个政权的凝聚力。一般说,封建王朝是以忠义作为它的思想上的凝聚力的。司马氏也一样,他们标榜儒家名教,他的佐命

之臣也都是名教之士。司马炎刚即帝位,傅玄便上疏请崇儒教以选贤人。他是很明确提到晋之立国应在思想准则上不同于曹魏的:

> 臣闻先王之临天下也,明其大教,长其义节;道化隆于上,清议行于下,上下相奉,人怀义心。亡秦荡灭先王之制,以法术相御,而义心亡矣。近者魏武好法术,而天下贵刑名;魏文慕通达,而天下贱守节。其后纲维不摄,而虚无放诞之论盈于朝野,使天下无复清议,而亡秦之病复发于今。

他反对任自然的玄学风气,而且也已经看到了司马氏与曹魏的不同,他说:

> 陛下圣德,龙兴受禅,弘尧舜之化,开正直之路,体夏禹之至俭,综殷周之典文,臣咏叹而已,将又奚言!

接着他便提出应以崇尚儒学的标准来选拔人才:

> 夫儒学者,王教之首也。尊其道,贵其业,重其选,犹恐化之不崇;忽而不以为急,臣惧日有陵迟而不觉也。(以上三条均引自《晋书·傅玄传》)

傅玄的上疏得到了司马炎的赞许。泰始四年(268 年)六月,司马炎下诏,要郡国守相做到:

> 敦喻五教,劝务农功,勉励学者,思勤正典,无为百家庸

末，致远必泥。士庶有好学笃道，孝悌忠信，清白异行者，举
而进之；有不孝敬于父母，不长悌于族党，悖礼弃常，不率法
令者，纠而罪之。（《晋书·武帝纪》）

泰始初年，司马炎为乐安王司马鉴、燕王司马机选拔师友时，也明
确说要选儒学之士，为此下诏：

> 乐安王鉴、燕王机并以长大，宜得辅导师友，取明经儒
> 学，有行义节俭，使足严惮。（《晋书·乐安王鉴传》）

泰始中，以陈邵为给事中诏：

> 燕王师陈邵清贞洁静，行著邦族，笃志好古，博通六籍，
> 耽悦典诰，老而不倦，宜在左右以笃儒教。（《晋书·儒林
> 传·陈邵传》）

咸宁四年（278 年），征朱冲为太子右庶子，亦以其“履蹈至行，敦
悦典籍”（《晋书·隐逸传》）。

　　无疑，司马炎即位之初，想以儒家名教作为他的立国之本。
但是，较之历代的其他开国之君，他之提倡儒家名教，便显出来隐
隐约约，含含混混，似有难言之隐藏于其中。因为他在道义上实
在处于一种颇为特别的位置上，他本身是违背儒家名教的基本准
则抢夺政权的，在这样的位置上，不提倡名教，没有严格的君臣纲
纪的约束力，他人同样可以如法炮制抢夺他的政权；提倡名教，又
立身不正。这就需要一种弹性，一种有选择的引导。我们可以来
分析几个事件，说明这一点。

杀高贵乡公曹髦，是违悖名教的最为典型的事例。这在当时无疑是一个朝野震动极大的事件。虽然司马氏前此已经剪除尽异己，曹魏一边，已经没有任何反抗的力量，高贵乡公的不得已而率官僮以攻相府，正是这种无力反抗的极好说明。这时的曹魏政权，不过是司马氏手中一个可以随时抹去的傀儡。虽然如此，但是道义上禅让的一幕还没有正式举行，君臣名分还存在着。在整个激烈凶残的夺权斗争中，每次剪除异己，都以维护君权为名义出现，这一次却是公开的弑君。敢于走到这一步，在士人心理上的冲击可想而知。如何来处理这样一个事涉将要建立的晋政权在道义上是否合理、能不能得到士人支持的问题，实在是非常棘手的。在这一事件中，我们可以看到司马氏的两难处境和它所选择的出路。

高贵乡公被杀的经过，《三国志·三少帝纪》中裴注引《汉晋春秋》及《魏氏春秋》、《晋书·文帝纪》、《晋书·贾充传》、《资治通鉴》中均有详细记载，而以《资治通鉴》所记最为详尽：

　　帝（曹髦）见威权日去，不胜其忿。五月己丑，召侍中王沈、尚书王经、散骑常侍王业，谓曰："司马昭之心，路人所知也。吾不能坐受废辱，今日当与卿自出讨之。"王经曰："昔鲁昭公不忍季氏，败走失国，为天下笑，今权在其门，为日久矣，朝廷四方皆为之致死，不顾逆顺之理，非一日也。且宿卫空阙，兵甲寡弱，陛下何所资用；而一旦如此，无乃欲除疾而更深之邪！祸殆不测，宜见重详。"帝乃出怀中黄素诏投地，曰："行之决矣！正使死何惧，况不必死邪！"于是入白太后。沈、业奔走告昭，呼经欲与俱，经不从。帝遂拔剑升辇，率殿中宿卫苍头官僮鼓噪而出。昭弟屯骑校尉伷遇帝于东止车门。

左右呵之，佃众奔走。中护军贾充自外入，逆与帝战于南阙下，帝自用剑，众欲退，骑督成倅弟太子舍人济问充曰："事急矣，当云何？"充曰："司马公畜养汝等，正为今日，今日之事，无所问也！"济即抽戈前刺帝，殒于车下，昭闻之，大惊，自投于地，太傅孚奔往，枕帝股而哭甚哀，曰："杀陛下者，臣之罪也。"

昭入殿中，召群臣会议。尚书左仆射陈泰不至，昭使其舅尚书荀颉召之……子弟内外咸共逼之，乃入，见昭，悲恸，昭亦对之泣曰："玄伯，卿何以处我？"泰曰："独有斩贾充，少可以谢天下耳。"昭久之曰："卿更思其次。"泰曰："泰言惟有进于此，不知其次。"昭乃不复更言。……

戊申，昭上言："成济兄弟大逆不道，夷其族。"（卷七十七）

这里之所以不惮烦地引述，是因为这事是司马昭处理名教问题的很典型的例子，必须作一些分析。谁是弑君的主犯？无疑是司马昭自己。王沈和王业叛主告密之后，司马昭显然已经作了周密的安排，贾充的一切行为，当是根据司马昭的布置，他只是一个执行者而已。《晋书·文帝纪》在记述此事时说："沈、业驰告于帝，帝召护军贾充等为之备。"唐人修《晋书》，特别点出了这个关键，因为这正是这件事的实质所在。为之备，不在司马昭的相府，而在宫廷，贾充奉司马昭之命入宫弑君，当无疑义。弑君之后怎么办？如果承认弑君，以后的司马氏政权在道义上便处于受审判者的地位。于是，司马昭便演出了一出弑君者谴责弑君的戏，先是自投于地，继之对廷臣哭泣，以表明罪不在己。罪在谁呢？与此事毫无干系的司马孚说罪在自己。司马孚是遵崇名教的。他之所以归罪于己，是说身为臣子，而未能使君主免于罹难；而且其中也隐含有代司马昭认罪的用意。他是司马懿的弟弟，昭的叔父，但又是忠于曹魏、曾经辅助曹丕登帝位的人。他从不参预司马氏逼魏禅让的谋议，而且直到死，还临终遗令称自己为"有魏贞士"，说自己"不伊不周，不夷不惠，立身行道，终始若一"（《晋书·安平献王孚传》）。他显然不满意于司马昭的弑君行为，而又无可奈何。另一位归罪于己的是王祥。《晋书·王祥传》说："及高贵乡公之弑也，朝臣举哀，祥号哭曰：'老臣无状。'涕泪交流，众有愧色。"王祥是有名的孝子，是司马昭倚以为朝廷重望的人物。他也是从名教出发，来看待这场弑君的悲剧的。高贵乡公即位，他有定策之功。他还曾以师道自居，为高贵乡公讲圣帝君臣政化之要。高贵乡公被弑，他感到自己身为重臣，而未能维护名教，痛哭流涕而谓"老臣无状"者以此。但他也没有勇气指出弑君的主犯。指出弑君主犯的，是陈泰。陈泰是曹魏名臣陈群的儿子，是武将，也是名臣，又是司马师、司马昭的好友。司马昭把他请来，意在借重他的名望，代他处理好这件极难处理的事。昭问他："卿何以处我？"内含的意思是如何为我解围。不料陈泰的回答却是斩贾充以谢天下。斩贾充以谢天下，实在是给司马昭下台的最好方法，但贾充是司马氏的心腹，若斩贾充，谁还肯继续为司马氏出力呢？司马昭只好沉默良久，并且有"卿更思其次"的又一问。没料到这一问，陈泰的回答却把司马昭逼到了尽头："泰言惟有进于此，不知其次。"这句话是什么意思呢？胡三省注曰："言当以弑君之罪罪昭。"《晋书·文帝纪》陈泰的这一回答作"但见其上，不见其次"，这是在群臣面前说的，全无退路！陈泰是在这件事发生之后不久便死了的。怎么死的？孙盛《魏氏春秋》说是在这件事发生的当时"遂呕血薨"。裴松之已论此说之不足信。习凿齿《汉晋春秋》说是"归而自杀"，或较为可信。究竟怎么死的，大概这也属于"宫廷事秘,外人不得而知"一类的千古之谜了。反正陈泰的回答使这件事当时议不下去,也使司马昭在弑君之罪面前全无退路,当然也就导致了陈泰自己必死的结局。

但是不久,司马昭还是找到了出路。他在两难的境地中做了依违两可的选择。他杀了成济,并夷其三族,拿成济作为替罪羊来开脱自己的弑君之罪。在给太后的杀成济的奏章里,他说:"臣闻人臣之节,有死无贰,事上之义,不敢逃难。……臣忝当元辅,义在安国,即骆驿申敕,不得迫近舆辇。而济妄入阵间,以致大变,哀怛痛恨,五内摧裂,济干国乱纪,罪不容诛。"(《晋书·文帝纪》)他还要在表面上维护君臣纲纪,不这样做以后司马氏的政权便无法维系。为此,他给王祥升官,这年十二月,王祥自司隶校尉拜司空(《资治通鉴》卷七十七),司马孚后来也进封长乐公,以慰藉他们作为忠臣的感情。但同时,他又给卖主告密、从名教的角度说实属大逆不道而从司马氏的角度说乃大功臣的王沈以奖励,封沈为安平侯;贾充也因此而进封安阳乡侯,加散骑常侍(见《晋书·王沈传》、《晋书·贾充传》)。既安抚忠君之臣又奖励弑君之人,这样做,从君臣纲纪来说是自相矛盾的。但是司马昭除了这样在君臣纲纪上依违两可的选择之外,实在没有其他办法。而这样做的最根本的目的,是要表明:君臣纲纪还是要的,但主要的是要忠于司马氏。

最能说明在君臣纲纪问题上司马昭的两难心境的,是对王经的处理。王经因为没有跟从王沈、王业告密,表现出了对于魏室的忠心,司马昭便把他杀了。《汉晋春秋》说:

> 经被收,辞母。母颜色不变,笑而应曰:"人谁不死?往所以不止汝者,恐不得其所也。以此并命,何恨之有哉!"

（《三国志·魏书·夏侯玄传》裴注引《汉晋春秋》）

经母之所以慰勉他,显然是从忠于王室的角度说的。及至王经被杀,"故吏向雄哭之,哀动一市"(《资治通鉴》卷七十七)。杀王经而民知经忠,向雄哭尸而民知雄义,忠义既入于民心,于司马氏实大不利。于是四年后的泰始元年(265年),司马炎便下诏:

> 故尚书王经,虽身陷法辟,然守志可嘉。门户埋没,意常愍之,其赐经孙郎中。(《三国志·魏书·夏侯玄传》裴注引《汉晋春秋》)

杀王经,是让朝臣们看看不跟司马氏走有什么结果,因为其时虽已政归司马氏,然尚未正式登位。而奖励王经的志守忠节,是晋国已建,需要提倡忠节了,君臣纲纪问题,对于司马氏来说,实在是无法持一种一以贯之、鲜明坚决、毫不含糊的态度的。在这个问题上需要一种弹性,一种可以作各种理解、从各个角度都可以说得通的选择。

对于弑君这件事的处理,至此还没有结束,悖理的事无论以何种口实掩饰,都是很难使人心服的。《晋书·王沈传》说:"沈既不忠于主,甚为众论所非。"直到这件事发生之后十年的泰始八年(272年),还被提了出来,并因此而在朝廷中引起了一场争论。

泰始八年冬,贾充宴朝士,庾纯后到,两人相讥,于是引起争吵,纯便把弑君的事又提出来。《晋书·庾纯传》:

> 充自以位隆望重,意殊不平。及纯行酒,充不时饮。纯曰:"长者为寿,何敢尔乎?"充曰:"父老不归供养,将何言

也!"纯因发怒,曰:"贾充,天下凶凶,由尔一人!"充曰:"充辅佐二世,荡平巴蜀,有何罪而天下为之凶凶?"纯曰:"高贵乡公何在?"众坐因罢。充左右欲执纯,中护军羊琇、侍中王济佑之,因得出。

这实在是一件非同小可的事,在弑君之后十年,在司马氏正式登帝位之后八年,在众多朝臣面前,又把弑君的问题提了出来,这无异于指责司马氏的违纪悖伦;而且提出来之后,居然还有人敢出面保护庾纯。这件事的背后,实在有着史书缺载的更为丰富的含蕴。这件事至少说明,司马氏弑君篡位,在士人心中引起的不平长期没有平复。庾纯对贾充的指责,是不平郁积于心的一次爆发。更有意思的是对这事的处理所反映出来的司马炎的两难境地。

贾充倚仗其权势,以解职相胁迫。庾纯畏惧,上表自劾,说是酒醉越礼,居下犯上,自请免官,御史中丞孔恂也劾纯,于是司马炎遂下诏免纯官。

但是这样的处理引起了朝臣们的争论,奏疏纷纷。争论是从"孝"上着眼的,贾充说庾纯的罪名是不孝,父老不归供养,石苞上疏,持相同的观点,认为庾纯荣官忘亲,宜除名削爵土。而司徒西曹掾刘斌、河南功曹史庞札却以为,庾纯有弟在家,孝养不废,并不违礼。司马炎于是又下诏,复以纯为国子祭酒,加散骑常侍。有意思的是前后两诏的内容,免庾纯官诏:

先王崇尊卑之礼,明贵贱之序,著温克之德,记沈酗之祸,所以光宣道化,示人轨仪也。昔广汉陵慢宰相,获犯上之刑;灌夫托醉肆忿,致诛毙之罪。纯以凡才,备位卿尹,不惟谦敬之节,不忌覆车之戒,陵上无礼,悖言自口,宜加显黜,以肃朝伦。

复庾纯官诏:

> 自中世以来,多为贵重顺意,贱者生情,故令释之、定国得扬名于前世。今议责庾纯,不惟温克,醉酒沈湎,此责人以齐圣也。疑贾公亦醉,若其不醉,终不于百客之中责以不去官供养也。大晋依圣人典礼,制臣子出处之宜,若有八十,皆当归养,亦不独纯也。古人云:"由醉之言,俾出童羖。"明不责醉,恐失度也。所以免纯者,当为将来之醉戒耳。齐王、刘掾议当矣。(以上两条均引自《晋书·庾纯传》)

两诏的立意完全相反。其实,免庾纯官的要害,在于他又把司马氏最忌讳的弑君问题提了出来,孝与不孝,只是一个借口。免官诏的核心,是说庾纯托醉肆忿,悖言自口;而复官诏却说是礼不责醉,并且把贾充也责备了一番。一件事的处理过程如此前后殊异,不可能有别种解释,只能说明这一事件本身于当政者有难言之苦衷。其中似有一种明显之讯息,就是对于弑君之事士人多存腹非,罢庾纯官,容易失去部分朝臣的心。罢官诏出自真意,而复官诏却是不得已而为之。更有意思的是复官诏下后,后将军荀畯又上奏章,以为庾纯实不宜升进,而荀畯竟因此遭免官。从庾纯重提弑君问题到处理结束,又一次地说明司马氏政权在君臣纲纪问题上的处境。在这个问题上,他既不能理直气壮地提倡忠,又不能不提倡忠,而且对于忠与不忠,也都不能理直气壮地处理,只能依违于两可之间,视其需要而均加抚慰,或均加责罚。

在名教问题上重孝不重忠，乃现实政治之需要使然。此一点学者多有论述，大意谓自晋以后，门阀制度的确立，促使孝道的实践在社会上具有更大的经济上政治上的作用，因此亲先于君、孝先于忠的观念得以形成①。其实，这只是一个方面的原因。而另一个方面的原因，是司马氏欲提倡忠而不可能。从司马氏的思想根基说，是服膺儒教的(参见《晋书·宣帝纪》)，君臣纲纪是儒家伦常关系的核心；从维护政权的角度说，也需要提倡忠。这个道理非常简单，这只要看晋室后来对嵇绍的态度就可以了然。嵇康死于非罪，司马氏于嵇绍有杀父之仇，按理说，嵇绍应义不仕晋。与他类似的王裒，就采取了与嵇绍完全不同的态度，裒父王仪，无罪而为司马昭所杀，他便终生未曾西向而坐，以示不臣于晋朝，隐居教授，三征七辟皆不就(《晋书·孝友传》)。诸葛靓也采取与嵇绍完全不同的态度。他是诸葛诞的儿子。诸葛诞忠于曹魏，举兵反对司马氏，兵败被杀，靓逃于吴，吴平，逃入山中。后来，司马炎要见他，他便逃于厕中，诏他为侍中，他固辞不就，逃归乡里，也是终生不朝向朝廷坐的(《晋书·诸葛恢传》)。但是嵇绍却仕晋而为忠臣，荡阴之役，身殉惠帝，血溅御衣。他是真心忠于晋室的，行前有人劝他选用快马。他回答说：“若使皇舆失守，臣节有在，骏马何为？”可见他身殉晋室，实出自至诚。晋室对他也就感念甚深。惠帝一直保存了那件血衣，左右要洗衣，他说：“此嵇侍中血，勿去。”直到后来晋成帝时，还追念嵇绍之忠，给了他的后代以官职；到了孝武帝时，还下诏说：“(绍)贞洁之风，义著千载。每念其事，怆然伤怀。忠贞之胤，蒸尝宜远，所以大明至节，崇奖名

---

①如唐长孺《魏晋南北朝史论·拾遗·魏晋南北朝的君父先后论》，中华书局 1983 年版。

教。可访其宗族,袭爵主祀。"这都足以说明,晋室对臣下忠于它持一种什么样的态度。它之无法如前此或后此的大一统政权那样大力提倡忠节,非不为,乃不能。

司马氏政权在君臣纲纪问题上的两难境地与无可选择的选择,造成了一种道德环境,多数的士人不以忠节为念。对于名士群体来说,他们本来在内心深处就没有忠于晋室的感情;而对于信奉名教的士人群体来说,他们对忠节事实上也并未认真奉行。最典型的例子是何曾。何曾是晋朝廷中以维护名教为标榜的代表人物,也是司马氏政权的重要支柱,但是他对于晋室的生死存亡,实存三心二意。《晋书·何曾传》:

> 初,曾侍武帝宴,退而告遵等曰:"国家应天受禅,创业垂统。吾每宴见,未尝闻经国远图,惟说平生常事,非贻厥孙谋之兆也,及身而已,后嗣其殆乎! 此子孙之忧也。汝等犹可获没。"指诸孙曰:"此等必遇乱亡也。"

同一事又见于《晋书·五行志》。何曾分明已经看出来晋国初建已孕含败乱之机兆,且此种认识已甚充分,确信而无疑。若据儒家所规范的臣道,则闻君过而不谏,非忠臣之所为:

> 君有过失者,危亡之萌也。见君之过失而不谏,是轻君之危亡也。夫轻君之危亡者,忠臣不忍为也。①

但是他从未向武帝谏诤过。从这里我们可以窥测出他的内心并

①刘向《说苑·正谏》,赵善诒《说苑疏证》本,华东师范大学出版社1985年版。

没有一种坚定不移的忠贞观念。他事君之道，主实用而善伪饰。实用，就是于己有利则为之；伪饰，就是于君实存二心，而不外露。何曾只是一个例子，不以忠节为念，是当时士人的一种普遍心态。这种心态，在八王之乱中有着充分的表现，史例甚夥，为人所共知，无待赘引。

三

西晋政失准的的政风之又一点，便是对于奢靡的认可与放纵。

在中国历史上，差不多所有的立国之君都提倡节俭。从周文王起，便如此：

> 文王疾，召太子发，曰："吾栝柱茅茨，盖为民爱费也。"

君臣奢靡，则朝无清廉之官，民有饥困之苦，国亦以是而败乱。于是诫奢便常常是立国之君必行的施政措施。晋武帝也不例外。史称其"承魏氏奢侈刻弊之后，百姓思古之遗风，乃厉以恭俭，敦以寡欲。有司尝奏御牛青丝绁断，诏以青麻代之"（《晋书·武帝纪》）。他登位之后，重实用，求俭约，屡下诏书。泰始元年，下诏正旦撤乐：

> 朕遭悯凶，奉承洪业，追慕罔极。正日虽当受朝，其伎乐一切勿有所设；又，殿前反宇及武帐织成帷之属，皆不须施。（《太平御览》卷二十九引刘道荟《晋起居注》）

泰始八年，"禁雕文绮组非法之物"（《晋书·武帝纪》）。咸宁四年十一月,太医司马程据献雉头裘,武帝以奇巧异服典礼所禁,焚之于殿前,并且下诏敢有再犯者将予以治罪。同年,又下了禁立碑诏:"此后石兽碑表,既私褒美,兴长虚伪,伤财害人,莫大于此。一禁断之。其犯者虽会赦令,皆当毁坏。"(《宋书·礼志二》)从司马炎的本意说,他是希望制奢俗以返俭约的,因为这对于他的政权的存在至关重要,但是,他事实上做不到,无论从他所面对的政治势力的格局还是他本人的行动,都不可能做到这一点。他所面对的政治势力的格局制约着他,使他无法下决心制止奢靡之风;他本人的欲望左右着他,决定了他无法成为俭约克己之君。后来陆云谏吴王司马晏,提到武帝诫奢的情形,颇可玩味。他说:

> 臣窃见世祖武皇帝临朝拱默,训世以俭,即位二十有六载,宫室台榭无所新营,屡发明诏,厚戒丰奢。国家纂承,务在遵奉,而世俗陵迟,家竞盈溢,渐渍波荡,遂已成风。虽严诏屡宣,而侈俗滋广。每观诏书,众庶叹息。(《晋书·陆云传》)

陆云看到了司马炎登基后的一再提倡节俭,也看到了他的提倡没有能够实行,虽屡下诏而奢靡之风滋广。对于这种现象,他归之于世风的无法抑制。陆云所说的,正是晋武帝一朝的事实,但是,他没有能够认识到,奢靡之风之所以无法抑制,实与朝廷的态度有关。因为在诫奢问题上,晋室当权者也深陷于两难境地而无法摆脱。

武帝一朝最豪奢的人,多是武帝的重臣。何曾的豪奢我们在前文已有引例。他的儿子何劭的奢侈超过了父亲,史称其"骄奢简贵,亦有父风。衣裘服玩,新故巨积。食必尽四方珍异,一日之供以钱二万为限。时论以为太官御膳，无以加之"(《晋书·何劭传》)。太官御膳尚不能与之相比的情形，何曾时已如此。《晋书·何曾传》说："每燕见，不食太官所设，帝辄命取其食。"这里甚可注意的一点，是武帝屡下明诏倡俭约，而何曾竟敢于燕见之时公然自备厨膳，武帝不加责备，且命取其食。这在朝廷之上，无异于赞赏其豪奢，无异于是对提倡俭约的自我否定，曾本传又说："刘毅等数劾奏曾侈忲无度，帝以其重臣，一无所问。"这个刘毅，就是那位忠于魏室，方正亮直的刘仲雄。入晋以后，武帝因其"忠蹇正直，使掌谏官"(《晋书·刘毅传》)。有一次，武帝问他："卿以朕方汉何帝也？"他回答说："可方桓、灵。"武帝说："吾虽德不及古人，犹克己为政。又平吴会，混一天下。方之桓、灵，其已甚乎！"我们应当注意的一点，是武帝这里提到的自己的两件功业，除结束三国鼎立，统一中国这样一个历史大功绩之外，便是为政克己。所谓"克己"，当然包括自奉甚薄、节俭的意思。他是把这一点当作自己的一大政绩来夸耀的。但是刘毅怎么回答他呢？刘毅说："桓、灵卖官，钱入官库。陛下卖官，钱入私门。以此言之，殆不如也。"毅是要说明，武帝为政并不克己。我们且将卖官的事放在一边。也就是在这次对话中，武帝进一步解释他为政克己的具体表现："我平天下而不封禅；焚雉头裘；行布衣礼。"(均见《晋书·刘毅传》)他把焚雉头裘当作一件大事，从这里可以看出，咸宁四年的殿前焚雉头裘，是当作倡导俭约的大事来办的。在朝廷之上焚雉头裘以明示君臣在衣食上均不得奢侈，奢侈者将受罪罚，但又在朝廷之上，赞赏何曾的锦衣玉食，这样的矛盾，实在是不可思议的。这不可思议，我们从"帝以其重臣，一无所问"中得到了答案。何曾是司马氏政权的主要依靠力量的代表人物，不仅因其为武帝登基的劝进者，为武帝之主要谋士，且亦以其为提倡名教的豪门世族的主要代表。如果在奢侈这个问题上责罚何曾，那就意味着失去自己的基础势力。这一点我们可以从何曾死时博士秦秀的谥议中得到证明：

> 曾受宠二代，显赫累世。……身兼三公之位，食大国之租，荷保傅之贵，执司徒之均。二子皆金貂卿校，列于帝侧。方之古人，责深负重，虽举门尽死，犹不称位。而乃骄奢过度，名被九域，行不履道，而享位非常。……秽皇代之美，坏人伦之教，生天下之丑，示后生之傲，莫大于此。自近世以来，宰臣辅相，未有受垢辱之声，被有司之劾，父子尘累而蒙恩贷若曾者也。（《晋书·秦秀传》）

为此，秦秀认为应该谥曰“缪丑”。秦秀议何曾谥，和他后来议贾充谥，其中或者含有更为复杂的原因，借以议何曾之奢侈，贾充之不孝，而实意不在此。盖其时名士群体与司马氏亲信名教之士矛盾甚为激烈。《晋书·任恺传》说："庾纯、张华、温颙、向秀、和峤之徒皆与恺善，杨珧、王恂、华廙等充所亲敬，于是朋党纷然。"庾纯之责骂贾充，是公开的反抗，秦秀的谥议，则是一种借题发挥。当然武帝没有同意秦秀所建议的谥号。之所以没有同意，就是因为何曾与贾充，乃是他倚以为腹心的代表人物。何氏父子的满朝知晓的极度豪奢，武帝不惟不责问，且加赞许，则于其他大臣的奢靡，也就难以抑止。《晋书·任恺传》说："初，何劭以公子奢侈，每食必尽四方珍馔，恺乃逾之，一食万钱，犹云无可下箸处。"任恺是魏明帝曹叡的女婿，是在朝的名士群体的重要人物。他的豪奢，武帝也一无所问。为什么不过问呢？这从武帝对于任恺与贾充的矛盾的处理中可得到其中消息。《晋书》本传谓：朋党纷然，"帝知之，召充、恺宴于式乾殿，而谓充等曰：'朝廷宜一，大臣当和。'充、恺各拜谢而罢。既而充、恺等以帝已知之而不责，结怨愈深，外相崇重，内甚不平"。任恺代表的是入仕晋室的名士群体，这一部分人之仕晋，与何曾、贾充辈实大不同，他们对于司马氏政权的支持，原非出于至诚，我们在分析向秀入仕时已作了说明。这一点武帝也甚为清楚，但是他不能失去这一部分人的支持，他需要他们，以便获得道义上的力量。这就决定了他立国之后在政治上所采取的基本手段就是平衡，平衡亲信的名教之士与名士群体这两大势力。史称司马氏初期为政宽松，按其目的，乃在于争取士人之拥护。晋立国之前，司马昭已虑及此。《宋书·五行志三》说："自高贵弑死之后，晋文王深树恩德，事崇优缓。"有学者已注意到这一点，指出此种做法，"都是避免刺激的措施"，"目的都在减低士大夫方面的阻力，以利禅代的进行"①。晋立国之后，司马炎对这部分士人给予特别的注意，用意也在于此。因之对任恺的奢侈，晋武帝如同对何曾的态度一样，也是不闻不问。同是名士的夏侯湛，也以豪华名世，《晋书》本传谓其"族为盛门，性颇豪侈，侯服玉食，穷滋极珍"。武帝容忍这批名士的豪奢，容忍他们违背他的俭约的诏令，显然也是出于政治上的考虑。

不论是名教之士还是名士的豪奢，武帝都无法加以禁止。这其中并不是因为他不明白他们的行为与他的提倡俭约、与他禁雕绮文绣的诏令、与他的殿前焚雉头裘的行为相违背，而是因为一种错综复杂的政治力量格局促使他只能容忍这种违背的存在。他不得不容忍。与奢侈有关的贪赃枉法，凡是事涉复杂的政治力量的格局，他也不得不容忍。《晋书·裴秀传》说都骑尉刘尚为裴

---

① 刘显叔《魏末政争中的党派分际》，《史学汇刊》第九期。

秀占官田,司隶校尉李憙上书,要求治裴秀的罪,而武帝却下诏,以裴秀有勋绩于王室,不予过问。裴秀是司马炎继承王位的主要支持者,又是他即帝位的主要劝进者,他只好用"不可以小疵掩大德"为理由,掩盖在处理事涉错综复杂的政治力量格局时自己的困境。《晋书·李憙传》又引李憙的另一上疏:

> 故立进令刘友、前尚书山涛、中山王睦、故尚书仆射武陔各占官三更稻田,请免涛、睦等官。陔已亡,请贬谥。

武帝却下诏云:

> 法者,天下取正,不避亲贵,然后行耳。吾岂将枉纵其间哉!然案此事皆是友所作,侵剥百姓,以缪惑朝士。奸吏乃敢作此,其考竟友以惩邪佞。涛等不贰其过者,皆勿有所问。

说"皆是友所作",就否定涛等有占官田之事;说"涛等不贰其过者",又肯定涛等确有占官田之事,同一诏书内矛盾如此,其实是曲为涛等回护,明知涛等确曾侵占官田,而由于特殊的原因不予处罚。宋人司马光评论此事,有一段非常精彩的话:

> 政之大本,在于刑赏,刑赏不明,政何以成!晋武帝赦山涛而褒李憙,其于刑赏两失之。使憙所言为是,则涛不可赦;所言为非,则憙不足褒。褒之使言,言而不用,怨结于下,威玩于上,将安用之!且四臣同罪,刘友伏诛而涛等不问,避贵施贱,可谓政乎!创业之初而政本不立,将以垂统后世,不亦难乎!(《资治通鉴》卷七十九)

"创业之初而政本不立"，说得好极了。司马炎在许多问题上，受制约于错综复杂的政治势力，不得不搞平衡，有所忌讳，下不了手，依违两可，以至于政失准的，使许多有利于巩固政权的措施无法实行下去，戒奢靡与反贪赃之无法实行，即是一例。在这个问题上，如果重臣不问，给予例外，则声势再厉，亦必以失败告终，历代如此。"政本不立"，盖事出有因。

当然，如果司马炎是一位雄才大略的有为之君，那么即使面临错综复杂的政治力量格局，他也有可能把他的制奢俗以返俭约的方针坚持下去。但是他不是。他自己本来就是一位情欲物欲非常强烈的人，当他考虑到政权的时候，他认识到应该节俭；而当他受情欲物欲左右的时候，他自己就违背自己的决定，放纵起来。刘毅说他卖官而钱入私家，史无更多的记载，大约也是史家为君者讳的缘故吧！但看他并未反驳刘毅的指责，可见确是事实。《晋书·后妃列传·武元杨皇后传》说：

> 泰始中，帝博选良家以充后宫，先下书禁天下嫁娶，使宦者乘使车，给驺骑，驰传州郡，召充选者使后拣择。

《晋书·后妃列传·胡贵嫔传》：

> 泰始九年，帝多简良家子女以充内职，自择其美者以绛纱系臂。……时帝多内宠，平吴之后复纳孙皓宫人数千，自此掖庭殆将万人。而并宠者甚众，帝莫知所适，常乘羊车，恣其所之，至便宴寝。宫人乃取竹叶插户，以盐汁洒地，而引帝车。

《宋书·五行志二》：

> （泰始九年）采择卿校诸葛冲等女，是春五十余人入殿简选，又取小将吏女数十人，母子号哭于宫中，声闻于外，行人悲酸。

武帝之好色纵欲，实与他的提倡节俭克己完全相悖。他本人的这种气质，就决定了他在晋国始建之后渴望要有一番作为的心愿完全落空。刘颂曾上疏，说："今陛下每精事始，而略于考终。"（《晋书·刘颂传》）在制奢俗以返俭约上，他也是这样，有始无终。这除了上面说的他受制于错综复杂的政治势力格局、不得不作出让步之外，他自身的不正也是一个很重要的原因。事实上，他后来不惟不再倡俭约，且给奢侈的风气以推波助澜。《世说新语·汰侈》：

> 石崇与王恺争豪，并穷绮丽，以饰舆服。武帝，恺之甥也，每助恺。尝以一珊瑚树，高二尺许，赐恺，枝柯扶疏，世罕其比。恺以示崇。崇视讫，以铁如意击之，应手而碎。恺既惋惜，又以为疾己之宝，声色甚厉。崇曰："不足恨，今还卿。"乃命左右悉取珊瑚树，有三尺四尺，条干绝世，光彩溢目者六七枚，如恺许比甚众，恺惘然自失。

王恺是王肃的儿子，他的姊姊文明皇后是司马炎的母亲。《晋书·外戚传》说他"既世族国戚，性复豪侈，用赤石脂泥壁。石崇与恺将为鸩毒之事，司隶校尉傅祗劾之，有司皆论正重罪，诏特原之。由是众人金畏恺，故敢肆其意，所欲之事无所顾惮焉"。王恺

和石崇,是历史上甚为有名的极尽豪奢之能事的人物。《汰侈》篇说:

> 王君夫以粃糒澳釜,石季伦用蜡烛作炊。君夫作紫丝布步障碧绫里四十里,石崇作锦步障五十里以敌之。石以椒为泥,王以赤石脂泥壁。
>
> 石崇为客作豆粥,咄嗟便办。恒冬天得韭萍齑。又牛形状气力不胜王恺牛,而与恺出游,极晚发,争入洛城,崇牛数十步后,迅若飞禽,恺牛绝走不能及。每以此三事为扼腕。乃密货崇帐下都督及御车人,问所以。都督曰:"豆至难煮,唯豫作熟末;客至,作白粥以投之。韭萍齑是捣韭根,杂以麦苗耳。"复问驭人牛所以驶。驭人云:"牛本不迟,由将车人不及制之尔。急时听偏辕,则驶矣。"恺悉从之,遂争长。石崇后闻,皆杀告者。

石崇是石苞的儿子,苞虽出身寒门而为司马昭所重用,在讽魏禅晋中有功,已跻身于司马氏的豪族集团中。《晋书·石崇传》谓:"武帝以崇功臣子,有干局,深器重之。"正因为有这种身份,所以他敢于与王恺斗富。崇传又谓其"财产丰积,室宇宏丽。后房百数,皆曳纨绣,珥金翠。丝竹尽当时之选,庖膳穷水陆之珍"。在他与王恺斗富中,武帝帮助王恺这件事,意义在于它无疑煽起奢靡之风。这件事意味着,他已经首肯臣下们的这种极其放纵、穷极奢侈的生活,倡俭约以制奢侈的打算完全放弃了。王恺与石崇斗富也说明,在朝士心中,丝毫也没有了武帝倡俭约的诏令的影响。武帝曾经郑重提到的焚雉头裘以杜绝奇技异服的举动,在朝士的心中,仿佛从未曾有过。在他们看来,竞为豪奢是一种荣誉,连皇帝都参预了。而且事实上，武帝不惟参预了，而且在竞豪奢上还时不时产生自己落伍了的感觉。《世说新语·汰侈》说：

> 武帝尝降王武子家，武子供馔，并用琉璃器。婢子百余人，皆绫罗绮褥，以手擘饮食。蒸豚肥美，异于常味。帝怪而问之，答曰："以人乳饮豚。"帝甚不平，食未毕，便去。王、石所未知作。

王武子是王济，又一位穷奢极欲的人物。他尚常山公主，是驸马，以贵戚之尊，又为巨富，故挥霍无所忌惮。《晋书》本传说："时洛京地甚贵，济买地为马埒，编钱满之。时人谓为'金沟'。"他是名士群体中人，但已进入司马氏的权力中心，且已与司马氏联姻，故甚得司马炎的眷爱。本传记他当面讥刺武帝的事：

> 帝尝谓和峤曰："我将骂济而后官爵之，何如？"峤曰："济俊爽，恐不可屈。"帝因召济，切让之，既而曰："知愧不？"济答曰："尺布斗粟之谣，常为陛下耻之。他人能令亲疏，臣不能使亲亲，以此愧陛下耳。"帝默然。

引"尺布斗粟"之谣，是直指武帝不能容他弟弟齐王攸的事①。这正是武帝的一块心病，当时王济曾因攸的事被降官，事隔多年之后，他还敢于当面把这件事又提出来，而且提出来之后，武帝"默

---

① 《世说新语·方正》刘注引《晋诸公赞》："齐王当出藩，而王济谏请无数，又累遣常山主与(甄德)妇长广公主共入稽颡，陈乞留之。世祖甚惠，谓王戎曰：'我兄弟至亲，今出齐王，自朕家计，而甄德、王济连遣妇人来，生哭人邪？济等尚尔，况余者乎？'济自此被责，左迁国子祭酒。"

然"。非有极密切的关系,是不可能做到这一点的。

用人乳喂猪而使其肉肥美,这种做法在晋载籍中仅此一例①。连给驾牛的蹄角加以磨饰的王恺和在厕所列丽服藻饰之侍婢十数的石崇都想不出来,无怪武帝听后感到不平,终于吃不下去。这"甚不平"的心态是很有意思的,贵为帝王,居然在臣下面前感到寒碜了。我们如果把他的这种心态与他屡下诏令倡俭约时的心态相比,就会感到判若天地。依他焚雉头裘时的心态,这人乳喂猪,无疑也属于奇技异服一类,应在禁止之列,是理应当时便加怒斥甚至责罚的,然而他的反应只是"甚不平",只是食未毕而离去。他的这种心态,显然是参加到竞为奢侈的风气中来了。

朝廷上下的奢侈之风,有晋一代是日甚一日的,成了不可遏止之势。《晋书·五行志》说,何劭的奢侈过其父,王恺又超过何劭,而石崇之侈,又兼王、何,而俪人主。羊琇、贾谧、贾模都是有名的竞为豪奢的人物。奢侈之风,演成有晋一代士风之重要标志。

四

与奢靡有关的一点是结党与士无特操。

西晋始建之际,朝廷基本上是两派势力。前引《晋书·任恺传》提到贾充、杨珧、王恂、华廙为一党,庾纯、张华、温颙、向秀、和峤、任恺为一党。其实,其时朋党所涉及的人数还更多些。

大体说来,亲司马氏一派,还包括在司马氏夺取政权中与有

---

①或因此事特异,唐人修《晋书》疑之,改"以人乳饮豚"为"以人乳蒸之"。此一改动,大失实。盖若以人乳蒸豚,事殊平常,武帝当不至因骇怪而不平。唐人何所据而改之,未见明证,殆以意为之乎!

力焉的何曾、王沈、裴秀、羊琇、荀颢、傅玄、荀勖、冯紞等人,其中尤以贾充、裴秀、王沈最重要。时人曾为之谣曰:"贾、裴、王,乱纪纲;王、裴、贾,济天下。"意谓亡魏者此三人,成晋者亦此三人也。王沈与贾充,都是弑高贵乡公、为司马炎登基扫清最后一个障碍的功臣,不惟参预劝进,且先在司马炎嗣王位这事上有功,其为司马氏之心腹,固不待言。裴秀原是名士,《世说新语·赏誉》引"谚"曰"后进领袖有裴秀",刘注引虞预《晋书》:"秀有风操,八岁能著文。叔父徽,有声名。秀年十余岁,有宾客诣徽,出则过秀。时人为之语曰:后进领袖有裴秀。"裴秀死于泰始七年(271 年),年四十八,则其十余岁,当在魏明帝景初至曹芳正始初之间,大概也在此后不久,毌丘俭荐之于曹爽,说他"生而岐嶷,长蹈自然,玄静守真,性入道奥"(《晋书·裴秀传》)。曹爽辟他为掾,年二十五,迁黄门侍郎(虞预《晋书》)。年二十五,也就是在正始九年(248 年),即曹爽被司马氏剪除之前一年。这就是说,前此裴秀是名士群体中人,且亲近曹魏。他何时、何种原因投向司马氏,史无明文。《晋书》本传说爽诛,秀以旧吏免官,但不久便被任为廷尉。他之受到司马昭的信任,可能从参预讨诸葛诞开始;而成为司马炎的心腹,则可能是在昭立世子这件事上。昭要立次子攸为世子,而秀事先受到了炎的拉拢,归心于炎,在昭面前说:"中抚军(炎)人望既茂,天表如此,固非人臣之相也。"昭于是立炎为世子。这是炎得以登极的最为关键的一件事,他无疑是感念秀的功劳的。而秀也因此而成为炎的心腹。他在此后的行为中,再没有原来名士的趣味。

羊琇是景献羊皇后的从父弟,本传说他"少与武帝通门,甚相亲狎,每接筵同席……初,帝未立为太子,而声论不及弟攸。文帝素意重攸,恒有代宗之议。琇密为武帝画策,甚有匡救。又观察文帝为政损益,揆度应所顾问之事,皆令武帝默而识之。其后文帝与武帝论当世之务及人间可否,武帝答无不允,由是储位遂定”。他也是武帝得以嗣位的重要谋士,他之成为武帝心腹,除了他是外戚之外,主要也是因为这一点。由于琇性豪侈纵恣,又在齐王攸出藩问题上切谏忤旨,他后来是被武帝疏远了的,但是在那以前,他一直典禁兵、豫机密,完全地忠于武帝。

荀颙与司马氏姻通(颙之侄荀霬妻司马师之妹。事见《三国志·魏书·荀彧传》)。他之亲近司马氏一党,远在正始时期。《晋书》本传谓:“时曹爽专权,何晏等欲害太常傅嘏,颙营救得免。”傅嘏是和司马氏一起反对曹爽新政的有力者,他参预司马师平定毌丘俭的起兵。在那次战争中,司马师病死军中,傅嘏与司马昭率军径还洛阳,司马昭遂得以辅政①。从这一点我们可以看到,颙靠近司马氏一党的情形。咸熙元年(264年),司马昭进爵为王,颙便进一步靠近司马氏。习凿齿《汉晋春秋》载颙阿承晋王的事:

> 晋公既进爵为王,太尉王祥、司徒何曾、司空荀颙并诣王。颙曰:“相王尊重,何侯与一朝之臣皆已尽敬,今日便当相率而拜,无所疑也。”祥曰:“相国位势诚为尊贵,然要是魏之宰相,吾等魏之三公,公王相去一阶而已,班列大同。安有天子三公可辄拜人者?损魏朝之望,亏晋王之德。君子爱人

---

① 《三国志·魏书·傅嘏传》裴注引《世语》云:“景王疾甚,以朝政授傅嘏,嘏不敢受。及薨,嘏秘不发丧,以景王命召文王于许昌,领公军焉。”裴注又引孙盛评云:“晋宣、景、文王之相魏也,权重相承,王业基矣。岂蕞尔傅嘏所宜间厕?《世语》所云,斯不然矣。”孙盛说是,然傅嘏受到重任,却仍为事实。

以礼,吾不为也。"及入,颛遂拜,而祥独长揖。

由是可见,晋国始建之前,颛已经自觉与司马氏站在一起了。

但是,最为重要的,使司马昭确信颛可为心腹,是高贵乡公初即位而颛即向昭进谋议的行为。《晋书》本传谓:"及高贵乡公立,颛言于景帝曰:'今上践阼,权道非常,宜速遣使宣德四方,且察外志。'毌丘俭、文钦果不服,举兵反。颛预讨俭等有功,进爵万岁亭侯。"高贵乡公曹髦是一位立志有所作为的少主,颛看出来这一点,为昭谋虑防范,这无疑使昭感到亲近。他以后的行为说明,他之忠于司马氏是无可怀疑的。后来武帝即位,在进颛为司徒的诏书里说:"侍中、司空颛,明允笃诚,思心通远,翼亮先皇,遂辅朕躬,实有佐命弼导之勋。"

至此我们可以看出,司马氏的腹心,从何曾、王沈、裴秀、贾充,到羊琇、荀颛,他们结成一体的共同一点,便是在帮助司马氏夺取政权的过程中都发挥过重要作用。他们都是晋室始建的功臣。而另一势力的主要人物,则属于名士群体而由于各种原因入仕晋室的人物。他们大都有甚高的声望。例如和峤、裴楷、山涛,泰始间并称一时盛德。关于山涛,我们在上一章已论及,他虽属于竹林七贤之一,但入晋以后实受到司马氏的极端的信任,事实上已不属于名士群体的这一派;和峤和裴楷,则确可作为这一派的主要代表。

峤为夏侯玄之甥,立身行事,以夏侯玄为楷模。《三国志·魏书·和洽传》裴注引《晋诸公赞》:

> (峤)常慕其舅夏侯玄之为人,厚自封植,巍然不群。

和峤在其时甚被崇重，潘岳在《闲居赋序》里，就以曾被和峤评论过而引以为荣①。和峤名望之崇重，直至东晋而不衰。《晋书·王舒传》说王导劝舒之子允之就义兴太守时说："和长舆海内名士，不免作中书令。"盖其时允之以父丧而辞义兴太守，导以峤为例，谓名士如峤者，父丧犹作中书令，允之也不应因父丧而辞义兴太守，导之言语，足兹说明峤之行事仍为东晋人之风范②。

与和峤同样有着名士声望的裴楷，是裴秀的从弟，说来也是很有意思的事，裴秀之父裴潜，子裴頠，都是崇尚实有的名士；而裴楷之父裴徽，子绰、从子遐，却都是善谈玄虚的名士。徽为潜之弟，两门之差别如是，此中似颇有可研究者。楷年少时已有声望，《晋书》本传谓其"明悟有识量，弱冠知名，尤精《老》、《易》，少与王戎齐名"。他与和峤一样，都是王浑的女婿。王浑曾经称他性不竞于物，安于恬退。他之受到司马昭的重视，据说是钟会在司马昭面前对他有高的评论，会说："裴楷清通，王戎简要。"(《世说新语·德行》注引《晋诸公赞》)他有知人鉴识，在他对人的评论中，可看出来他对夏侯玄的崇敬。《世说新语·赏誉》说："裴令公目夏侯太初，肃肃如入廊庙中，不修敬而人自敬。"他受到了普遍的赞赏。他之在朝，显然是作为名士的代表人物而受到器重，并非作为司马氏政权的心腹而受到重用的。

任恺和庾纯，都以刚直立朝而知名，史称纯"博学有才义，为世儒宗"(《晋书》本传)。而纯之行事，于世人眼中，似更具名士风采。《晋书·桓彝传》附《石秀传》：

①《闲居赋序》："昔通人和长舆之论余也，固曰：'拙于用多。'称多者，吾岂敢；言拙，则信而有征。方今俊乂在官，百工惟时，拙者可以绝意乎宠荣之事矣。"
②《晋书·王戎传》有关于和峤遭父丧的记载。

> 石秀,幼有令名,风韵秀彻,博涉群书,尤善《老》、《庄》。
> 常独处一室,简于应接,时人方之庾纯。

石秀为东晋名士,性放旷,常弋钓林泽,不以荣爵为心。东晋人拿他比方庾纯,除了他博涉群书这一点与庾纯相同外,似还指其品格与纯有相似处。可见,在东晋人眼中,纯实为一名士之形象。

当然,作为名士的代表人物,最重要的是张华。华少孤贫,曾自牧羊,然好学博识,曾受到阮籍的赞赏,因之而获誉。他是由郡守的荐举而为司马昭所用的,与曹魏或司马氏集团均无关系。他之获致盛名,与受到晋室的器重,乃因其学识。《晋书》本传谓其:"强记默识,四海之内,若指诸掌。武帝尝问汉宫室制度及建章千门万户,华应对如流,听者忘倦,画地成图,左右属目。帝甚异之,时人比之子产。"又谓:"华名重一世,众所推服,晋史及仪礼宪章并属于华,多所损益,当时诏诰皆所草定,声誉益盛,有台辅之望焉。"又称:"华性好人物,诱进不倦,至于穷贱候门之士有一介之善者,便咨嗟称咏,为之延誉。雅爱书籍,身死之日,家无余财,惟有文史溢于机箧。尝徙居,载书三十乘。秘书监挚虞撰定官书,皆资华之本以取正焉。天下奇秘,世所希有者,悉在华所。由是博物洽闻,世无与比。"显然,张华是以著名学者的身份立身于朝的。南渡之后,荀崧上疏,还提到这一点。崧谓:

> 世祖武皇帝应运登禅,崇儒兴学……九州之中,师徒相
> 传,学士如林,犹选张华、刘寔居太常之官,以重儒教。(《晋
> 书·荀崧传》)

但是在张华的著作里,我们却可以看到,他其实受到老、庄思想的

深刻影响,他的思想倾向,有许多与当时的玄学名士是相同的。《归田赋》说:

> 用天道以取资,行药物以为娱。时逍遥于洛滨,聊相伴
> 以纵意。目白沙与积砾,玩众卉之同异;扬素波以濯足,溯清
> 澜以荡思;低徊住留,栖迟莛蔼,存神忽微,游精域外;藉纤草
> 以为茵,援垂阴以为盖;瞻高鸟之陵风,临鲦鱼于清濑;眇万
> 物而远观,修自然之通会,以退足于一壑,故处否而忘泰。
> (《艺文类聚》卷三十六)

这赋里说他是服药的,而且娱心于自然。《鹪鹩赋》则全用庄子思想以认识人生,《序》说,鹪鹩色浅体陋,不为人用,故物莫之害;而鹜鹗鹍鸿,孔雀翡翠,有用于人,故皆负赠婴缴。《赋》说:鹪鹩"委命顺理,与物无患。伊兹禽之无知,何处身之似智,不怀宝以贾害,不饰表以招累。静守约而不矜,动因循以简易。任自然以为资,无诱慕于世伪"(《文选》卷十三)。在《赠挚仲洽诗》里,也表现了老、庄思想:

> 君子有逸志,栖迟于一丘。仰荫高林茂,俯临渌水流。
> 恬淡养玄虚,沉精研圣猷。(《全晋诗》卷三)

在《励志诗》中,也表现出对于返归自然、无所雕饰的向往:"虽有淑姿,放心纵逸。出盘于游,居多暇日。如彼梓材,弗勤丹漆。虽劳朴研,终负素质。""安心恬荡,栖志浮云。体之以质,彪之以文。"(《全晋诗》卷三)他常常表现出对于职事烦冗的厌倦心理,而向往于不受约束,"乘马佚于野,泽雉苦于樊。役心以婴物,岂

云我自然"（《全晋诗》卷三）。《庄子·大宗师》托子舆之口说："浸假而化予之尻以为轮，以神为马，予因以乘之，岂更驾哉？且夫得者时也，失者顺也，安时而处顺，哀乐不能入也。此古之所谓县解也。"庄子想用这个故事，来说明万物一体，死生一贯。张华暗用这个典故，来表述自己返归自然，泯心于自然的愿望；用"泽雉"典，意亦同此。从心态上看，张华与和峤、裴楷诸人有相似处。

和峤、裴楷、张华、庾纯、任恺等人的共同特点，是以自身的声望为世所重，立身也较为清正。

比较晋国始建之初这两大势力，我们就会发现，何曾、王沈、裴秀、贾充一系，他们的势力主要来源于司马氏的信任，他们都是晋逼魏禅的功臣，是司马氏的心腹；而和峤、裴楷、张华、庾纯、任恺一系，他们的势力则主要来自于名士群体，他们代表着相当一部分士人的愿望与意向。这部分士人，对于司马氏的禅代存有腹非，虽入仕晋室，而仍心存芥蒂。但是更主要的，是这部分士人鄙薄王沈、贾充辈的行为。他们视自身为高洁清正，而视王沈、贾充辈为奸诈污浊。他们与贾充辈的矛盾，主要的便在这一点上。从现存史料看，并未发现他们有反对司马氏的行为。有学者以为，晋建国之后，朝廷中存有一个代表曹魏利益的势力①。这是不确的。名士群体的代表人物虽对司马氏的禅代心存芥蒂，但他们并不在反对司马氏。好像是一种既成局面使他们不得不面对现实。而且，他们其实也并不是一个紧密的团体，并无政治上的利益一致性。他们的亲近，主要是立身之道相近，与其说是政治上的一致性使他们形成朋党，毋宁说是道德上的一致性使他们形成朋党。这一点是很重要的。这一点决定了晋国始建之后朝廷上的

---

① 徐高阮《山涛论》，《"中研院"历史语言研究所集刊》第四十一本第一分。

政争并非根源于曹魏与司马氏两派的利益,而是既成局面中名士群体与司马氏心腹的矛盾。为了巩固政权,司马炎无疑要依靠他的心腹;而为了得到士人的普遍支持,使这个政权获得道义上的力量,他又不得不依靠名士群体。这就是我们在前面提到的他不得不采用平衡手段的最主要的原因。如果名士群体代表的是曹魏势力,是在向司马氏夺取政权,那么司马氏就不是采取平衡,而是采取反对态度的问题了。

两派势力在武帝时期有几次大的较量。泰始七年秋七月,武帝问裴楷:"朕应天顺时,海内更始,天下风声,何得何失?"炎的意思,是想从裴楷了解名士们对于朝政得失的看法,不料楷的回答大出意外,他竟把目标完全对着贾充:

> 陛下受命,四海承风,所以未比德于尧舜者,但以贾充之徒尚在朝耳。方宜引天下贤人,与弘正道,不宜示人以私。(《晋书·裴楷传》)

楷的回答有两点值得注意,一是他把朝廷的过失归之于"贾充之徒",不仅是贾充一人,而是贾充一帮;另一是他把炎对于"贾充之徒"的信任说成是"示人以私"。示人以"私"指什么? 充女为武帝之弟齐王司马攸之妃,"私"或指此一点姻亲关系而言。然既言"之徒",则所谓"私"者,当也指贾充一帮在武帝继位与晋逼魏禅中作为武帝心腹而言。此两点可注意,说明楷的回答是对着武帝心腹的贾充一党来的,明确要求他们离开朝廷。而楷的回答又很快得到庾纯和任恺的协助。纯的说辞不得而知,恺的说辞则见于《晋书·任恺传》:

会秦、雍寇扰，天子以为忧。恺因曰："秦、凉覆败，关右骚扰，此诚国家之所深虑。宜速镇抚，使人心有庇。自非威望重臣有计略者，无以康西土也。"帝曰："谁可任者？"恺曰："贾充其人也。"中书令庾纯亦言之，于是诏充西镇长安。

恺的说辞是很巧妙的，他利用了上一年夏天和这一年四月出现的秦、雍形势和武帝的忧虑心理，以荐贤的名义行排充的目的。楷与纯、恺配合如此密切，是否事先谋划，无确凿证据。然《晋书·任恺传》谓在此之前"恺恶贾充之为人也，不欲令久执朝政，每裁抑焉。充病之，不知所为"，恺利用了泰始初武帝对他的信任。泰始初何曾、郑冲、王祥等以老疾归第，恺其时为侍中，受武帝之委派，就此数人家中以咨询当世大政。他之裁抑贾充，大概就是借这样接近武帝的机会。而充亦承间排挤恺。他所用的办法与恺一样，都是以荐贤的名义行排挤之实。他对武帝说，恺忠贞局正，宜在东宫，使护太子。但是充的目的没有达到，恺被任命为太子少傅，却仍然保存着侍中的职位①。双方这样多次的小动作，都没有达到目的，自然也便酝酿着更大的动作。从种种迹象看，事先似有谋划。《晋书·贾充传》说庾纯与任恺之疾贾充也，又以充女为齐王妃，惧其权势日益隆盛，故思有以抑之。是则对于充之种种行为，固已有认真之分析判断。而从裴楷的回答看，这个大动作亦应理解为事先得到了协调。盖楷之回答属随机性质。武帝之发问为政之得失，范围极广，且冀望回答者为对于朝政得失之评价。此类问题是否提出，何时提出？楷事先当然并未想到。而

---

①《晋书·职官志》："太子太傅、少傅，皆古官也。泰始三年，武帝始建官，各置一人。……时侍中任恺，武帝所亲敬，复使领之。"

在并未想到的情况下，回答竟是直指贾充。设若事先没有协调，没有做准备，则此种随机性回答似不可能。只有在事先酝酿，准备一旦时机到来便发难的情况下，才会有如此自然之应变。且庾纯与任恺，得以迅速配合。楷的回答是第一层次，意在造成这样一种印象：朝廷之过失，罪在贾充。使武帝从感情上疏远贾充，而并未明确提出对充的处理办法。任恺的建议是第二层次，意在乘武帝心理上有所准备之后，巧妙地提出安排贾充离开朝廷。从表面上看，楷与恺的回答似无联系，而实为一个计划之巧妙展开。武帝不知是由于感情上确已疏远充，还是由于并未觉察其中用意，终于同意恺的建议，任命充都督秦、凉二州诸军事。这显然是朝中名士们的一个不小的胜利。这个胜利在当时似乎有过一个短暂的大欢喜的局面，《晋书·贾充传》说："朝之贤良欲进忠规献替者，皆幸充此举，望隆惟新之化。"这一处理对于贾充一党来说，似出意外，大有惘然失措之感。充本传谓充"自以为失职，深衔任恺，计无所从"。但是这事并没有结束，充准备了一次更为有力的反击。在朝臣们于夕阳亭为他送行时，荀勖为他出了一个极为高明极为大胆而且又是极为卑劣的主意，说只有将女儿嫁给太子，才有可能避免秦、凉之行。读史者都知道荀勖是一位品格极恶劣的小人，只有他能想出如此龌龊的主意。由于他的人品低劣，所以和峤曾经以与他同车为耻。他给贾充出了这样一个主意之后，又主动表示愿意出面去说这桩婚事。充本传谓：

> 俄而侍宴，论太子婚姻事，勖因言充女才质令淑，宜配储宫。而杨皇后及荀颉亦并称之。帝纳其言。

事实上此事也经过了一番周密布置，荀勖先说冯紞，而充妻郭槐

则贿赂杨皇后左右,使杨皇后说帝纳充女,形成一种多方面劝说武帝的局面。勖说统云:

> 贾公远放,吾等失势。太子婚尚未定,若使充女得为妃,则不留而自停矣。(《晋书·荀勖传》)

从勖之说辞,可看出来贾充的外任对其党羽震动之大,彼等倾全力以使充得以继续留在朝廷之内,乃一极自然之趋势。而欲达此目的,则唯一之可能,在使充联姻于天子家。

武帝本欲为太子娶卫瓘女,而杨皇后纳贾、郭亲党之说,劝帝为太子娶贾充女。《晋书·惠贾皇后传》云:

> 帝云:"卫公女有五可,贾公女有五不可。卫家种贤而多子,美而长白;贾家种妒而少子,丑而短黑。"元后固请,荀颉、荀勖并称充女之贤,乃定婚。

《晋书·荀勖传》云:

> 勖与统伺帝间并称充女才色绝世,若纳东宫,必能辅佐君子,有《关雎》后妃之德。

这是一件很奇怪的事,武帝既已知充女妒而且丑,何以勖、统等说充女绝美而且贤(《晋书·荀颉传》也说,颉上言贾充女姿德淑茂),而武帝便即认可。这其实是绝不可能的事,所谓"五不可",显然事先已认真了解过,有其事实之依据,绝非他人再加说辞所能改变。之所以又认可,当是另有原因。盖贾充之外任,已触动充党之根本利益,若不给予一定抚慰,则晋室所赖以建立的最基本的支撑力量势将减弱。充本传又谓羊祜曾密启留充。羊祜为当时朝廷中甚有影响之重臣,彼密启留充,原因何在,不得而详。按祜非充党,其所言行,用意当有异于勖、颙、统辈,非为党充而留充。其中或有一种讯息:充之外任,于充党触动至大,若不有所改变,于朝政之稳定不利。凡此种种,都可以说明,炎的认可,实是一种让步,一种抚慰,一种不得已而为之的行动。

结果果如荀勖之所预料,太子定婚之后,贾充秦、凉之行遂寝。充本传谓:"会京师大雪,平地二尺,军不得发。既而皇储当婚,遂不西行。诏充居本职。"至此,恺与充两派势力又维持了一次均衡,又得到了一次暂时的稳定。

这一事件的发展,使人想起了我们在上一节中提到的关于弑高贵乡公前前后后的处理,那是从另一个角度搞的政治平衡。那件事的最后一次爆发,即庾纯责问贾充"高贵乡公何在"那一次,是发生在这里说的任恺等人与贾充辈围绕贾充外任问题展开斗争之后一年。可见,司马炎在晋国始建之后在政治上搞平衡是一贯的手腕。而这种政治平衡术,在后果上必然带来的问题,是只能求得暂时的稳定,而矛盾始终存在。司马炎是知道这一点的。《晋书·任恺传》谓:

> 帝知之,召充、恺宴于式乾殿,而谓充等曰:"朝廷宜一,大臣当和。"充、恺各拜谢而罢。既而充、恺等以帝已知之而不责,结怨愈深,外相崇重,内甚不平。

双方既已看到"帝已知之而不责",此后便又是一系列的浸润离间,互相排挤,围绕太子嗣位、伐吴、齐王攸的出藩等问题,展开争斗,而炎则在双方的争斗中依旧运用平衡的手腕。最典型的事例莫过于伐吴之役。伐吴之役,贾充极力阻挠,直至上表请斩促成此役的张华以谢天下。吴平,理应论充之罪,炎不惟不问,且同予奖赏。张华以功增邑万户,而充亦增邑八千户。在一个关系国之大局的事件中,是非双方都予以褒赏,这在历史上也是很少有的。炎在两种势力中求得平衡的用心,终其在位二十五年间,从未改变。

从司马炎的角度看,他之所以在晋初的朋党之争中采取平衡策略,实有不得不如此之因由。从感情说,他亲近的无疑是贾充一派,他们是他的亲信,是他立国的功臣;但是他也知道他们品格低下,为朝野所鄙薄。他需要名士群体的声望,需要他们的支持。他既不能抛开他的心腹之臣,又不能失去他的朝廷的声望所在,在这两难的境地中,唯一可供选择的出路,便只有这平衡。

这平衡掩饰着有晋立国之不义,虽获得一时之稳定,而亦导向了邪正不分,善恶一视。干宝《晋纪总论》云:

> 二祖逼禅代之期,不暇待"三分""八百"之会也。是其创基立本,异于先代者也。又加之以朝寡纯德之士,乡乏不二之老,风俗淫僻,耻尚失所。……国之将亡,本必先颠,其此之谓乎!

干宝的论述是深刻的,立国者既非由于行德政而获天下;立国之后又耻尚失所,求其不败,其可致乎?

不过,我们考察晋国初期政争之此种局面,意并不在论其为政之得失,而在认识此种局面对于士人心态之影响。政局这种耻尚失所,政失准的的局面,对于士人的影响,是失去士人心中用以行事立身的凝聚力。名士群体在入晋之后，实有一种甚为复杂之心理。杀何晏一役，天下名士去其半；杀嵇康而向秀失图，名士群体在思想上受到甚大之震动与压力，固无疑义。他们之立朝，在感情上与谄媚求荣之司马氏心腹有一种对立，是很自然的事。他们以刚直正洁自恃，从这一角度出发，行事往往有益于朝政，如伐吴，太子婚娶、嗣位，齐王攸出藩等问题，他们的立场都是正确的，事实上都于晋室有益。但是他们的行为得不到支持，他们中的一些人并且因此而被疏远。这无异于是对他们赖以立身的基本准则的否定。他们原本是以刚直正洁自恃而仕晋的，此一点既失去其价值，则凝聚力随之亦消失。要说晋初的政争对于名士群体的最重要的心理影响的话，应该说那便是朝廷中邪正不分，便是维持刚正的信心的消失。这正是干宝所说的政失其本的重要内容，也正是以后一系列祸乱的思想基础。

如果说晋初的朋党之争主要是在名士群体与司马氏心腹之间进行的话，那么后来的发展，这个界限便消失了。接着而来的惠帝一朝的政争，便完全陷入私利之中，根本没有邪正可言。干宝《晋纪总论》有一段非常精彩的论述：

> 民不见德，唯乱是闻，朝为伊、周，夕为桀、跖，善恶陷于成败，毁誉胁于势利。于是轻薄干纪之士，役奸智以投之，如夜虫之赴火。内外混淆，庶官失才，名实反错，天纲解纽。

这样的政治环境，对于士人的价值取向有决定的意义，士无特操，成了一种普遍现象。贾谧擅权与八王之乱中，士之归附去就，多视私利而定，全无名节可言，"役奸智以投之，如夜虫之赴火"，是非了不在念中。即使原先以正直自许，系念朝廷安危的士人，卷入奸诈政争之中，亦往往行权宜之计，不问是非曲直。张华原与贾氏一党不合，我们前面提到伐吴之役贾充请斩张华以谢天下的事，贾充一派荀勖、冯紞等也屡欲害华。贾后乱朝，贾谧擅权，华亦知其祸国，而仍为谋划，此中因由，乍看似有甚不可解者。《晋书·裴颜传》谓：

> 颜深虑贾后乱政，与司空张华、侍中贾模议废之而立谢淑妃。华、模皆曰："帝自无废黜之意，若吾等专行之，上心不以为是。且诸王方刚，朋党异议，恐祸如发机，身死国危，无益社稷。"颜曰："诚如公虑。但昏虐之人，无所忌惮，乱可立待，将如之何？"华曰："卿二人犹且见信，然勤为左右陈祸福之戒，冀无大悖。幸天下尚安，庶可优游卒岁。"此谋遂寝。

贾后之谋废太子，华知其谋（《晋书·张华传》记刘卞与华言及此事时华之答词，显系知之而有意回避），而亦未能有所救护。而更重要的一点，是贾后以阴谋借楚王司马玮之手杀汝南王司马亮与太保卫瓘，此事本罪在贾后，而华竟为贾后出谋以杀楚王玮。王鸣盛论张华，谓："张华作《鹪鹩赋》，见本传。绎其词，有知足知止之义，乃周旋邪枉之朝，委蛇危疑之地，以杀其身，可谓能言不能行矣。"（《十七史商榷》卷四十八）

其实，张华还是比较好的。王鸣盛又提到潘岳等人，谓：

> 潘岳、石崇附贾谧，望尘而拜，不待言矣。而刘琨、陆机亦皆附谧，在二十四友之数。赵王伦之篡，乐广素号玄虚，乃奉玺绶劝进，而琨则为伦所信用，晋少贞臣如此！（《十七史商榷》卷四十九）

望尘而拜,只见其卑琐谄媚,二十四友中有比此更为不足言者。刘琨之兄刘舆,《晋书·王尼传》谓其与王澄、胡毋辅之诸人共诣护军门,与王尼炙羊饮酒事。可知其在当时已被目为名士,而其奸猾卑劣,则实在令读史者咋舌。舆之妹嫁赵王伦子荂,舆又与伦之另一子虔相亲爱,故舆附赵王伦。虽曾为伦之权臣孙秀所排挤,而于齐王冏、河间王颙、成都王颖起兵攻伦时,受孙秀之命,劝虔出兵以拒三王。孙秀实八王之乱最早的阴谋者,狡黠邪佞为朝野所共知,而舆虽为其所挤又为其所用,其无特操若是! 不惟如此,伦败之后,他依附于东海王司马越与范阳王司马虓,为越、虓之谋士,诬陷近臣,无所不至。河间王颙檄刘乔讨范阳王虓,矫诏曰:

> 舆兄弟昔因赵王婚亲,擅弄权势,凶狡无道,久应诛夷,以遇赦令,得全首领。小人不忌,为恶日滋……今遣右将军张方为大都督……率步骑十万,同会许昌,以除舆兄弟。(《晋书·刘舆传》)

这诏书对于刘舆的描述,并无夸大之处,他实在是一位邪鄙小人。他与潘滔合谋诬陷何绥,以使东海王越杀绥(事在《晋书·何曾传》)。他矫诏杀害成都王颖,手段是很残忍的。他狡诈多端,在司马越幕下设阴谋欲害庾敳。《晋书·庾敳传》记此事,谓:

> 时刘舆见任于越,人士多为所构,惟敳纵心事外,无迹可间。后以其性俭家富,说越令就换钱千万,冀其有吝,因此可乘。

由于庾敱的机智,舆的计谋没有实现。在刘舆的行动里,我们再也找不到正始名士的那种操守了。他可以依违四方,只要有利可图,是什么事都可以做的。二十四友中的牵秀,也是这样一位无行的人,他先依附于长沙王乂,后又投奔成都王颖,为冠军将军。颖派陆机统率大军二十万,攻打乂,秀在部中。在攻打乂时,兵败河桥,他便把责任完全推给了机。宦人孟玖,诬机兵败乃谋反所致,而秀亦证成机之罪,并且奉颖之命,把机斩了。而陆机这样一位才华卓著,在当时和后世都享誉甚高的士人,在操守上也没有一以贯之的态度。他入洛可以不论,那是形势使然,南北统一已是不可变易的现实,他是无法抗拒也不必抗拒的。事实上后代也没有把他入洛看作操守问题,相反,倒是把它看作一桩风流潇洒的故事。宋人苏轼,不无羡慕与自豪地把自己与弟弟入京比作二陆入洛:"当时共客长安,似二陆初来俱少年。有笔头千字,胸中万卷,致君尧舜,此事何难!"(《东坡乐府·沁园春》)机之不能坚持自己的操守,是在赵王伦篡位时参预劝进。虽然事实上他并未撰写九锡文与禅诏,被诬而终于得到辨白,但是他职在中书,参预其事却是难以推脱的。伦逼惠帝出居金墉城,机与和郁、王睿本来是跟随惠帝的,但到了金墉城下便返回了(《晋书·赵王伦传》)。他之依附于赵王伦,已然是事实。后来赵王伦败亡,他又依附于成都王颖,攻打长沙王乂。乂当时拥惠帝以据洛。机之依附于颖,实在也找不出道德上的理由,不过是一种利害关系的选择罢了。刘宋谢晦论潘、陆,谓:"安仁谄于权门,士衡邀竞无已,并不能保身,自求多福。"(《南史·谢晦传》)所论甚确。机在二十四友中是比较正派的一位,尚且如此!

还有一位很有名的名士,就是上引王鸣盛提到的乐广,乐广是以口谈玄虚、风流潇洒著称的。这点我们后面还将谈到。他是夏侯玄赏识过的人。《晋书》本传说:"王戎为荆州刺史,闻广为夏侯玄所赏,乃举为秀才。"裴楷、王衍皆极赏识广,自叹不如;卫瓘亦对其称道备至。但是赵王伦篡位,广奉玺绶劝进,此事见于《晋书·赵王伦传》:

> 伦从兵五千人,入自端门,登太极殿,满奋、崔随、乐广进玺绶于伦,乃僭即帝位,大赦,改元建始。

这件事影响甚大。乐广为中朝最著名之名士代表人物之一。直至南渡之后,士人亦每每称道之;然奉玺绶一事,亦成其污点,每被提及。《世说新语·品藻》记此事,谓:

> 谢公与时贤共赏说,遏、胡儿并在坐。公问李弘度曰:"卿家平阳,何如乐令?"于是李潸然流涕曰:"赵王篡逆,乐令亲授玺绶。亡伯雅正,耻处乱朝,遂至仰药,恐难以相比。此自显于事实,非私亲之言。"谢公语胡儿曰:"有识者果不异人意。"

平阳,指李重,曾为平阳太守,赵王伦为相国时,重为左司马,他看到伦将篡位,便有疾不治,遂以致卒(事见《世说新语·贤媛》与《晋诸公赞》)。弘度拿他与乐广比,谓广之不可取。

乐广是把自然与名教看作一体的。但是他之为伦篡位进玺绶,却显然与名教完全相悖。这些都说明,操守问题,即使是当时最著名的士人,也已经不在念中,盖整个政争邪正不分,而朝廷在对待政争上又失去准的,造成士人操守观念之解体所使然。

政失准的,导致士无特操,乃西晋后期士人心态之一普遍现象。

第二节 "士当身名俱泰":西晋士人心态之主要趋向

西晋的政局既造成了一个失却思想凝聚力的环境,它也便为士人的生活风范、理想人格、人生情趣带来了种种的影响。西晋是以名教立国的,然有晋一代,除了孝尚未泯灭外,名教的其他内容,差不多都已经名存实亡。上一节已谈到了朝廷在对待"忠"时的两难境地;又提到奢靡之风为有晋之痼疾;提到政失准的与士无特操,这些都是为名教所不容的,而在西晋,却是很普通很自然的事,并不受到谴责。《晋书·忠义传序》说:"晋自元康之后,政乱朝昏,祸难荐兴,艰虞孔炽,遂使奸凶放命,戎狄交侵,函夏沸腾,苍生涂炭,干戈日用,战争方兴。虽背恩忘义之徒不可胜载,而蹈节轻生之士无乏于时。"在《晋书·忠义传》里,八王之乱以前的人物一个也没有,其时朝廷于忠义一事,实未能坦然倡导,士亦依违两可。名士群体中虽有人对司马氏之弑君心存不满,时亦借机发泄,而终亦未见有蹈节赴义者。更重要的是其时没有一种提倡忠节的舆论环境。八王之乱至永嘉南渡之前,忠义传里记录了几位人物。嵇绍的行为,实在是一个很特殊也很费解的例子,忠而不孝,连司马光也颇有非议,于名教而言,实非典范。王育之入忠义传,又是一不可理解之实例。育为成都王颖振武将军,请兵破刘元海,而为刘元海所拘。元海僭即汉王位,育为侍中,替元海多所谋议,后竟至太傅(事见《晋书·刘元海传》)。王育之入忠义传,仅因其初入仕时,为京兆太守杜宣所赏识,而杜宣曾受辱于小吏，育执刀将杀小吏，谓："君辱臣死，自昔而然。"以此一点，而不论其晚节不忠，列之忠义传，亦足见其时忠义实已荡然，史臣立传无可选择之境况。了解了这一点，我们在后面将要谈及的玄学新义中主自然与名教统一的真实的内容，就较易理解了。

政权既失去思想的凝聚力，名教在士人生活中的地位亦名存实亡，士之出处去就，便纯然以自我之得失为中心。从西晋士人的普遍心态看，他们的注意力转向家族的兴衰，转向自身的利益，转向利禄名位之争夺，而置国家于不顾。干宝《晋纪总论》论此甚为精彩：

> 学者以庄老为宗而黜六经，谈者以虚薄为辩而贱名检，行身者以放浊为通而狭节信，进仕者以苟得为贵而鄙居正，当官者以望空为高而笑勤恪。是以目三公以萧杌之称，标上议以虚谈之名。刘颂屡言治道，傅咸每纠邪正，皆谓之俗吏。其倚仗虚旷，依阿无心者，皆名重海内。若夫文王日昃不暇食，仲山甫夙夜匪懈，盖共嗤点以为灰尘，而相诟病矣。由是毁誉乱于善恶之实，情愿奔于货欲之涂。选者为人择官，官者为身择利。而秉钧当轴之士，身兼官以十数。大极其尊，小录其要，机事之失，十恒八九。而世族贵戚之子弟，陵迈超越，不拘资次。悠悠风尘，皆奔竞之士，列官千百，无让贤之举。……礼法刑政，于此大坏，如室斯构，而去其凿契；如水斯积，而决其堤防；如火斯畜，而离其薪燎也。

干宝对其时之情形，作了整体审视，而其着眼点，则在于指出名教大坏于其时。"悠悠风尘，皆奔竞之士"，可看作此时士人风貌之极生动之写照。他们的心态的主要倾向，可以用石崇的话来作代表。《晋书·石崇传》谓：

> 尝与王敦入太学，见颜回、原宪之象，顾而叹曰："若与之同升孔堂，去人何必有间。"敦曰："不知余人云何，子贡去卿差近。"崇正色曰："士当身名俱泰，何至瓮牖哉！"

此条材料似来自《世说新语·汰侈》，《世说》谓其"入学戏"，则似为少年时之事。"身名俱泰"，实为此时士人人生追求之一总目标，在此总目标之下，有种种之表现。求名、求利、保身、放荡以至追求飘逸情趣等等，都可以从这"身名俱泰"的人生理想中得到合理的解释。

一

此时士人之一种重要心态，便是嗜利如命。

完全不加掩饰地醉心于钱财，表现出如此强烈的占有钱财的欲望，在中国士人的心态史上，西晋恐怕是历史上非常突出的一个时期。

最著名的守财奴，同时也是最著名的名士，如王戎、和峤、庾敳等人，这实在是非常不可思议的事。王戎是以受到阮籍的赏识而成名的。阮籍曾经给了王戎很高的评价，说他"清尚"。所谓"清尚"，也就是王隐《晋书》所说的"戎少清明晓悟"，谓其神情清朗，或者就是就其明亮的眼神而言的，《艺文类聚》卷十七引《竹林七贤论》，谓其"眸子洞彻"。《世说新语·容止》引裴楷的话，谓戎"眼烂烂如岩下电"。眼睛有神，因而显出神情清朗来。不惟神情清朗，而且聪明，史料中有不少关于他自小聪明过人的记载。王戎之预竹林之游，除以其"清尚"外，还以其有人伦鉴识，善言谈,且任率放达。《晋书》本传谓其"善发谈端,赏其会要"。东晋人王濛,拿他比谢尚,说是看到谢尚从容的神情,便使人想起王戎来。刘孝标给记述这句话的《世说新语·任诞》作注说:"戎性通任,尚类之。"可以说,戎是一个重感情的人。他性至孝,母死时,忧悲以至容貌毁悴。这一点与阮籍是一样的。戎也是一个放任自然的人,他曾经与阮籍一起从卖酒的邻女饮酒。在预"七贤"之游时,戎是颇具名士风神的。并且,他还曾因父丧而拒收亲故的赙赠,并因之而显名当时。《世说新语·德行》谓:"王戎父浑有令名,官至凉州刺史。浑薨,所历九郡义故,怀其德惠,相率致赙数百万,戎悉不受。"刘注引虞预《晋书》,谓"戎由是显名"。但是,他后来的行为却完全是一个唯财是念的人。《书钞》引臧荣绪《晋书》,谓其为荆州刺史时,就因为派下属为自己修园宅而被劾奏。戎为荆州刺史,在伐吴之前。平吴之后,他便因南郡太守的行贿而声名受到影响。南郡太守刘肇送给他细布五十匹,他虽然没有接受,但回书厚谢,因之为时人所讥议。此后,随着仕禄上升,戎便越来越嗜财如命。徐广《晋纪》载:

> 王戎殖财贿,家僮数百,计算金帛,有如不足,以此获讥于时。

戎的广治产业,是一种非常奇异的心理。石崇的广治产业,完全是为了今世的享受,纵欲奢靡;而戎的生活却甚是俭朴,史称其性至吝,不能自奉养。关于戎的吝啬的记载甚多,如,说他既富且贵,区宅僮牧,膏田水碓之属,洛下无比,而他每与夫人以象牙筹昼夜计算家资,如有不足。又说他嫁女给裴頠,借给钱数万,女未及时还钱,戎便不高兴,女急取钱还,他才释然。又说他的一位从子结婚,戎给了他一件单衣,后来又要了回来。这些实在都是非常不近人情的事。史又称其常常不带随从,一个人出去巡视他的田园资产。在王戎后半生的仕途中,未见他在从政上有何建树,史称其"以王政将圮,苟媚取容"。傅咸曾经因戎在官而不勤于职事,劾奏了他,说:"戎备位台辅,兼掌选举,不能谧静风俗,以凝庶绩,至令人心倾动,开张浮竞。……请免戎等官。"(《晋书·傅咸传》)在时人眼中,王戎显然是一位与时浮沉而醉心于货财的人物,与他在晋国始建之前的名士风采已经大不相同了。

如何解释戎的爱财?孙盛《晋阳秋》给了一种解释:

戎多殖财贿,常若不足。或谓戎故以此自晦也。

"或谓"者,当是东晋时有此种议论,故孙盛又引戴逵的话以为证:

王戎晦默于危乱之际,获免忧祸,既明且哲,于是在矣。

戴逵是东晋一位名望甚高的隐士,他这样看王戎,或者代表了当时一种较为权威的看法。然从现存史料看,以"晦默"作为他广殖财贿的行为与心态的唯一解释,并没有更充足的理由。苟媚取容,不婴世务,可以解释为一种自全心理的支配,而视财如命,则是一种强烈占有欲的表现。自全与嗜财如命,二者是可以并存的,而不能把二者作为因果关系看,前者并非后者之因,后者并非前者之果。王戎这种嗜财心态,并不是当时的一种孤立现象。

这时有名的爱财的人,还有和峤和庾敳。《晋书·和峤传》谓:"峤家产丰富,拟于王者,然性至吝,以是获讥于世。"杜预以为峤有"钱癖"。杜预对峤的这种评价,在当时得到了普遍的认可。

《世说新语·俭啬》刘注引《语林》，说峤家有好李，而诸弟食之，皆以核计钱。这也是非常不近人情的事。和峤的祖父和洽，是曹魏的侍中，曹魏承汉末之奢靡而倡俭约，洽以为不可矫枉过正。《三国志·和洽传》引他的话说：

> 俭素过中，自以处身则可，以此节格物，所失或多。今朝廷之议，吏有著新衣、乘好车者，谓之不清；长吏过营，形容不饰，衣裘敝坏者，谓之廉洁。至令士大夫故污辱其衣，藏其舆服，朝府大吏，或自挈壶餐以入官寺。夫立教观俗，贵处中庸，为可继也。今崇一概难堪之行以检殊涂，勉而为之，必有疲瘁。古之大教，务在通人情而已，凡激诡之行，则容隐伪矣。

和洽是就政风说的，指出矫枉过正必生伪饰，但其基本思想，则是主张在俭约上要有个"度"，那便是合乎人情。和峤的行为，是不近人情，如何来解释他的这种行为？是否也是"晦默"？是否也是这种"晦默"的用心在潜意识里起作用？

庾敳爱财，《晋书》本传称其"聚敛积实"，为时论所讥。他的聚敛，还曾经被温峤劾奏过，事见《晋书·温峤传》。他也是一位很有名的人物。与王戎、和峤比，他的行为与心态更超然物外些。和峤卷入政争之中，前已叙及；王戎虽苟媚取容，而也并非完全不婴世务，他其实是一个机心颇重的人。赵王伦之子曾欲用戎，而博士王繇曰："浚冲谲诈多端，安肯为少年用？"说戎"谲诈多端"，这个评论分量是很重的，在当时人眼中，他有这样的形象，可知他机心之重，恐怕不止表现在一二件事上。他对于羊祜，也耿耿于怀，错虽在己，而视祜如仇敌。《晋书·羊祜传》说："步阐之役，祜以军法将斩王戎,故戎、衍并憾之,每言论多毁祜。"《世说新语·识鉴》刘注引《汉晋春秋》云:"初,羊祜以军法欲斩王戎,夷甫又忿祜言其必败,不相贵重。天下为之语曰:'二王当朝,世人莫敢称羊公之有德。'"羊祜是有晋第一名臣,不仅以其在统一中国上有大功,且以其为人之正直,受到后世的久远的纪念。而戎、衍皆因私利而对祜有所毁谤。戎之机心,由是可见。比之王戎,庾敳则要超脱得多。他是一位一切不在意的人,史称其"颓然渊放,莫有动其听者"(《世说新语·赏誉》);"长不满七尺,腰带十围,颓然自放"(《世说新语·品藻》)。所谓莫有动其听者,就是悲喜忧乐均不入于心,一切无所谓,一切不过问;所谓"自放"、"渊放",就是随便,不在意。神情如是,外形亦然。他的特点便是心宽体胖,并且以此获得很高声誉。这一点正与庄子的思想相吻合。时人也特别注意他与庄子思想相吻合这一点,而给了很高赞誉。他写了一篇《意赋》,说:

> 至理归于浑一兮,荣辱固亦同贯。存亡既已均齐兮,正尽死复何叹。物咸定于无初兮,俟时至而后验。若四节之素代兮,岂当今之得远?且安有寿之与夭兮,或者情横多恋。宗统竟初不别兮,大德亡其情愿。蠢动皆神之为兮,痴圣惟质所建。真人都遣秽累兮,性茫荡而无岸。纵驱于辽廓之庭兮,委体乎寂寥之馆。天地短于朝生兮,亿代促于始旦。顾瞻宇宙微细兮,眇若豪锋之半。飘飘玄旷之域兮,深漠畅而靡玩。兀与自然并体兮,融液忽而四散。(《晋书·庾敳传》引)

在这《意赋》里,他完全接受了庄子的齐万物、齐死生的思想,把人生看作稍纵即逝的逆旅,因而羡慕真人遗世而独立的精神境界,要使自己也进入这样一个境界之中。"纵驱于辽廓之庭兮，委体乎寂寥之馆"，就是使自己的精神进入一个无所系念、一切茫荡虚寂的领域，与自然融为一体。这《意赋》，可以说是他行身的依据。他是这样的冥合于庄子，把一切视同空无。因此他的侄儿庾亮读了这《意赋》，便从中挑出了矛盾，问他："若有意也，非赋所尽；若无意也，复何所赋？"既然一切空无，当然"意"也就不存在，赋就成了多余。他回答说："在有无之间耳。"所谓在有无之间，就是说若有若无，说它有就有，说它无就无。这就是他对人生的基本态度。这样的人生态度，怎么需要钱财、需要聚敛呢？虽然他对钱财的态度，与王戎有些差别，他在关键的时候，可以舍钱财以保身，但是聚敛却是一样的。

其时聚敛的不止王戎、和峤和庾敳，山涛也聚敛，前面已经提到他因占官田而被劾的事。《颜氏家训·勉学篇》论山涛，谓："山巨源以蓄积取讥。"裴秀也占官田。石崇聚敛，则是一种公然的掠夺，他致富的一个重要途径，便是在荆州时"劫远使商客"（《晋书》本传）。在名士中，王衍是被目为不爱钱的人，从来口不言钱字。他的妻子郭氏要试他的真假，便让婢女在他床的周围放了一圈钱。他早上起来，见钱绕床，无法行走，便唤婢女，说："举却阿堵物！"连"钱"字都不愿意说，似乎他确是一个不爱钱财的人。其实并非如此。他的妻子郭氏，是一位聚敛无厌的人物。郭氏是郭泰宁的女儿，与贾后是中表姐妹。《晋书·王衍传》说她"藉中宫之势，刚愎贪戾"。《世说新语·规箴》记述她的聚敛，连极细微的利益也不放过，真是到了令人难以置信的地步：

王平子年十四五，见王夷甫妻郭氏贪欲，令婢路上儋粪。

这位郭氏，当然是极尽聚敛而无厌的，王衍与她比，当然要高逸得多，但是，王衍的口不言钱，并不能说他不贪财。《世说新语·规箴》引王隐《晋书》论及此事，甚有见识：

> 夷甫求富贵得富贵，资财山积，用不能消，安须问钱乎？而世以不问为高，不亦惑乎？

这时的士人，不论是爱财聚敛而挥霍纵欲，还是爱财聚敛而守财吝啬，都同样表现出来一种毫不掩饰的坦然心态。这是一种值得注意的现象。它说明，钱在士人心中地位十分重要，它与潇洒风姿、与纵酒傲诞、与谈玄说理，具有同等的意义。钱在其时思潮中的影响，当时人已有所论。成公绥著《钱神论》，云：

> 路中纷纷，行人悠悠，载驰载驱，唯钱是求。朱衣素带，当途之士，爱我家兄，皆无能已；执我之手，托分终始；不计优劣，不论能否；宾客辐凑，门常如市。谚曰："钱无耳，何可暗使！"岂虚也哉？（《太平御览》卷八百三十六）

鲁褒也写有一篇《钱神论》。《晋书·隐逸传》说："元康之后，纲纪大坏，褒伤时之贪鄙，乃隐姓名，而著《钱神论》以刺之。"褒之《钱神论》描写其时士人崇拜金钱之情状：

> 京邑衣冠，疲劳讲肆，厌闻清谈，对之睡寐，见我家兄，莫不惊视。

《钱神论》又极力表现"有钱可使鬼"的思想：

钱之所在,危可使安,死可使活;钱之所去,贵可使贱,生可使杀。是故忿诤辩讼,非钱不胜;孤弱幽滞,非钱不拔;怨仇嫌恨,非钱不解;令问笑谈,非钱不发,谚曰:"钱无耳,可暗使。"岂虚也哉?又曰"有钱可使鬼",而况于人乎?……钱能转祸为福,因败为成,危者得安,死者得生,性命长短,相禄贵贱,皆在乎钱,天何与焉?(《艺文类聚》卷六十六)

成公绥卒于泰始九年,《钱神论》当为其入晋后之作。鲁褒《钱神论》,当亦作于惠帝朝[1]。他的论述,反映了这一时期金钱万能的思想在士人中的影响,反映出士人追求金钱到了毫无节制的程度。《晋书》对于鲁褒写《钱神论》的目的的解释是可信的,盖有感于元康以后的贪鄙之风,其中的愤世嫉时之言,正是对西晋以来聚敛无度、唯钱是求的风气说的。

这种思想无疑与儒家、道家均极不同。儒家的传统思想里,

---

[1]鲁褒,字元道,南阳人,生卒年不详。《晋书·隐逸传》谓:"元康之后,纲纪大坏,褒伤时之贪鄙,乃隐姓名,而著《钱神论》以刺之。……褒不仕,莫知其所终。"是则褒当生活于西晋末东晋初。关于《钱神论》作年,有不同说法。胡寄窗《中国经济思想史》定作年于东晋元帝、康帝时期。牟发松《鲁褒〈钱神论〉的产生与当时的商品货币经济》(《江淮论坛》1985年第5期)则定作年于西晋惠帝朝,引《晋书·惠帝纪》:"及居大位,政出群下,纲纪大坏,货赂公行,势位之家,以贵陵物,忠贤路绝,谗邪得志,更相荐举,天下谓之互市焉。高平王沈作《释时论》,南阳鲁褒作《钱神论》,庐江杜嵩作《杜子春秋》(王鸣盛《十七史商榷》卷五十一云,任子当作杜子),皆疾时之作也。"证明唐人修《晋书》,明确《钱神论》作于惠帝元康时期。司马光修《资治通鉴》,进而系作年于元康九年,当有所据。而最有力的证据,是《钱神论》中提到:"洛中朱衣,当途之士,爱我家兄,皆无已已。"东晋都建康,洛阳非复晋有,故《钱神论》之作,显系南渡之前。按,牟说甚是,胡寄窗说误。

聚敛、唯财是念，是有悖于君子的做人准则的。孔子说："富与贵，是人之所欲也，不以其道得之，不处也；贫与贱，是人之所恶也，不以其道得之，不去也。"(《论语·里仁》)"不义而富且贵，于我如浮云。"(《论语·述而》)"君子喻于义，小人喻于利。"(《论语·里仁》)重义轻利，是儒家对待财产的最基本的观点，在财产的积聚与仁义发生矛盾时，舍财产而取仁义。刘向《说苑》把这一点说得更绝对："凡人之性，莫不欲善其德；然而不能为善德者，利败之也。故君子羞言利名。言利名尚羞之，况居而求利者也?"(《说苑疏证》卷五《贵德》)他是把求利与善德对立起来了。班彪论《史记》，谓其"序货殖，则轻仁义而羞贫穷"(《后汉书·班彪传》)。班固修《汉书》，也表达了相似的观点，《货殖列传序》说："于是在民上者，道之以德，齐之以礼，故民有耻而且敬，贵谊而贱利。"这些都是儒家重义轻利的证明。言名教者，此亦一基准点。道家则从另一角度阐述轻利的观点。老子强调无欲，庄子强调无欲之外，进而否定一切财富存在的必要性。晋人的聚敛，显然与道家的思想原则也是相违悖的。

聚敛者中既有尚老庄之名士，也有尚名教的士人，他们在这一点上并没有什么差别。那么，如何来理解西晋的这种聚敛风气，如何来理解其时士人这种赤裸裸的爱财心态呢?

应该说，这种毫无顾忌，把钱财看得如此重的贪欲心态，是其时士人利己心态的一个侧面，是私欲高涨的社会风气的产物。

上一章中曾涉及重自我的意识的觉醒。较之经学的禁锢来说，自我意识的觉醒无疑是一种进步，它打破了僵化的沉闷的空气，思想领域恢复了百家争鸣的局面。但是重自我的意识的觉醒，同时也意味着个人欲望的膨胀，意味着如何处理个体与群体的关系问题的尖锐出现。建安前后，敢于言利的思想相继出现。

如刘牢等人。但是个人欲望与群体利益的问题还没有在理论上提出来。正始之后,这个问题提出来了。感情解放之后,并没有走向任自然而一切无所系念的自我,而是走向任自然而纵欲的自我。让个人欲望无节制地发展,可以说,这就是汉末以来个性解放思潮的基本特点。向秀把这种思潮的合理性表述为燕婉娱心,荣华悦志,乃天理自然,人之所宜。而王弼、嵇康等人,则提出来对于情欲的自我节制,即内去欲,用自我节制来解决个人欲望膨胀必然带来的个体与群体的矛盾。但是,这条道路被证明是行不通的。嵇康被杀、向秀失图,现实的激烈的政争,十分生动地说明用个人欲望的自我节制来使自我返归一种宁静的自然的人生,实际无法做到,嵇康道路,阮籍道路,全都走不通,这就给了士人社会一个明白无误的讯息:自我节制欲望,既行不通,亦无意义。现实本身,已经给了这个自东汉末季开始的规模浩大的个性解放思潮以明白无误的价值导向,消除尽它的任何老庄的超然物外、忘情物我的思想痕迹,把它引向唯我是念、引向个人欲望的不受节制的追求。有晋立国以后,找不到嵇康式的人物。虽仍有隐逸之士,那只是避世。企图以节欲而入世,过一种有朴素亲情的慰藉而又不受礼法约束的生活的名士,则是再也找不到了。因为整个社会的思潮,已经转变,任自然已经发展到情欲物欲恶性膨胀的程度。从这一点,我们便可以理解西晋名士何以嗜财如命而坦然无忌,何以把斗富看作一种光荣,何以啬吝到不近人情的地步却可以自然地和潇洒风流统一在一个人身上。

嗜财如命这种心态的产生,可能还与豪门世族的统治有关。作为一种社会风气,它是由多种因素促成的。情欲与物欲的恶性膨胀与豪门世族的争竞行为相激荡,促使了这种风气的发展。当时求名求利、追逐权势、欺诈争夺的情形,王沈在《释时论》中有描述:

百辟君子,奕世相生,公门有公,卿门有卿。指秃腐骨,不简虫停。多士丰于贵族,爵命不出闺庭。……心以利倾,智以势惛,姻党相扇,毁誉交纷。当局迷于所受,听采惑于所闻。京邑翼翼,群士千亿,奔集势门,求官买职,童仆窥其车乘,阍寺相其服饰,亲客阴参于靖室,疏宾徙倚于门侧。时因接见,矜厉容色,心怀内荏,外诈刚直,谭道义谓之俗生,论政刑以为鄙极。高会曲宴,惟言迁除消息,官无大小,问是谁力。(《晋书·文苑传·王沈传》)

这位王沈不是魏晋之际帮助司马氏篡位的那位王沈。他字彦伯,高平人,生卒年不详,当活动于西晋中后期。他出身寒素,为豪门世族所抑,郁郁不得志,对于当时的世风有甚为深切之感受。豪门世族广占田园山泽,掠夺积聚财产,把持选举,姻党相扇,高官厚禄全凭阀阅可得。门阀政治本身,就是占有,就是掠夺。王沈这里所说的情形,就是一种不受道德准则制约的肆无忌惮的争竞与占有,受害者是寒门,而得益者是豪门世族。在有晋名士中,极少有寒门出身的,也可以说明这一点。嗜财如命的心态完全可以在这样的社会背景中得到说明。

二

此时士人的另一重要心态,是求自全。

向秀入洛所带来的一种心理倾向,便是不婴世务,依阿无心。如果说,在向秀这是一种心路历程的艰苦转变的话,那么晋国始建之后名士群体的依阿无心以求自全,则是一种自觉的选择。

关于此时士人的不婴世务以自全,后人多有评论,《文选·晋纪总论》注引《晋阳秋》云:"太康以来,天下共尚无为,贵谈老庄,少有说事。"东晋时，应詹上疏，谓："元康以来，贱经尚道，以玄虚宏放为夷达，以儒术清俭为鄙俗。永嘉之弊，未必不由此也。"（《晋书·应詹传》）

王衍可以说是这种心态的典型的代表。衍字夷甫，出身于著名的琅琊世族王氏，生于魏高贵乡公甘露元年（256年），他的青少年时代，是在晋国建立之后度过的。他是王戎的从弟，他的弟弟王澄，也是西晋的大名士。衍妻郭氏，为贾后之亲；衍一女适当时威势煊赫的贾谧，一女为愍怀太子妃，一女适裴遐，遐为𬤇之子，父子均为名士。（西晋两大望族琅琊王与闻喜裴联姻，又如王戎女适裴頠，名士群体的这种联姻关系，对互相标举以显名，实有甚大之意义。）衍官至太尉，在当时有甚高之声望。他的少年时代，并不崇尚虚无。史称其初始好论纵横之术。泰始八年，诏举奇才可以安边者，故尚书卢钦举衍为辽东太守，不就，从此才口不论世事，雅咏玄虚。这时衍才十七岁。

他雅咏玄虚之后，甚为推崇王弼、何晏的立论。史称其"既有盛才美貌，明悟若神，常自比子贡。兼声名藉甚，倾动当世。妙善玄言，唯谈老庄为事"（《晋书》本传）。《文选·晋纪总论》注引王隐《晋书》说："王衍不治经史，唯以庄老虚谈惑众。"《晋书·乐广传》谓："广与王衍俱宅心事外，名重于时，故天下言风流者，谓王、乐为称首焉。"《晋书·阮脩传》也提到衍为当时谈宗。士人一经他品评，便名声鹊起。他与当时之著名名士王澄、王敦、庾敳、胡毋辅之甚交好，称彼等为四友①，澄、敦均为其弟。这些人当时均

---

① 关于衍之四友，有不同说法。《晋书·王澄传》谓四友为：王敦、谢鲲、庾敳、阮脩，无王澄与胡毋辅之。然《世说新语·品藻》则以为是庾敳、王敦、王澄、胡毋辅之。《世说》注引《八王故事》说与此同。未知《晋书·王澄传》以何为据，似不确。

以虚谈为事,获致令名。王衍的谈论,似乎只是一种爱好,而对于道理的是非并不太认真争辩。他与裴𫖮谈论,裴𫖮驳难他,他也不反驳,而是"处之自若"。而且,他在谈论时如果发现自己把道理说错了,他便随口更改,毫无定准。时人称他的这种谈风为"口中雌黄"。在当时,他被目为清谈名士中的领袖人物。

正是由于这一点,东晋人论西晋亡国之祸,往往归罪于他。《世说新语·轻诋》谓:

> 桓公入洛,过淮泗,践北境,与诸僚属登平乘楼,眺瞩中原,慨然曰:"遂使神州陆沉,百年丘墟,王夷甫诸人,不得不任其责。"

东晋人往往有清谈误国论,如庾翼,他也是把亡国之祸的罪责归之于王衍清谈的一位。《晋书·殷浩传》引翼贻浩书云:

> 王夷甫,先朝风流士也,然吾薄其立名非真,而始终莫取。若以道非虞夏,自当超然独往。而不能谋始,大合声誉,极致名位。正当抑扬名教,以静乱源,而乃高谈庄老,说空终日,虽云谈道,实长华竞。及其末年,人望犹存,思安惧乱,寄命推务。而甫自申述,徇小好名,既身囚胡虏,弃言非所。凡明德君子,遇会处际,宁可然乎? 而世皆然之! 益知名实之未定,弊风之未革也。

这信里对于王衍的批评是十分尖锐的,直指他的非真名士的性质。翼以为,若真学庄老,则应超然于世事之外,而王衍未能做到这一点,他追求声誉与名位,他是入世的。但既然入世,就应弘扬名教,衍却空谈终日,助长浮华之风。衍的晚年虽然意识到祸乱将临,但他却仍然是"寄命推务",也就是说,仍然依阿无心,以求自全。庾翼的批评是很确切的,衍的要害在于他徇小好名,而又立名非真。他以其名士风流之外貌,包藏着一种对于朝政世事毫不负责任而只求自全的心理。他的一生,几乎可以用一句话来概括,那就是:求名与自全。

惠帝元康九年(299年),有愍怀太子事件。惠帝长子司马遹,永熙元年(290年)立为皇太子。其时贾谧擅权,贾后当朝。而贾后无子,遹为谢才人所出。贾氏为了长久掌握权力,必得除去遹。遹虽嬉游荒诞,而贾氏除去遹之目的,实具无君之心。贾后害遹,手段极其卑劣。此事之是非本甚易明,而王衍在此事之进行过程中,充分地表现了自己的不以是非为念、表现了一种十分明确的求自全的心态。衍长女适贾谧,而小女惠风为遹妃。在这件事中,他于两方均有姻亲关系。这类姻亲关系,在西晋的政争中有着重要的作用,此姑置勿论。可注意者,对待此一事件,衍可有多种选择,或判断是非而责难贾谧,或首鼠两端而逃避是非,或超然事外而两无干涉。这些可供选择的出路衍都没有选择,他选择了一条最能自全的出路。贾后以诬陷之手段,废遹为庶人。遹被废,衍惧祸及己,上表惠帝,请求己女与遹离婚,于是惠风得以返回衍家。后来,贾后又设局诬遹谋反,把遹囚禁于许昌宫。遹至许昌,有书与惠风,详叙受诬陷之经过,谓贾后逼令饮酒至醉,让其照抄事先已写好(出于潘岳之手)中有悖逆言语之文书(参见《晋书·愍怀太子传》、《晋书·潘岳传》)。王衍在收到遹书后,若能将遹书上奏,请勘明事实,则遹冤本可以伸。但衍得书不为伸冤,隐匿不报,而遹也终于被杀害。史称"太子既废非其罪,众情愤怨"。可见此事在当时朝野间是非均甚分明。是非甚明,且又掌握着可以救之之有力材料,而终于不救,坐见其被害,衍因此得以自全,而此事亦最明白无误地说明衍的为人。

这件事发生的两个月之后,赵王司马伦发动了一场政变,杀了贾后和贾谧等人,衍才把通书呈送给梁王肜,因此他受到了有司的劾奏,奏词称:

> 衍与司徒梁王肜书,写呈皇太子手与妃及衍书,陈见诬之状。肜等伏读,辞旨恳恻。衍备位大臣,应以义责也。太子被诬得罪,衍不能守死善道,即求离婚。得太子手书,隐蔽不出。志在苟免,无忠蹇之操。宜加显责,以厉臣节。(《晋书·王衍传》)

胡三省注《通鉴》,就此事评王衍之品格,其为尖刻:"清谈之祸,起于何晏。何晏犹与曹爽同祸福,若王衍者,又不逮何晏矣。"三省对玄谈有所非议,而以衍论之,则又等而下,谓玄谈者亦一代不如一代矣。

在这件事之前,有一次裴頠与王衍密谋废贾后,由于王衍反悔而谋遂不行(事见《晋书·后妃传上》),衍之所以反悔,盖亦一种自全心理所支配。

衍一向轻视赵王伦之为人,对他有所轻慢。赵王伦篡位之后,衍又惧祸,于是佯狂斫婢,以求免祸。(衍之佯狂斫婢,使人想起出于同样心理的王戎伪装药发堕厕的事。)赵王伦伏诛之后,衍官至中书令,后又拜司空司徒,地位极高,又处于祸乱已起,国命将倾之际,但是他仍然不以经国为念,将国之安危置之度外,而为己之安危深谋远虑。他以中国已乱,必得有文武大臣镇守四方为口实,说动当时掌握实权的东海王司马越,并乘机荐用自己的弟

弟王澄为荆州刺史,族弟王敦为青州刺史。此事办成之后,他便对澄、敦说了一段令后世读史者甚感骇异的话:

> 荆州有江、汉之固,青州有负海之险,卿二人在外,而吾留此,足以为三窟矣。(《晋书·王衍传》)

为了自己的安危,费尽心计安排了狡兔三窟的计策。这就是名重当时、雅尚玄远、宅心事外的名士! 现代治美学史者论晋人风流,往往视之若神仙,而其实入世之深,机心之重,亦莫过于晋人。集潇洒风流与浓重机心于一身,这才是晋人的历史真实的面貌。若能考虑到这一点,在论及晋人之美时,可能会有另外的更为丰富的体验。

后来战乱起来之后,王衍仍然是逃避责任。他先是推脱,说自己少无宦情,不足以担当起讨伐的责任。兵败之后,他与襄阳王司马范、任城王司马济、西河王司马喜、梁王司马禧、齐王司马超、吏部尚书刘望、太傅长史庾敳等为石勒所俘虏。石勒问他晋朝的事,他推脱说,自己少不豫事。石勒说:"君名盖四海,身居重任,少壮登朝,至于白首,何得言不豫世事邪! 破坏天下,正是君罪。"石勒的话,可以说说中了衍的要害,说得他哑口无言。这时候他仍希望苟免,便劝石勒登帝位,完全失去了应有的节操。但是他终生求自全而最终也未能自全,石勒还是把他杀了。临死前,他才说出了自己一生的总结与慨叹的一句话:

> 呜呼! 吾曹虽不如古人,向若不祖尚浮虚,戮力以匡天下,犹可不至今日! (参见《晋书》本传,《晋书·石勒传》)

这一生的总结,是面对事实了,但为时已晚。《世说新语·轻诋》注引《八王故事》说:"夷甫虽居台司,不以事物自婴,当世化之,羞言名教。自台郎以下,皆雅崇拱默,以遗事为高。四海尚宁,而识者知其将乱。"以衍当时所处之地位与所具之声望,他的不婴世务对于其时之士林无疑具有极大之影响。当然,将晋室之乱亡,完全归之于他的祖尚浮虚是不公的。晋之乱亡主要在晋室自身之权力争夺与失去为政之根本,前面已论及。然不婴世务,依阿无心以求自全的士风,于晋室之乱亡实亦有其责任在。王衍的一生,求潇洒风流以自适,依阿无心以自全,机心入世以为己,正是西晋名士的典型代表。

自全心态在其他士人身上都可以找到不同形式、不同程度的表现。

庾敳也是以自全为立身之本的。《世说新语·赏誉》注引《名士传》:

> 敳虽居职任,未尝以事自婴,从容博畅,寄通而已。是时天下多故,机事屡起,有为者拔奇吐异,而祸福继之。敳常默然,故忧喜不至也。

裴楷的儿子裴宪也是一位不婴世务以求自全的人物,史谓其"历官无干绩之称,然在朝玄默,未尝以物务经怀"(《晋书·裴秀传》附宪传)。他后来是做了石勒的官了的,且在石勒称帝时,与王波同为石勒撰定朝仪。他在石勒那里一直仕途顺利,直至官为司徒。

竹林七贤入晋者,亦多有此种心态。史称向秀入晋之后,"在朝不任职,容迹而已"(《晋书·向秀传》)。刘伶泰始初对策,"盛言无为之化,时辈皆以高第得调,伶独以无用罢。竟以寿终"(《晋书·刘伶传》)。阮咸"虽处世不交人事,惟共亲知弦歌酣宴而已"(《晋书·阮咸传》)。他也是得以寿终的。王戎既是一位嗜财如命的人,也是一位机心甚深,善于自全的人。他当愍怀太子被废时,在司徒任上,且与贾、郭通亲,本可以有所谏争,但他始终无一言以谏。他任吏部尚书,典选举,而不着意于良材之选拔,史称其"自经典选,未尝进寒素、退虚名,但与时浮沉,户调门选而已"。又说他"寻拜司徒,虽位总鼎司,而委事僚采"(《晋书·王戎传》)。戎也是得以寿终的一位。

张华较之于王衍辈,在朝廷中是较为尽职的一位。他在愍怀太子被诬时,敢于证明其受诬。在西晋士人中,华确实是一位较有是非之心,且亦用心朝政的人。但是,即使崇实如张华,也受到了其时普遍存在的自全心态的影响,时亦不免依违于可否之间,而置是非于不问。上面提到的张华在谋废贾后之事中的态度,即是一例,他所答复裴𫖯的那些理由,都是不能成立的。他考虑问题的重心,只在于自己尚可苟全而已。

自全心态,可以说是其时士人之一种普遍心理趋向。潘尼有一篇《安身论》,曲折地反映了这种趋向。《安身论》一开头便说:"盖崇德莫大乎安身。"他把安身放到了如此重要的地位上,是只有自全成为一种普遍的心理趋向之后才有可能提出来的。他认为,安身,最终就能保国家,处富贵,治万物。他的所谓安身,其实就是老庄的不争竞,做到"以造化为工匠,天地为陶钧,名位为糟粕,势利为埃尘,治其内而不饰其外,求诸己而不假诸人,忠肃以奉上,爱敬以事亲,可以御一体,可以牧万民,可以处富贵,可以安贱贫,经盛衰而不改,则庶几乎能安身矣"(《晋书·潘尼传》引)。从《安身论》看,他的观点似与其时之既求名利又依阿无心以求自全者不同。而其实,在重自身这一点上却是相同的。正是因为这一点,所以史称其于永兴末为中书令时,"三王战争,皇家多故,尼职居显要,从容而已,虽忧虞不及,而备尝艰难"(《晋书》本传)。所谓"从容"、"忧虞不及",不过是在职而不尽责,于国之安危毫不系念的一种婉转说法而已。

士之自全心理表现于行为上是不婴世务,在职而不尽责,于牵涉个人安危之关键时刻,宁舍是非而依违两可;而在生活上,则是求放任以自适,于潇洒风流或纵欲放诞中享受生之乐趣。

三

此时士人心态之另一特色,便是求纵情以自适和求名。

求纵情以自适,是从放诞生活中得到感情欲望的满足。此一时期士人任情放诞之种种行为,其实只是汉末以来类似行为的进一步发展。其中的一些人,是从正始过来的,行为入晋之后并无更多变化,而在晋国始建之后成长起来的一代,其任情放诞更有甚于他们的前辈。

正始士人纵欲任情,主要表现在纵酒,不拘礼法,如居丧饮酒食肉,等等。个别人如阮籍、刘伶,至于脱衣裸形。而西晋的纵欲之风,更有甚于正始者。《晋书·五行志》上有一段有名的话:

> 惠帝元康中,贵游子弟相与为散发裸身之饮,对弄婢妾,逆之者伤好,非之者负讥,希世之士耻不与焉。

这段话也引在《宋书·五行志》里,证明着此事受到宋人沈约的重视。从裸身散发发展至"对弄婢妾",实在是跨出了非常惊人的一步。咸宁四年阮咸借客之驴以追姑之婢,累骑而还,已为当时论者所非议①。可见咸宁初此种风气尚有所抑制,尚未为社会所普遍认可。而咸宁初至元康中,十年间,竟发展至"对弄婢妾"而且逆之者伤好的地步,可以说是走得够远的了。此种行为既然逆之者伤好,非之者负讥,说明已形成风尚,有相当大的舆论力量,至少在贵游子弟中成一普遍、习以为常的现象。当然,关于这方面的史料,未见涉及具体人物者,难以具体描述。

此种风气的形成,当然是追求情欲满足的心理发展到极端的表现。但背景似乎有更为复杂的因素在影响着。这或者与当时道教在上层社会中流行有关。道教养生之一种方式,便是房中术。曹丕在《典论》中曾提到左慈到邺都时,从他学房中术的人很多,至有"寺人严峻往从问受"的事,使时人惊异不已。后来有学者说,严峻是奉曹操之命去学房中术的,要学的其实是曹操,不是严峻。左慈的房中术传了郑隐,郑隐传给了葛洪。这是从传授系统上说的。事实上,在建安时期,从左慈学房中术者已甚众,房中术的流传,在当时上层社会当是一种相当普遍的现象。天师道在北方流传之后,西晋的不少重要人物都与天师道有关。天师道也行房中术,这可能影响到贵游子弟。葛洪《抱朴子·内篇·遐览》著录有房中术书多种,如《玄女经》、《素女经》、《彭祖经》、《陈赦经》、《子都经》、《张虚经》、《天门子经》、《容成经》。葛洪把服药、行气和房中术看作修炼神仙的三要事。内篇《释滞》说:

①事见《世说新语·任诞》与《晋书·阮咸传》。《世说新语·任诞》:"阮仲容先幸姑家鲜卑婢。及居母丧,姑当远移,初云当留婢,既发,定将去。仲容借客驴,着重服自追之,累骑而返。曰:'人种不可失。'即遥集之母也。"程炎震云:"咸云人种,则乎在孕矣。乎传云'年四十九卒',以苏峻作逆推之,知是咸和二年。则生于咸宁五年。"(《世说新语笺疏》引)

虽云行炁,而行炁有数法焉;虽曰房中,而房中之术,近有百余事焉;虽言服药,而服药之方,略有千条焉。

可知房中术作为一门养生的学问,在当时有着极为丰富的内容。是不是存在这种可能:道教以房中术作为养生术,这种观念流入上层社会,与纵欲任情的风尚结合,给纵欲提供了理论根据,或者说,为纵欲提供了一种借口。这就使纵欲成为可以公然行之于人前的一种正当行为。葛洪提到的上面那些房中之书,多已佚失,从清人叶德辉辑存的《素女经》(《双梅景闇丛书》)看,房中术的一切归着点,都在养生上:"天地有开阖,阴阳有施化,人法阴阳,随四时,今欲不交接,神气不宣布,阴阳闭隔,何以自补? 炼气数行,去故纳新,以自助也。玉茎不动则辟死其舍,所以常行以当导引也。能动而不施者,所谓还精,还精补益,生道乃著。"房中术讲求多御不施,且是能在一夜之中御多女而不施者,益得养生之效。这种理论,其实是"对弄婢妾"的最好的借口。《晋书·五行志》所说,或者有着道教影响的这样的文化背景。当然,目前还找不到具体人物的材料,但是,作为一种文化背景的考察,似应注意及此。

从整个生活情调说,其时之士人社会,确乎存在着一种寻欢作乐的浓烈气氛。葛洪在《抱朴子·外篇·疾谬》中描写其时之情形:

俦类饮会,或蹲或踞,暑夏之月,露首袒体,盛务唯在樗蒲弹棋,所论极于声色之间,举口不逾绮襦纨袴之侧,游步不去势利酒客之门,不闻清谈论道之言,专以丑辞嘲弄为先,以如此者为高远,以不尔者为骇野。

同篇写其时闺房之内的情形：

> 而今俗妇人，休其蚕织之业，废其玄紞之务……承星举火，不已于行，多将侍从，暐晔盈路，婢使吏卒，错杂如市，寻道亵谑，可憎可恶，或宿于他门，或冒夜而返，游戏佛寺。观视渔畋，登高临水，出境庆吊，开车褰帏，周章城邑，杯觞路酌，弦歌行奏，转相高尚，习非成俗，生致因缘，无所不肯，诲淫之源，不急之甚。刑于寡妻，家邦乃正，愿诸君子，少可禁绝，妇无外事，所以防微矣。

这里所说的"宿于他门"，或亦暗指放诞行为而言。同篇又说：

> 入他堂室，观人妇女，指玷修短，评论美丑……或有不通主人，便共突前，严饰未办，不复窥听，犯门折关，逾垝穿隙，有似抄劫之至也。其或妾媵藏避不及，至搜索隐僻，就而引曳，亦怪事也。

葛洪的这些描写，使人想起明代中叶以后士人的生活情状来，但是更加为所欲为，更加放纵，更加不受礼的约束。在中国的士人生活史上，重个性伴随着生活的放荡，这种现象是值得研究的。

《抱朴子·外篇》动笔于惠帝朝而成书于南渡初期，上引这些描写，当是指西晋至南渡初期的情形。葛洪是两晋之交的一种特异文化现象，他的思想是道教与儒家的复合物，这点我们后面还要谈到。他是带着一种批判的眼光，来看待自汉末以来个性觉醒的思潮的。《抱朴子·外篇》多处以极严肃的口气，否定自郭泰、阮籍以至西晋名士的行为。他的立脚点是儒家的伦理道德准则。

关于他对于现实的批评,我们后面还将单独谈到。

西晋士人的另一心态,便是强烈的求名心理。

求名之一方式,便是清谈。西晋清谈,已与正始谈玄有别。正始谈玄,主要目的,在于玄学义理的探讨,而西晋清谈,除义理探讨外,已逐渐转向审美。主要目的在辨义理是有的,如裴頠著《崇有论》,由此而引起论难,《世说新语·文学》载:

> 裴成公作《崇有论》,时人攻难之,莫能折。唯王夷甫来,如小屈。时人即以王理难裴,理还复申。

这是很有名的一场谈论,中心是有无之争,而所指的是虚诞的风气。在这场争论中,似乎只有王衍能够与裴頠争论,其他人都辩不过裴。裴頠在众人的攻难中都未被驳倒,而在王衍面前却时或语塞,这语塞不是由于理短,而是因为王衍的声望。同一道理,王衍说了他便语塞,他人说了,他还可以反驳。这场争论,论及有无,虽然最终未能矫正虚诞的风气,但终究论及义理。但是,多数的清谈,虽亦以义理为谈论的中心,但主要目的,已不在义理本身,而转向审美。这种带着审美的清谈,既是一种人生享受,又是一个人的文化素养和潇洒风流的表现。

这时的清谈,简直是一种艺术。《世说新语·文学》载:

> 裴散骑娶王太尉女,婚后三日,诸婿大会,当时名士,王、裴子弟悉集。郭子玄在坐,挑与裴谈。子玄才甚丰赡,始数交未快。郭陈张甚盛,裴徐理前语,理致甚微,四坐咨嗟称快。王亦以为奇,谓诸人曰:"君辈勿为尔,将受困寡人女婿!"

裴散骑是裴遐，裴绰之子。王太尉是王衍，第四女适裴遐。郭象是当时最重要的玄学理论家，也是有名的言家。王衍曾称其"语议如悬河泻水，注而不竭"(《世说新语·赏誉》下)。我们来看这次清谈的特色。这次的清谈，显然是在名士悉集的场合，作为一种显示才能的目的出现的，并非为了解决义理上的问题。子玄"挑"与叔道谈，意在显示己之才能学识，而"始数交未快"者，谓才学原甚丰赡，而始谈之后，未得尽情发抒。"陈张甚盛"，是说他谈论时设理广博；"徐理前语"，是说遐在答辩时从容应对。他们两人的言谈风格显然不同。可注意的是四座为之咨嗟称快，他们谈论之精彩，不惟使众人赞叹，且亦使众人感到妙不可言，之所以"称快"者，是说他们的谈论妙不可言而给人一种美的享受。

此时之清谈，已注意声调之美。《世说新语·文学》注引邓粲《晋纪》说："遐以辩论为业，善叙名理，辞气清畅，泠然若琴瑟。闻其言者，知与不知，无不叹服。"所以叹服，不在其义理，而在其声音抑扬，泠然悦耳。所以说知与不知都如此。这是说，与谈者了解不了解所谈论的义理，都因其声音之泠然悦耳而心醉。《晋书·裴秀传》附遐传，正是从谈论的声调抑扬之美来评论裴遐的，说遐"善言玄理，音辞清畅，泠然若琴瑟"。这段话完全照抄邓粲《晋纪》，可见其对于裴遐清谈的特点理解如是。《晋书·胡毋辅之传》谓："(王)澄尝与人书曰：'彦国吐佳言如锯木屑，霏霏不绝，诚为后进领袖也。'"此条或来自《世说新语·赏誉》，《赏誉》刘注谓："言谈之流，霏霏如解木出屑也。"这可理解为其言谈之丰赡如流，霏霏不绝，但似亦含有音调流贯悦耳的意思。

此时之清谈，还十分重视简约，即重视修辞上的省净。乐广是以言谈的简约获得很高声誉的。王衍说："我与乐令谈，未尝不觉我言为烦。"(《世说新语·赏誉》)刘注引孙盛《晋阳秋》，说是乐广善于以极简约的言谈使人感到满足。他常常使跟他谈论的人感到:他虽言辞简约,但道理已说清了,而自己的谈论却言辞过于繁多。

清谈而以简约著称的,还有阮脩。《晋书·阮籍传》附脩传:

> 王衍当时谈宗,自以论《易》略尽,然有所未了,研之终莫悟,每云:"不知比没当见能通之者不?"衍族子敦谓衍曰:"阮宣子可与言。"衍曰:"吾亦闻之,但未知其謇謇之处定何如耳。"及与脩谈,言寡而旨畅,衍乃叹服焉。

阮瞻也以言约旨深享誉,《晋书·阮籍传》附瞻传:

> (瞻)读书不甚研求,而默识其要,遇理而辩,辞不足而旨有余。

王承也以辞约旨丰知名,《晋书·王湛传》附承传:

> 承字安期,清虚寡欲,无所修尚。言理辩物,但明其指要而不饰文辞,有识者服其约而能通。弱冠知名,太尉王衍雅贵异之,比南阳乐广焉。

庾敳也以谈论的简约著称,《世说新语·赏誉》刘注引《名士传》:"敳不为辨析之谈,而举其旨要。太尉王夷甫雅重之也。"这些以谈论的简约获誉的人物,都受过王衍的赞许,这就透露出一个消息:作为"一时谈宗"的王衍,在清谈中是提倡言简旨远的。清谈中注意修辞的简约,事实上是从义理思辨逐渐转向艺术情趣,与

重声调之美,是一样的目的。注意修辞的例子,我们还可以从其时的谈论中窥测到其大略面貌。《世说新语·言语》:

> 王武子、孙子荆各言其土地人物之美。王云:"其地坦而平,其水淡而清,其人廉且贞。"孙云:"其山崔巍以嵯峨,其水泪渫而扬波,其人磊砢而英多。"

从这里我们不仅可以了解其时清谈涉及的范围已超出谈玄领域,且可了解其谈论时修辞之考究。

清谈重声调抑扬,重旨远,注意修辞,可以看作是西晋清谈对于正始清谈的一种发展,一种朝着审美方向的发展。除此之外,也已经出现"悟"的境界。乐广在清谈中即有此境界。《世说新语·文学》记有乐广清谈一则:

> 客问乐令"旨不至"者,乐亦不复剖析文句,直以麈尾柄确几曰:"至不?"客曰:"至!"乐因又举麈尾曰:"若至者,那得去?"于是客乃悟服。乐辞约而旨达,皆此类。

刘孝标注此,全用庄子思想:

> 夫藏舟潜往,交臂恒谢,一息不留,忽焉生灭。故飞鸟之影,莫见其移;驰车之轮,曾不掩地。是以去不去矣,庸有至乎?至不至矣,庸有去乎?然则前至不异后至,至名所以生;前去不异后去,去名所以立。今天下无去矣,而去者非假哉?既为假矣,而至者岂实哉?

余嘉锡注此,更为明确:

> 公孙龙子有《指物论》,谓物莫非指,而指非指。《庄子·
> 天下篇》载惠施之说曰:"指不至,至不绝。"此客盖举《庄子》以
> 问乐令也。陆德明《释文》引司马云:"夫指之取物,不能自至,
> 要假物,故至也。然假物由指不绝也。一云指之取火以钳,刺
> 鼠以锥,故假于物,指是不至也。"夫理涉玄门,贵乎妙悟,稍参
> 迹象,便落言诠。……乐令未闻学佛,又晋时禅学未兴,然此与
> 禅家机锋,抑何神似? 盖老、佛同源,其顿悟固有相类者也。

清谈出现的这种新的特色,为它发展到东晋时的释、玄融合之间
做了准备,此且后论。而"悟"本身,与旨在言外相关联,都是一种
与艺术通亲的思维形态。它无疑使清谈进入到一种神妙的境界。

清谈由义理向审美的转移,使它具有更广阔的发展天地,加
入者更众,且以之获取名声的特点也就更为突出。《晋书·潘京
传》有一则记载,可以说明许多问题。这则记载是:

> 京仍举秀才,到洛。尚书令乐广,京州人也,共谈累日,
> 深叹其才,谓京曰:"君天才过人,恨不学耳。若学,必为一代
> 谈宗。"京感其言,遂勤学不倦。时武陵太守戴昌亦善谈论,
> 与京共谈,京假借之,昌以为不如己,笑而遣之,令过其子若
> 思,京方极其言论。昌窃听之,乃叹服曰:"才不可假。"遂父
> 子俱屈焉。

此则记载说潘京与戴昌父子都善谈论,也说明谈论不仅需要天
才,而且需要学识,这一点后来便成为公认的道理。但是最值得

注意的,是这里记述了清谈可"假"而且可窃听。潘京为了使戴昌在谈论中不至于感到己不如人,便假借戴昌的义理来和他谈,戴昌果然以为自己胜过潘京。待到窃听潘京与戴若思的谈论,才明白潘京的真才实学。潘京为什么要"假借"戴昌的义理?就是因为当时之清谈实关系到一个人的声誉,彼此均甚为重视,京为顾惜昌之面子,故有以"假借"而让之的行为。昌何以要"窃听"?同样是因为对此事甚为看重的缘故。

清谈可以获致令誉,与任诞纵欲可以获致美名一样,都是西晋士人潇洒风流的重要标志,都是他们在生活中的重要追求。

四

此时士人心态的另一重要侧面,便是审美情趣的雅化。

审美情趣的雅化主要表现在把怡情山水嵌入纵欲享乐的人生情趣之中,和在审美标准上崇尚秀丽。

汉末个性的觉醒导致李膺的悦山怡水和仲长统的山水乐志;正始的越名教而任自然导致嵇康的从自然中体认人生的闲适情趣,把审美体验带入山水的鉴赏中。而西晋士人"士当身名俱泰"的人生理想,则把山水作为游乐的对象,把大自然的美作为人间荣华富贵的一种补充。最能体现这一点的,是石崇和他的朋友们的金谷涧宴游。《晋书·刘琨传》说:"时征虏将军石崇河南金谷涧中有别庐,冠绝时辈,引致宾客,日以赋诗。"石崇金谷涧别庐在洛阳城外,《水经注·谷水注》:

> 谷水又东,左会金谷水。水出大白原,东南流,历金谷,谓之金水。东南流,迳晋卫尉卿石崇之故居也。石季伦《金谷诗集叙》曰:"余以元康七年,从太仆出为征虏将军,有别庐

在河南界金谷涧中,有清泉茂树,众果竹柏,药草蔽翳。"(《水经注校》卷十六)

《大唐传载》记崇金谷别庐谓:

> 洛阳金谷去城二十五里。晋石崇依金谷为园苑,高台飞阁,余址隐嶙。独有一皂荚树,甚大,至今郁茂。

可见金谷别庐在唐时仍可见其规模之宏大。《世说新语·品藻》刘注引崇《金谷诗叙》:

> 余以元康六年,从太仆卿出为使,持节监青徐诸军事、征虏将军。有别庐在河南县界金谷涧中,或高或下,有清泉茂林,众果、竹柏、药草之属,莫不毕备。又有水碓、鱼池、土窟,其为娱目欢心之物备矣。时征西大将军祭酒王诩当还长安,余与众贤共送往涧中,昼夜游宴,屡迁其坐。或登高临下,或列坐水滨。时琴瑟笙筑,合载车中,道路并作。及住,令与鼓吹递奏。遂各赋诗,以叙中怀。或不能者,罚酒三斗。感性命之不永,惧凋落之无期。故具列时人官号姓名年纪,又写诗箸后。后之好事者,其览之哉!凡三十人,吴王师、议郎、关中侯、始平武功苏绍字世嗣,年五十,为首。

这里所说的崇持节监青徐诸军事,在元康六年①。金谷别庐的情

---

①万斯同《晋方镇年表》系崇监青徐诸军事在元康六年,是。《水经注》引崇序作七年,误。

形,除《金谷诗叙》外①,崇在《思归引》的序中也有记述:

> 余少有大志,夸迈流俗;弱冠登朝,历位二十五,年五十
> 以事去官。晚节更乐放逸,笃好林薮,遂肥遁于河阳别业。
> 其制宅也,却阻长堤,前临清渠,柏木几于万株,江水周于舍
> 下;有观阁池沼,多养鱼鸟;家素习技,颇有秦赵之声。出则
> 以游目弋钓为事,入则有琴书之娱;又好服食咽气,志在不
> 朽。(《晋诗》卷四)

从两《序》可以了解到,金谷别业规模是很大的,面临金水,在金水
边上,沿山之高下,有竹柏果木近万株,有高台飞阁,有池沼,有田
园,有药草;别庐中还备有伎乐,有一切生活必需,既可以纵情于
山水之中,享弋钓之乐,又可以诗酒宴饮,极人间之欢娱,是两者
的结合。送王诩往长安的这一次,是目前可知的人数最多的一
次,三十人昼夜宴饮,遍游金谷别业! 或登高临下,或列坐水滨。
这次赋诗,编成《金谷集》,已佚,留下来的只有潘岳的一首,又残
句一,杜育的残句一。潘岳诗中描写到这次宴集:

> 何以叙离思? 携手游郊畿。朝发晋京阳,夕次金谷湄。
> 回溪萦曲阻,峻阪路威夷。绿池泛淡淡,青柳何依依。滥泉
> 龙鳞澜,激波连珠挥。前庭树沙棠,后园植乌椑。灵囿繁石
> 榴,茂林列芳梨。饮至临华沼,迁坐登隆坻。玄醴染朱颜,但

---

①余嘉锡引《太平御览》卷九百十九石崇《金谷诗序》:"吾有庐在河南金谷
中,去城十里,有田十顷,羊二百口,鸡猪鹅鸭之类莫不毕备。"以证刘孝标
注所引《金谷诗序》已非全文。

诉杯行迟。扬桴抚灵鼓,箫管清且悲。……(《晋诗》卷四)

岳的另一残句为四言,由是可知当时三十人中,有的作诗还不止
一首。杜育的残句,也是四言:"既而慨尔,感此离析。"知也作于
此次送王诩的金谷之集中。另有曹摅的《赠石崇》四言诗四首与
五言诗一首,四言诗四首之三与五言诗所写,似亦作于金谷别业。
五言诗:

> 涓涓谷中泉,郁郁岩下林。泄泄群翟飞,咬咬春鸟吟。
> 野次何索漠,薄暮愁人心。三军望衡盖,叹息有余音。临肴
> 忘肉味,对酒不能斟。人言重别离,斯情效于今。(《艺文类
> 聚》卷三十一)

此诗似为曹摅任洛阳令时所作,所写殆亦金谷别业之景色,是否
为金谷宴集的这一次,则难以断定。不过从"三军望衡盖,叹息有
余音"看,似为在金谷别业送石崇出镇下邳者。此类送行,共举行
过多少次,难以论定。三十人的那一次,是被当作风流盛会看待
的。东晋王羲之还因为有人把他的《兰亭序》比美于石崇的《金谷
诗叙》,拿他比石崇,而感到特别的高兴。王羲之这样在当时声望
极高的士人有此种看法,则金谷之游在东晋士人心中的崇高地位
可想而知。

　　那么,金谷宴集的文化上的意义在什么地方呢? 应该说,就
在于山水进入了士人的文化生活中,终于成了士文化的一个重要
组成部分。仲长统、嵇康,都已经意识到要从山水中享受自然情
趣,享受自然的美。而金谷赋诗,则在一个很大的规模上,成为士
人群体的一种生活方式。他们或登高、或临水,伎乐宴饮,感而赋

诗。清泉茂林,游目弋钓,与诗酒宴乐,都属于可以悦目娱心的对象。而茂林清泉,在这时并不是远离人间的存在,不是陋巷箪瓢者的精神慰藉,而是潇洒风流的伴侣。在士文化里,这一点是很重要的。这一点才使山水的美,不只是少数高洁之士避开污浊世俗的精神寄托,而成了士人世俗生活的点缀。而对于士人来说,由于山水审美的渗入,他们宴饮欢娱的生活趣味便雅化了,诗化了。他们便在这种雅化、诗化中体验到一种异于世俗的高逸的情趣,并从中得到满足。在士文化里,这种现象是大量存在的。金谷宴集之后便是兰亭之会,以后在中国士人的生活里,山水、宴饮、诗,便成了一种传统的文化生活方式。

金谷之会的诗由于留下来的太少,无法窥见其真实面貌。然从《序》与潘岳诗看,显然是欣赏山水之美,感慨人生,叙述离情。《序》说屡迁其坐,或登高临下,或列坐水滨,盖兴之所至,随景点之转移而赋诗。岳诗所写,就是从高处下走,列坐水滨时之感受,而《序》中提到"感性命之不永,惧凋落之无期",则流连山水与宴饮之乐,并未能消弥掉人生无常的悲哀。在西晋士人的奢靡生活里,在他们的入世甚深的近于平庸的享乐里,生命问题始终并未从他们的心中退去。他们的自全心态,他们的不婴世务,都不同程度地与这一点有关。我们可以举出很多这样的例子来。陆机《怀土赋》,《序》称:"曲街委巷,罔不兴咏;水泉草木,咸足悲焉。"谓言方当怀思之时,则自然的一草一木,均足以引动愁思。赋言:

> 遵黄川以葺宇,被苍林而卜居。悼孤生之已宴,恨亲没之何速。排虚房而永念,想遗尘其如玉。眇绵邈而莫觏,徒伫立其焉属。感亡景于存物,悗隤年于拱木。

生命之逝去固无法阻拦,则生之欢乐实亦甚为短暂。士衡《叹逝赋》此种思想表现得更清楚:

> 川阅水以成川,水滔滔而日度;世阅人而为世,人冉冉而行暮。人何世而弗新,世何人之能故? 野每春其必华,草无朝而遗露。

于四时之更迭中,悟出来"亮造化之若兹,吾安取夫久长","寻平生于响像,览前物而怀之"。年光之流逝,人生之短促,因之山林光风,也就更容易引发感情的波荡:"步寒林以凄恻,玩春翘而有思。触万类以生悲,叹同节而异时。"(上引均见《陆机集》)夏侯淳更直接把这种人生短促的叹息与纵情行乐联在一起:

> 何天地之悠长,悼人生之短浅,思纵欲以求欢,苟抑沈以避免。(《怀思赋》,《艺文类聚》卷二十六)

人生短促的叹息,汉世末季以来便一直成为士人抒情的主题,西晋士人承接这一主题也是很自然的事,而且这一主题将贯穿于中国士文化的整个传统里,在以后的文学里不断出现。

金谷宴集反映出来的山水意识,在东晋将要得到极大的发展,留待后论。

西晋士人的山水意识有着明显的享乐内蕴,这与他们的人生态度是一致的。与这一点有联系,便是他们的审美情趣的变化。他们追求俊美秀丽。这种审美情趣集中反映在人物评论上。

中国文化中的男性美,在最初的时候是倾向于壮伟的:

硕人俣俣,公庭万舞。有力如虎,执辔如组。……云谁之思,西方美人。彼美人兮,西方之人兮。(《诗经·邶风·简兮》)

卢令令,其人美且仁。卢重环,其人美且鬈。卢重鋂,其人美且偲①。(《诗经·齐风·卢令》)

彼泽之陂,有蒲与蕳。有美一人,硕大且卷。寤寐无为,中心悁悁。(《诗经·陈风·泽陂》)

在这些诗里,所赞美的男性都是高大、有力量、威武的。魏晋之际,开始出现了崇尚女性美的趋向,如,何晏与曹植均敷粉。这种趋向至西晋发展为一种普遍的审美趣味。此时之美男子,都是洁白、秀丽的。《世说新语·容止》:

王夷甫容貌整丽,妙于谈玄,恒捉白玉柄麈尾,与手都无分别。

手与白玉柄麈尾同色,其白皙可知,用玉色比喻容貌之美好,又如形容裴楷:

裴令公有俊容仪,脱冠冕,粗服乱头皆好。时人以为玉人。见者曰:"见裴叔则如玉山上行,光映照人。"(《世说新语·容止》)

---

① 《郑笺》:"鬈,读当为权。权,勇壮也。"偲,朱熹《诗集传》云:"亦壮伟之美也。"

另一位美男子是潘岳,《世说新语·容止》谓其"妙有姿容,好神情"。刘注引《岳别传》谓:"岳姿容甚美,风仪闲畅。"一个挟弹掷果的关于他的故事,虽说是少年时的事,但其美貌动人,在当时却是很有名的。有关潘岳的美缺乏具体的描写,但从以"玉璧"比喻,可知也是秀美一类。《容止》篇说,夏侯湛也很美,很喜欢和潘岳一起出游,时人谓之"连璧"。当时最典型的美男子是卫玠。他的舅舅王济也是很美的,见到卫玠总是说:"珠玉在侧,觉我形秽。"《容止》篇说:

> 王丞相见卫洗马,曰:"居然有羸形,虽复终日调畅,若不堪罗绮。"

卫玠的美,是一种明眸皓齿的美,东晋人正是用这种女性的美看待卫玠的。东晋有一位著名的美男子杜弘治,王羲之一见赞叹不已,说:"面如凝脂,眼如点漆,此神仙中人。"《容止》篇刘注引《江左名士传》:

> 永和中,刘真长、谢仁祖共商略中朝人士。或曰:"杜弘治清标令上,为后来之美,又面如凝脂,眼如点漆,粗可得方诸卫玠。"

可见卫玠也是面如凝脂、眼如点漆一类的美。关于看杀卫玠的故事,虽属无稽,然卫玠的秀美纤弱却是公认的事实。

当时重视仪容的美,还有理论上的表述。蔡洪《化清经》云:"望视之兔,白蹄之豕,短喙之犬,修头之马,斯禽兽也,犹形乎势观,况君子之貌,独无表告者哉?"(《初学记》卷二十九引)蔡洪是吴人,吴亡入洛,仕晋至松滋令。《化清经》已佚,残文难以了解其论仪容之观点之全貌,然从此数语观之,重仪容之美已甚了然。

何以当时人对于男性的秀美妍丽如此倾倒? 原因何在? 这些都似未曾为研究者认真思索过。这或者与个性的觉醒、自我的体认有关。自我的觉醒既重在感情与个性的自我体认,也注意到容貌的美。或者还与豪门世族的生活方式,生活情趣有关。此时士人,既已没有建功立业的强烈愿望,纵欲享乐,诗酒饮宴,清谈闲旷之外,闺阁情怀也是一个重要的生活内容。男性的美趋向于妍丽,可能是这种闺阁情怀的反映。但是还有一点,可能与男宠大兴有些关系。《晋书·五行志》下:

> 自咸宁、太康之后,男宠大兴,甚于女色,士大夫莫不尚之,天下相仿效,或至夫妇离绝,多生怨旷。

关于当时男宠的具体情形,没有足够材料可资证明,只从个别文学作品中透露出些少讯息。张翰《周小史诗》:

> 翩翩周生,婉娈幼童。年十有五,如日在东。香肤柔泽,素质参红。团辅圆颐,菡萏芙蓉。尔形既淑,尔服亦鲜。轻车随风,飞雾流烟。转侧绮靡,顾眄便妍。和颜善笑,美口善言。(《艺文类聚》卷三十三)

张翰是一位以高逸闻名的士人,他的情趣中却有这种神往于娈童的爱好。而他所写的娈童的美,与其时对于男性的美的描写,基调一致。张翰这诗,其实可以看作梁陈宫体诗的先导,南朝梁刘遵《繁华诗》，意象即从此脱胎而来①。

当然不能说此时名士彼此间对于容貌的神往属于男宠的范围，但是其中似隐含有此种爱好之情趣在内，即使是属于下意识的流露。

山水审美的契入，士人享乐生活与人物品评中神往于男性的女性美，为此时士人的心态和人格描绘了一个重要的方面：既高雅又庸俗，是高雅与庸俗的怪异的统一。

五

在这一节里，我们为西晋士人的心态描绘了一幅什么样的图画呢？贪财，用心并善于保护自己，纵欲，求名，怡情山水和神往于男性的女性美。这样一种心态，与名士风流如何统一起来呢？这是不是历史上真实的西晋士人？如果是，又将作何解释与评价呢？

史料本身足以说明，这是历史上真实的西晋士人的精神风貌。

这是一种完全转向世俗的自我心态，那种以老庄思想为依归的、带着很大理想成分的、与宇宙泯一的自我完全消失了。在这时的文学作品里，我们再也找不到像阮籍《大人先生传》和《清思赋》所描写的人生境界了。士人们完全回到了现实中来，因之他们也就不再为内心的矛盾所苦恼，不再为理想人生与现实环境的

————————

① 刘遵《繁华诗》："可怜周小童，微笑摘兰丛。鲜肤胜粉白，腮脸若桃红。挟弹雕陵下，垂钩莲叶东。腕动飘香麝，衣轻任好风。幸承拂枕选，得奉画堂中。本知伤轻薄，含辞羞自通。剪袖恩虽重，残桃爱不终。蛾眉讵谁嫉，新姬近入宫。"（《艺文类聚》卷三十三）

距离而悲哀。他们的理想人生，就在现实之中。他们是这样的一代人：他们要在现实中得到他们所需要的一切欢乐与享受，得到他们精神上和物质上的一切满足，即使这个现实环境污浊混乱，他们也要在这污浊混乱中寻找自己欲望的满足，要在这污浊混乱中尽可能轻松地生活下去。他们并不存在改变这个污浊混乱的现实的任何愿望。

这是这样的一代人：他们希望得到物欲与情欲的极大满足，又希望得到风流潇洒的精神享受。他们终于找到了一种方式：用老庄思想来点缀充满强烈私欲的生活（不论是吝啬还是纵欲），把利欲熏心和不婴世务结合起来，口谈玄虚而入世甚深，得到人生的最好享受而又享有名士的声誉。潇洒而又庸俗，出世而又入世。出世，是寻找精神上的满足；人世，是寻找物质上的满足。宋人苏轼在论阮咸的时候，说山涛荐阮咸，称其清正寡欲，而咸之所为，却大不然。于是苏轼评论说："意以谓心、迹不相关，此最晋人之病也。"（《题山公启事帖》，《东坡题跋》卷四，丛书集成初编本）所谓心、迹不相关，其实正是这种口谈玄虚而入世甚深的表现。这就是西晋士人的人生向往、人生追求，也是他们的现实人生！

从汉世末季党人的慷慨赴义，到西晋士人的这种人生追求，中国士人走过了多么漫长的心路历程！

第三节　西晋的玄学新义

西晋士人的心态变化当然不是一种因素决定的。政局的变化，豪门世族掌权，都对这种心态的变化造成影响。当然，它也和玄学的发展有关。

一种思潮的出现,它的理论表述,往往反映着其时心态的重要方面,成为其时心态在理论上的说明。西晋士人的生活理想,生活方式,生活情趣,都可以用其时的玄学新义来证明是合理的。

最集中的理论表述是郭象的主张,当然还有裴頠的崇有论。

郭象字子玄,河南人,生年不详,而卒于永嘉末①。他的主要活动,在西晋中后期。曾辟司徒掾,至黄门侍郎,东海王司马越引为太傅主簿,甚见亲信,史称其"任职当权,熏灼内外"。《晋书·苟晞传》说:东海王越执掌朝政,"主簿郭象等,操弄天权,刑赏由己"。东海王执掌朝政,在惠帝光熙元年(306年)以后,可知郭象弄权,在西晋后期的较短时间内。可以看出来,郭象是一位利欲权势心甚重的人。

他的玄学主张,集中反映在《庄子注》中。《庄子注》涉及的理论命题甚多,此处不拟全部涉及,而只考察其与士人心态的变化关系最为直接者。在这方面,他的理论可以简略地表述为:自生、自是、独化、适性。

一

郭象认为,"有"并不生于"无","有"也不生于"有",万物皆自生。《庄子·齐物论》:"夫吹万不同,而使其自己也,咸其自取,怒者其谁邪!"郭象注:

---

① 郭象生卒年,冯友兰先生谓约252—312年(《中国哲学史新编》128页),而汤一介先生则认定其生于253年,卒于312年。查有关资料,未能找到充足证据。《晋书》本传只称其卒于永嘉末,并未明确说在永嘉末的哪一年。其他任何材料均未涉及其明确之生卒年。汤对于他的生卒年的认定,未知何所据。

此天籁也。夫天籁者，岂复别有一物哉？即众窍比竹之属，接乎有生之类，会而共成一天耳。无既无矣，则不能生有；有之未生，又不能为生。然则生生者谁哉？块然而自生耳。自生耳，非我生也。我既不能生物，物亦不能生我，则我自然矣。自己而然，则谓之天然。天然耳，非为也。故以天言之。以天言之，所以明其自然也，岂苍苍之谓哉！而或者谓天籁役物使从己也。夫天且不能自有，况能有物哉！故天者，万物之总名也，莫适为天，谁主役物乎？故物各自生而无所出焉，此天道也。

庄子是一切归于空无的，他论天籁，谓万窍之或响或停，咸其自取。何以自取，则不可知。他下面接着讲到："日夜相代乎前，而莫知其所萌。已乎已乎，旦暮得此，其所由以生乎？"成玄英给了确切的解释："重推旦暮，覆察昏明，亦莫测其所由，固不知其端绪。"庄子是从"咸其自取"推向不可知，而郭象给予的解释，则是从"咸其自取"推向自生。"无"既然不存在，那么这个并不存在的东西当然不可能生出"有"来；而"有"在它未成为"有"之前，也是"无"，当然也不能生"有"，所以说："有之未生，又不能为生。""无"既不能生"有"，"有"也不能生"有"，那么如何解释万物的存在呢？万物是谁生的呢？他便从此自然导出了物自生的结论。

《庄子·天地》有一段话说："泰初有无，无有无名；一之所起，有一而未形。物得以生，谓之德。"庄子的意思，是说宇宙的本始是无，无，所以没有名。这个"无"，就是"一"，是无形的。它生成万物，所以叫作"得"。庄子是把万物的起源归着到"无"上。但是郭象注这段话，却把庄子的思想改造了。他说：

> 一者，有之初，至妙者也，至妙，故未有物理之形耳。夫一之所起，起于至一，非起于无也。然庄子之所以屡称无于初者，何哉？初者，未生而得生，得生之难，而犹上不资于无，下不待于知，突然而自得此生矣，又何营生于已生，以失其自生哉！夫无不能生物，而云物得以生，乃所以明物生之自得，任其自得，斯可谓德也。

庄子明说"一之所起，有一而未形"，未形就是"无"，这是万物之初。而郭象却说一之所起，不是起于"无"而是起于"至一"。这个"至一"，就是物自生，"上不资于无，下不待于知，突然而自得此生"。如果物之生是有意的，是"知"，是"营生"，那它就失去了自生的意义。郭象说，不是的，物之生不是知，不营生，是不知其所以生而自生。

《庄子·在宥》解释修身之"道"说："至道之精，窈窈冥冥；至道之极，昏昏默默。"这是说修身的至道幽微深奥，而郭象却仍以"有"、"无"解释之，他说：

> 窈冥昏默，皆了无也。夫庄老之所以屡称无者，何哉？明生物者无物而物自生耳。自生耳，非为生也，又何有为于已生乎！

他处处排除无生有、有生有的可能，他也便处处在这个问题上改造庄子。《大宗师》论道，说：道是确实存在的，但它的存在又无为无形，可以用心去体会到它，却又看不见，它自为本自为根，在未有天地以前就存在了。它产生了鬼神和上帝，产生了天地。就是说，这个产生鬼神上帝和天地的"道"，是初始存在的"无"。郭象却解释说：

> 无也，岂能生神哉？不神鬼帝而鬼帝自神，斯乃不神之
> 神也；不生天地而天地自生，斯乃不生之生也。

不是这个"无"的"道"给了鬼神和上帝以"神"，而是鬼神和上帝
自神；不是这个"无"的"道"产生了天地，而是天地自己生自己。
《庄子·庚桑楚》论宇宙是万物的总门，称"天门"，它是绝对的
"无"：

> 出无本，入无窍，有实而无乎处，有长而无乎本剽，有所
> 出而无窍者有实。有实而无乎处者，宇也。有长而无本剽
> 者，宙也。有乎生，有乎死，有乎出，有乎入，入出而无见其
> 形，是谓天门。天门者，无有也，万物出乎无有。有不能以有
> 为有，必出乎无有，而无有一无有，圣人藏乎是。

庄子这里说的"出"、"入"，是指生死。他认为生死都没有根底没
有处所，万物的生死出入，都是无形的，这个出入都不见其形的地
方叫"天门"，"天门"就是无有，万物都出于这个"无有"。"有"不
能生"有"，"有"必定生自"无有"。这个"无有"，是绝对的空无。
郭象却解释说：

> 死生出入，皆欻然自尔，未有为之者也。然有聚散隐显，
> 故有出入之名；徒有名耳，竟无出入，门其安在乎？故以无为
> 门。以无为门，则无门也。
> 夫有之未生，以何为生乎？故必自有耳，岂有之所能

有乎!

　　此所以明有之不能为有而自有耳,非谓无能为有也。若无能为有,何谓无乎!

　　一无有则遂无矣。无者遂无,则有自欻生明矣。

　　任其自生而不生生。

他说既然是空无,那么也就不存在,"天门"既然是以无为门,也就是无门。既然无门,那么万物从哪儿来呢? 他认为,万物皆自生。有不是生于无,而是自有。有忽然自有,彼此间也不相生。

二

　　与自生有关的另一个层次,是万物皆自尔。就是说,万物各有自己的性质,皆本来如此,它的自然的存在形态就是合理的。

　　自然界的一切存在,都是本来如此,都是合理的;人类的一切存在,从命运到身体,也都是本来如此,都是合理的。

　　《庄子·齐物论》:

　　　　天下莫大于秋毫之末,而大山为小;莫寿于殇子,而彭祖为夭。天地与我并生,而万物与我为一。

庄子要说的是万物齐一,一切都是相对的,无差别的。而郭象的解释,则把重点放在了物自性上。他说:

　　　　夫以形相对,则大山大于秋毫也。若各据其性分,物冥其极,则形大未为有余,形小不为不足。苟各足于其性,则秋毫不独小其小而大山不独大其大矣。若以性足为大,则天下之足未有过于秋毫也;若性足者非大,则虽大山亦可称小矣。
故曰:天下莫大于秋毫之末而大山为小。

万物万形,同于自得,其得一也。已自一矣。理无所言。

物各有其"性分",物之"性分",就是它的最合理的状态,如果"性
分"属于大的,则再大也不为大,如果"性分"属于小的,则再小也
不为小。反之,如果大山的"性分"是属于小的,那它再大也是小
的;如果秋毫的"性分"是属于大的,那么最大便莫过秋毫了。一
切以其"性分"而定。郭象把庄子的齐物论完全归着到物自性上。
在郭象看来,只要它存在,它就合理。《庄子·骈拇》一开头
便用骈拇枝指和肉瘤对于正常人为多余来比喻滥行仁义是多余
的。而郭象的解释却是:

夫长者不为有余,而短者不为不足,此则骈赘皆出于形
性,非假物也。然骈与不骈,其性各足,而此独骈枝,则众
以为多,故曰侈耳。而惑者或云非性,因欲割而弃之,是道有
所不存,德有所不载,而人有弃才,物有弃用也,岂是至治之
意哉!夫物有小大,能有少多,所大即骈,所多即赘,骈赘之
分,物皆有之,若莫之任,是都弃万物之性也。
夫方之少多,天下未之有限。然少多之差,各有定分,毫
芒之际,即不可以相跂,故各守其方,则少多无不自得。而惑
者闻多之不足以正少,因欲弃多而任少,是举天下而弃之,不
亦妄乎!

在郭象看来,骈与不骈,赘与不赘,从物自性来说,它们都是合理
的:如果割弃它们,也就等于割弃万物。道术也一样,只要少多各

得其性,就不存在太多太少的问题。因此他接着又说:

> 物各任性,乃至正也。
>
> 故至正者不以己正天下,使天下各得其正而已。

物自性,就是物之正,不管它处于什么样的状态,都不要去纠正它,改造它。各任其性,就是至正,就是合理的。"物有自然,理有至极,循而直往,则冥然自合,非所言也。"(《齐物论》注)

人事亦如此。一切人事,他都认为理有固然,不必去强求它。《庄子·德充符》仲尼曰"死生存亡,穷达贫富……是事之变,命之行也"一段,郭象注曰:

> 其理固当,不可逃也。故人之生也,非误生也;生之所有,非妄有也。天地虽大,万物虽多,然吾之所遇适在于是,则虽天地神明,国家圣贤,绝力至知而弗能违也。故凡所不遇,弗能遇也,其所遇,弗能不遇也;所不为,弗能为也,其所为,弗能不为也;故付之而自当矣。

一切人事变化,个人的一切遭遇,他都认为是"理自尔",有其"自当"处,非人力所能改变。这也是一种物自性,是人事领域的"物自性"。《德充符》说:走进古代的善射者羿的射程之内,并且正在他射程的必中之地,而有时却不被射中,这是因为命。郭象对这段话加以发挥说:

> 夫我之生也,非我之所生也,则一生之内,百年之中,其坐起行止,动静趣舍,情性知能,凡所有者,凡所无者,凡所为

者,凡所遇者,皆非我也,理自尔耳。

把"命"解释成"理自尔",便把"命"完全归结到物性上来。郭象很喜欢用"自尔"来说明物性。《天运》提出了许多问题,如:"天其运乎?"郭象注:"不运而自行也。"又问:"地其处乎?"郭注:"不处而自止也。"又问:"日月其争于所乎?"郭注云:"不争所而自代谢也。"又问:"孰主张是?孰维纲是?"郭注云:"皆自尔。无则无所能推,有则各自有事。然则无事而推行是者谁乎哉?各自行耳。"又问:"意者其有机缄而不得已邪?意者其运转而不能自止邪?"郭注云:"自尔,故不可知也。二者俱不能相为,各自尔也。"一切都是本来如此,没有任何主宰,也没有任何因果关系,物自性就是一切。

三

但是,郭象并不否认事物的变化,相反,他认为事物的变化是阻挡不住的。不过,这种变化是自身进行的,自身使然。

《庄子·大宗师》有一段论及化于道,游于物外的话。其中举例说:"夫藏舟于壑,藏山于泽,谓之固矣。然而夜半有力者负之而走,昧者不知也。"庄子意在以此变化之不可免,说明人应当化于道。郭象发挥说:

> 夫无力之力,莫大于变化者也;故乃揭天地以趋新,负山岳以舍故。故不暂停,忽已涉新,则天地万物无时而不移也。世皆新矣,而自以为故;舟日易矣,而视之若旧;山日更矣,而视之若前。今交一臂而失之,皆在冥中去矣。故向者之我,非复今我也。我与今俱往,岂常守故哉?而世莫之觉,横谓

今之所遇可系而在,岂不昧哉!

"天地万物无时而不移",人也一样,今日之我已非昔日之我,而今日之我也将随今日而逝去,成为来日之我。这样,就强调了宇宙万物变化的绝对性。无时无地不在变化,否定这种变化,就是昏昧的人。

庄子又说:"藏小大有宜,犹有所遁。若夫藏天下于天下而不得所遁,是恒物之大情也。特犯人之形而犹喜之。若人之形者,万化而未始有极也,其为乐可胜计邪! 故圣人将游于物之所不得遁而皆存。"庄子的意思,在说明不要执着于现有,而要与大化冥合。所谓"游于物之所不得遁而皆存",就是游于无所可藏之所,就是前面说的"藏天下于天下",就是不藏,与物冥一,随物之变化而变化。郭象对这一段又有大段的解释,说:

> 无所藏而都任之,则与物无不冥,与化无不一。故无内无外,无死无生,体天地而合变化,索所遁而不得矣。
> 本非人而化为人,化为人,失于故矣。失故而喜,喜所遇也。变化无穷,何所不遇! 所遇而乐,乐岂有极乎!
> 夫圣人游于变化之涂,放于日新之流,万物万化,亦与之万化,化者无极,亦与之无极,谁得遁之哉! 夫于生为亡而于死为存,则何时而非存哉!

他这些解释,在这里与庄子的原意并无差别。但是联系他的整个观点看,他的万物万化的观点,是建立在物自生、物自性之上的,是物自身的变化,而不是道的变化。

郭象的物自生、自性(自足、自尔)和万物万化、化者无极的观

点,是他的认识链条上的几个环节,这个认识链条,他把它概括为
"独化"。

"独化"包含自生:

> 夫造物者,有耶无耶?无也?则胡能造物哉?有也?则
> 不足以物众形。故明众形之自物而后始可与言造物耳。是
> 以涉有物之域,虽复罔两,未有不独化于玄冥者也。故造物
> 者无主,而物各自造,物各自造而无所待焉,此天地之正也。
> (《齐物论》注)

> 凡得之者,外不资于道,内不由于己,掘然自得而独化
> 也。夫生之难也,犹独化而自得之矣。既得其生,又何患于
> 生之不得而为之哉?故夫为生果不足以全生,以其生之不由
> 于己为也,而为之则伤其真生矣。(《大宗师》注)

"独化"也包含自性:

> 若责其所待,而寻其所由,则寻责无极,卒至于无待,而
> 独化之理明矣。(《齐物论》注)

> 夫死者独化而死耳,非夫生者生此死也。生者亦独化而
> 生耳。独化而足。死与生各自成体。(《知北游》注)

"独化"也包含万物自身的变化无极。承认"独化",就要顺遂这
种变化:

> 卓者,独化之谓也。夫相因之功,莫若独化之至也。故
> 人之所因者,天也;天之所生者,独化也。人皆以天为父,故

昼夜之变,寒暑之节,犹不敢恶,随天安之。况乎卓尔独化,
至于玄冥之境,又安得而不任之哉!既任之,则死生变化,惟
命之从也。(《大宗师》注)

这也就是郭象哲学的基本点。它在当时的巨大的现实意义,也正
是从这一基本点生发出来的。

四

郭象主张物自生、自性,和自身的变化无极,很自然地便导引
出了适性、称情的观点。《庄子注》一书,到处充满着这种观点。
而这种观点,正是其时士人的心态的确切的理论表述。

物既自生、自性,人便应该适性,不要违性。在《逍遥游》注
中,他特别论述了这一点。他认为,大鹏有大鹏的逍遥,小鸟有小
鸟的逍遥,适性即逍遥,虽小大殊异,苟适其性,则逍遥一也。
他说:

若乃失乎忘生之生,而营生于至当之外,事不任力,动不
称情,则虽垂天之翼不能无穷,决起之飞不能无困矣。
苟足于其性,则虽大鹏无以自贵于小鸟,小鸟无羡于天
池,而荣愿有余矣。

他认为,适性就是"至",就是"极",也就是说,适性就能达到所要
达到的一切。适性则称体。各安其天性,就无往而不适:

无往而不安,则所在皆适,死生无变于己……故至人之
不婴乎祸难,非避之也,推理直前而自然与吉会。

《逍遥游》中描述最高的精神境界说：

> 若夫乘天地之正，而御六气之辩，以游无穷者，彼且恶乎待哉！

郭象解释说：

> 天地以万物为体，而万物必以自然为正，自然者，不为而自然者也。……不为而自能，所以为正也。故乘天地之正者，即是顺万物之性也。

顺万物之情，就要任其自然：

> 事苟变，情亦异，则死生之愿不得同矣。故生时乐生，则死时乐死矣，死生虽异，其于各得所愿一也，则何系哉！（《齐物论》注）

把一切都看作是合理的，不要去改变它，纠正它，对于自我来说如此，对于他人来说也如此。对于自我来说，遇与不遇，生与死，荣与辱，悲与乐，既来之则自有其来之的理由，它便是合理的，便要任由它存在。"我生有涯，天也；心欲益之，人也。然此人之所谓耳，物无非天也。天也者，自然者也；人皆自然，则治乱成败，遇与不遇，非人为也。皆自然耳。"（《大宗师》注）"当所遇，无不足也，何为方生而忧死哉！"（《齐物论》注）对于外，也要承认其存在的合理性，不要以己之是非去强人同己，去正人之是非，他说：

万物万形,各止其分,不引彼以同我,乃成大耳。(《天地》注)

夫天地之理,万物之情,以得我为是,失我为非,适性为治,失和为乱。然物无定极,我无常适,殊性异便,是非无主。若以我之所是,则彼不得非,此知我而不见彼者耳。故以道观者,于是非无当也,付之天均,恣之两行,则殊方异类,同焉皆得也。(《秋水》注)

不要去干预外物,也不要去改变现状。他说:

所不能者,不能强能也。由此观之,知与不知,能与不能,制不由我也,当付之自然耳。(《知北游》注)

这种思想的最为重要的发展,便是导向人生态度上的不婴世务:

谓仁义为善,则损身以殉之,此于性命还自不仁也。身且不仁,其如人何! 故任其性命,乃能及人,及人而不累于己,彼我同于自得,斯可谓善也。(《骈拇》注)

知天人之所为者,皆自然也;则内放其身而外冥于物,与众玄同,任之而无不至者也。(《大宗师》注)

夫宽以容物,物必归焉。剋核太精,则鄙吝心生而不自觉也。故大人荡然放物于自得之场,不苦人之能,不竭人之欢,故四海之交可全矣。(《人间世》注)

《骈拇》的这条注释能够很好地说明晋人何以不以身殉义。这种思想把一切都看作是合理的。自己生命的存在是合理的,以身殉仁义,毁坏了这种合理,对于自己便是不仁。对己不仁,则对人也就不仁。换句话说,有非仁非义者在,则让其自在,与己无关,可以完全不去管它,这便是"彼我同于自得"。《大宗师》和《人间世》的这两条注释,则是在强调一种不干预人间是非的人生态度,"内放其身而外冥于物","放物于自得之场",是指对内对外都任其自然。

但是不预是非,不干世务,并不是说进入一种了无系念、超尘出世的境界,不是利欲不系于心,形如枯木,心如死灰。而只是说,任自然而已。只要是任自然,是什么都可以的,有为可以,养生可以,纵欲也可以。不管什么,都可以任其自然存在,它的自然存在都是合理的。

《庄子·马蹄》开篇以马为喻,明无为之义,而郭象解释说:

> 夫善驭者,将以尽其能也。尽能在于自任,而乃走作驰步,求其过能之用,故有不堪而多死焉。若乃任驽骥之力,适迟疾之分,虽则足迹接乎八荒之表,而众马之性全矣。而惑者闻任马之性,乃谓放而不乘;闻无为之风,遂云行不如卧;何其往而不返哉!斯失乎庄生之旨远矣。

在任其自然这一点上,郭象注与庄子原意是相同的,但是在这一点之内,他加进了一个重要的思想:只要任自然,有为亦可。而这一点是非常重要的,因为在任何情况下,个人的任何行为都可以用"任自然"来解释。例如,当时士人之"钱癖",可以解释为其秉性如是,盖依其本性行事;当时士人之豪奢逸乐与纵欲,可解释为其本性如是,只是任性而行而已;至于口谈玄虚,在职而不任责,更可以作如是之解释。这是在庄子无为思想上打开了一扇重要的门户，为当时士人的行为找到理论上的依据。

在《在宥》注中，他阐述了同样的思想：

> 无为者，非拱默之谓也，直各任其自为，则性命安矣。

这比上引《马蹄》注还进了一步，明确解释"无为"为"任其自为"。既然"任其自为"，那么一切的行为便都是合理的了。

在《天地》注与《天道》注中，他解释"无为"为"率性而动"。《天地》注：

> 夫志各有趣，不可相效也。故因其自摇而摇之，则虽摇而非为也；因其自荡而荡之，则虽荡而非动也。故其贼心自灭，独志自进，教成俗易，闷然无迹，履性自为而不知所由，皆云我自然矣。

《天道》注：

> 率性而动，故谓之无为也。

率性而动，便什么事都可以做了。郭象这种适性、称情的主张，对于当时士人的心态与行为，无疑有着极大的适应性。一方面它既可以为口谈玄虚、不婴世务找到理论根据；另一方面，又可以为任情纵欲、为个人欲望的满足的合理性找到理论上的解释。既出世，又入世，要承担社会责任时，他是出世的；要满足个人欲望时，他是入世的。这两个方面，正是西晋士人兼而有之的人生品格。

五

《晋书·阮籍传附阮瞻传》记，瞻见司徒王戎，戎问曰："圣人贵名教，老庄明自然，其旨同异？"瞻回答说："将无同。"将无同，就是不必同。这是非常有名的一次回答，时人谓之"三语掾"①。后代学者，亦多据此以证西晋人谈玄，已合名教与自然而为一。此一点似应有所说明。

从晋人之推崇"三语掾"看，名教与自然一致，确为其时士人之普遍认识。此处还可举出一个旁证。乐广是玄谈名士，但他同时又是肯定名教的。《世说新语·德行》说：

> 王平子、胡毋彦国诸人，皆以任放为达，或有裸体者。乐广笑曰："名教中自有乐地，何为乃尔也！"

这材料虽未直接说明乐广肯定名教，但他说可从名教中得到所要得到的乐趣，也就说明，他对于名教的肯定。在他那里，名教与自然并不是矛盾的。

但问题是，西晋时朝野之间，名教事实上并未被认真实行过。在本章的第一节中，我们已经说明，西晋朝廷虽提倡名教，而朝野之中，名教中最重要的部分，如君臣名分与日常生活中礼的种种

① 这次问答，有不同记载。《世说新语·文学》记此事，为王衍问阮脩，还穿插着卫玠的评论。余嘉锡《笺疏》引金人王若虚《滹南遗老集》，是据《晋书》作戎问阮瞻的。引程炎震云："《御览》二百九'太尉掾门'及三百九十'言语门'引《卫玠别传》载此事，均作阮千里。则是瞻，非脩也。"余嘉锡按云："唐修《晋书》，喜用《世说》，此独与《世说》不同，知其必有所考矣。《御览》二百九所引，先见《类聚》十九。"此处从余嘉锡说。

规范,都已名存实亡。那么,名教与自然的统一意义在什么地方呢?我想,意义就在从理论上明确名教与自然可以统一,而并不具有纠正现实中的弊风的意义。这就要从郭象的理论加以解释了。

郭象既然从物自生、自性、独化,导致一切存在的都是合理的、应该顺物之性、应该适情的结论,那么,名教与自然都是一种存在,就都有它们的合理性,不应该以彼正此,也不应该以此正彼,不应该互相排斥。这种理论认识当是一种相当普遍的共识。西晋中期以后,以至于永嘉以前,并未发生名教与自然的激烈矛盾,原因恐怕就在这里。

西晋玄学理论的另一重要成就,是裴頠的《崇有论》。《崇有论》在中国古代哲学史上有其巨大价值,但就其与西晋士人心态之关系而言,远远比不上郭象的理论,故于此不详论。

第四章　东晋士人心态的变化与玄释合流

　　司马氏用阴谋的手段篡夺来的政权,延续不到二世,便在元康元年(291年)开始了八王之乱。这时,上距晋国始建才三十五年。八王之乱的到来,是自然的事。既然政失准的,那么便只剩下了赤裸裸的权力争夺,任何伦理道德的约束都毫无意义了。结果是,西晋政权的瓦解从内部的权力争夺开始,发展为五胡之乱,最后不得不南渡长江,偏安江左。

　　这场大战乱,这个政局的巨大变化,对于士人的心灵的震动无疑是很大的。他们所追求的一切,他们的人生旨趣,还能不能存在下去? 他们面对的将是怎样一个环境呢? 衣冠南渡,举目有山河之异,何况死亡离散、颠沛困厄伴随他们,随时都在改变着他们的生活。他们将为自己寻找一个怎样的精神天地,他们的感情世界将安顿于何处呢?

　　从正始发展起来的玄风,经过西晋的变形,走向名教与自然一体,实际上是走向不婴世务的超脱与入世的纵欲的一体,在新的政治环境里,它又将如何发展呢? 这就是我们下面所要探讨的问题。

第一节　西晋的乱亡与士人的反思

在永嘉南渡之前，一部分出身寒门，又受到儒家思想熏陶的士人，对于其时的士风，就已经心存不满，存在着一种心理距离。他们由于自身儒家思想的素质与其时之士风相乖离，也由于仕途中晋身的艰难，在他们的心里，有一种被歧视的感觉。因此，对于当时的名士来说是舒畅的、可以任情性放纵、处处觉得心灵自由的社会环境，对于他们来说却是处处荆棘。在那个社会里，他们是被冷落了的一群，他们有一种浓烈的寂寞感。因此，他们对于西晋社会的认识，也更为冷静一些，多少带着一种冷眼旁观的意味。左思可以说是这方面的典型。

左思出身寒门，家世儒学。他妹妹左芬在泰始八年（272）入宫为修仪，他也便从家乡临淄移家洛阳，希望能有晋身的机会。他有很高的抱负，有强烈的建立功业的理想。在《咏史》诗里，他说自己：

> 弱冠弄柔翰，卓荦观群书；著论准《过秦》，作赋拟《子虚》。边城苦鸣镝，羽檄飞京都。虽非甲胄士，畴昔览穰苴。长啸激清风，志若无东吴。铅刀贵一割，梦想骋良图。左眄澄江湘，右盼定羌胡。功成不受爵，长揖归田庐。（其一）

又说：

> 吾希段干木，偃息藩魏君；吾慕鲁仲连，谈笑却秦军。当

世贵不羁,遭难能解纷。功成耻受赏,高节卓不群。临组不肯绁,对圭宁肯分? 连玺耀前庭,比之犹浮云。(其三)

这种慷慨情怀、豪侠气概,在西晋的士人中是非常特别的。刘琨与祖逖,少年时有过这种抱负,这一点我们下面还要谈到。左思这种理想的产生,可能与他受过儒学的入世思想的熏染有关,而他的豪侠气概,则可能与他受齐鲁士风的影响有些关系。但是他的少年壮志,与西晋社会的现实其实存在甚大的距离。西晋社会并不是一个可以有建功机会的社会。诗中提到"左眄澄江湘",说明他有这个抱负的时候,是在平吴之前,他幻想要在平吴中立大功。但是平吴其实是一种历史的必然,并不像历史上有过的伟大的统一事业那样需要英雄人物去完成。平吴之役,虽经羊祜、杜预多年经营,但是战事并不激烈,仿佛摧枯拉朽,不费多少气力。而且其时左思是一位二十余岁的寒门出身的士人,也没有参预平吴的机会。而更重要的是,左芬入宫之后,虽才华出众,词藻美丽,受到武帝的重视,但是由于貌寝,却并未受到好色的武帝的宠幸,左思自然也便没有能够被提携。他虽然预贾谧的二十四友之列,但主要的是为贾谧讲《汉书》,身预权门,而心却深感被冷落的悲哀:

> 济济京城内,赫赫王侯居。冠盖荫四术,朱轮竟长衢。朝集金张馆,暮宿许史庐。南邻击钟磬,北里吹笙竽。寂寂扬子宅,门无卿相舆。寥寥空宇中,所讲在玄虚。(《咏史》之四)
> 皓天舒白日,灵景耀神州。列宅紫宫里,飞宇若云浮。峨峨高门内,蔼蔼皆王侯。自非攀龙客,何为欻来游?(《咏史》之五)

诗里所反映的心境,是很有意思的。眼前的一切,是歌舞繁华,是荣华富贵,但是都与己无关。他觉得自己不是他们中的一员,他属于另一种境地。"冠盖满京华,斯人独憔悴",可以用来形容他其时的心境。他感到是那样寂寞潦倒:

> 习习笼中鸟,举翮触四隅。落落穷巷士,抱影守空庐。出门无通路,枳棘塞中涂。计策弃不收,块若枯池鱼。外望无寸禄,内顾无斗储。亲戚还相蔑,朋友日夜疏。(《咏史》之八)

这使人想起他十年赋《三都》的情景来,他之把自己比拟为穷巷著书的扬子云,实在是很贴切的。正是由于他的这种生活环境,因之他对其时的世风便取一种不满的批评的态度。也是在《咏史》里,他说出了对其时门阀世族的不满:

> 郁郁涧底松,离离山上苗。以彼径寸茎,荫此百尺条。世胄蹑高位,英俊沉下僚。地势使之然,由来非一朝。(其二)

"世胄蹑高位,英俊沉下僚",正是当时门阀世族垄断政治权力的历史真实的记录。左思的这些认识,与鲁褒《钱神论》、王沈《释时论》一样,都可以看作是对西晋社会的一种反思。不过,他们由于自己的地位的低下,反思之后,便带着那个社会给予他们的冷落感,走向超脱,把自己完全放在旁观者的地位上,保持着与世风的一种心理上的距离。左思后来是什么官也不做,退居宜春里,专意典籍了的;并且在战乱起来之后,举家迁往冀州,就死在了那里。

与左思类似的是张载和张协。他们也是对豪门世族颇为不满的人。张载在《榷论》里,对这一点有所论述。他也亲身接受过非豪门世族出身的人晋身不易的现实,并且在这现实里产生了一种徘徊彷徨不知所之的心态。

> 跋涉山川,千里告辞。杨子哭歧,墨氏感丝。云乖雨绝,心乎怆而。(《述怀诗》)

杨子哭路歧和墨子悲素丝的感慨,正是他对于世风的失望并由是产生的无所适从的心绪的表现。张协也很有一点不入时的心绪:"流俗多昏迷,此理谁能察?""昔我资章甫,聊以适诸越。……穷年非所用,此货将安设?"(《杂诗》)载与协,在战乱起来之后,是舍弃仕途,归隐了的。臧荣绪《晋书》说他们"兄弟并守道不竞,以属咏自娱"。所谓"守道不竞",是说他们的行为与其时虚华的士风不同。他们与其时现实的乖离感所产生的这些评论,未尝不可以看作是对西晋社会的一种反思。

另一位颇为特别的对西晋社会持批判态度的人,是葛洪。葛洪不仅对西晋士风持批判态度,而且对自汉末个性自觉的整个思潮与由此一思潮引起的士风的种种变化,都持批判的态度。从一定的意义上可以说,葛洪是这思潮的批判者。

但是,他却是一位颇为奇特的人物。他的批判的思想武器,虽然主要是儒家思想,但是他的思想却是极为复杂的。他对社会,持的是儒家的衡量标准,而自己的思想归宿,却是神仙道教。在他的思想里,无疑有道家的成分,但他又批判老、庄;他还杂有刑名思想。他自己就说自己博览百家,所以不是纯儒。他的奇特之处,就是以一个不是纯儒的人,却以儒家的标准对玄风采取了严厉的批判态度。

葛洪生活于两晋之交。洪字稚川,丹阳句容(今江苏句容县)人;生于武帝太康四年(283年)①,祖父葛系,吴大鸿胪;从祖葛玄,为其时之著名道士,曾受到孙权的极大尊敬。他曾师事左慈,受《太清丹经》、《九鼎丹经》、《金液丹经》,遍游名山,修道炼丹。梁陶弘景修《真诰》,说玄"善于变化"(卷十二)。在元人赵道一编修的《历代真仙体道通鉴》中,记着关于玄的许多神异故事。因他的这些灵异的法术,他被时人称为葛仙翁。《历代真仙体道通鉴》还说,玄的父亲葛孝儒,也是一位信奉道教的人物。葛洪的一生道路,与这样一个家庭的传统当有甚大之关系。

　　洪的父亲葛悌,以孝友闻,仕吴至会稽太守,入晋历太中大夫、邵陵太守,从葛洪在《抱朴子·外篇·自叙》中对他为官清正的记述看,他是一位信奉儒家道德准则的人。洪十三岁的时候,葛悌去世。洪便开始过贫困的攻读生活,"饥寒困瘁,躬执耕穑,承星履草,密勿畴袭,又累遭兵火,先人典籍荡尽,农隙之暇无所读,乃负笈徒步行借……日伐薪卖之,以给纸笔,就营田园处以柴火写书"。洪少年所学,主要是经、子。但他学习并不专一,便去从郑隐学道。隐是葛玄的弟子,洪从隐学,实际上是近乎家学之传授。但是他开始学道时,也并不专心,按他自己的话说,是并不完全了却俗情。二十一岁那年,张昌起义,昌的大将石冰攻占扬州一带。这时,有一位名叫宋道衡的人,从石冰求为丹阳太守。

————————

① 《太平御览》卷三百二十八引《抱朴子·外篇》佚文:"昔太安二年,京邑始乱,三国举兵攻长沙王乂。小民张昌反于荆州,奉刘尼为汉主。乃遣石冰击定扬州,屯于建业。宋道衡说冰求为丹阳太守。到郡,发兵以攻冰。召余为将兵都尉,余年二十一。"按,张昌之乱,在《晋书·张昌传》、《晋书·惠帝纪》中都有记载。平定张昌在太安二年(303年)八月,其时洪二十一岁,则当生于太康四年(283年)。

做了丹阳太守之后,他便起兵攻打冰。葛洪便在道衡那里做了将兵都尉。因镇压冰的军功,洪迁了伏波将军。但是第二年,他便"投戈释甲",往洛阳求异书,正好逢八王之乱,道阻路绝,于是便周旋于徐、豫、荆、襄、江、广数州之间大约有二年。光熙元年(306年),嵇含为广州刺史,表洪为参军。洪先至广州,含未至而遇害,洪于是滞留南土,隐居于罗浮山。大约在三十岁的时候,与南海太守鲍靓结识。靓是一位精通丹术与符箓的人,《云笈七签》卷一百六《鲍靓真人传》说他曾从左慈受中部法,及三皇五岳劾召之要,能役使鬼神。靓传授给洪《三皇文》,并把女儿嫁给了他。三十二岁的时候,洪到了句容故里修道炼丹。第二年,琅琊王司马睿为丞相,广招人才,洪被辟为府掾。又两年后,当洪三十五岁时,司马睿在江东即晋王位,大加封赏。洪因伐石冰之功,封为关中侯,食句容邑二百户。也就在这个时期,他完成了《抱朴子》内外篇的写作。外篇《自叙》说:"洪年二十余,乃计作细碎小文,妨弃功日,未若立一家之言,乃草创子书。会遇兵乱,流离播越,有所亡失,连在道路,不复投笔十余年,至建武中乃定。凡著内篇二十卷,外篇五十卷,碑颂诗赋百卷,军书檄移章表笺记三十卷,又撰俗所不列者为《神仙传》十卷,又撰高止不仕者为《隐逸传》十卷,又抄五经七史百家之言、兵事方伎短杂奇要三百一十卷,别有目录。"就是说,从"投戈释甲"的二十一岁前后动笔,到成书的三十五岁左右,前后经历十余年。以后或者还曾不断修改,外篇《自叙》作于更晚,可能是晚年(外篇《自叙》提及《神仙传》,显系作于晚年①)。他虽受爵封,而仍隐居句容,直至咸和初,王导才又荐洪

①《神仙传》卷十《平仲节传》记平仲节卒于"晋穆帝永和元年(345年)五月一日"。按,永和元年洪已六十三岁,《神仙传》之最后完成,当不早于是年。

补州主籍,转司徒掾,迁咨议参军。但不久他又归隐兰风山。且因年老,急于炼丹,闻交趾产丹砂,他便给晋成帝上疏,请为交趾勾漏令,带领子侄南下,而到广州时为广州刺史邓岳所强留,遂复入罗浮山。自此便在罗浮山炼丹,大约死于晋穆帝永和元年(345年)至三年(347年)之间,享年六十三或六十五①。

从葛洪经历看,我们可以了解到他与其时豪门世族、与其时之名士群体,是完全不同的另一种人,他并不是当时士人的代表人物,他的言行,并不代表当时士风的基本倾向。他是处于当时

① 关于葛洪卒年,有三说。钱大昕《疑年录》谓其卒于咸和中,不足信。《晋书》本传谓其卒时年八十一;而《太平寰宇记》引袁宏《罗浮记》谓其死时年六十一。此两说均有不可通处。两说相距二十年,同时提到洪死前与广州刺史邓岳的事。本传谓:"后忽与邓岳疏云:'当远行寻师,剋期便发。'岳得疏,狼狈往别。而洪坐至日中,兀然若睡而卒。岳至,遂不及见。"本传这条材料,显系采自《晋中兴书》。《罗浮记》云:"(洪)于此山积年,忽与岱书云:'当远行寻师药,克期当去。'岱疑其异,便狼狈往别。既至,而洪已死。"这就是说,洪必然死于邓岳为广州刺史时。邓岳为广州刺史,当在咸和五年(330年)以后。而康帝朝,岳避康帝讳,改名为岱,可知康帝时岳仍在广州刺史任上。永和五年(349年),广州刺史是滕畯。《晋书·邓岳传》称岳死后,由其弟邓逸代广州刺史。是则岳当卒于永和元年至四年之间。万斯同《东晋方镇年表》系岳为广州刺史至康帝建元二年(344年),是有据的。他据的是岳避康帝讳。穆帝永和年间,广州刺史为谁,他无所系,是慎重的。吴廷燮《东晋方镇年表》系康帝建元二年广州刺史为邓逸,所据仅为《晋书》岳传所称岳死后以逸监交广州军事。而其实岳传并未称岳卒于何年,吴表也猜测而已。岳之卒与逸之代刺史,在建元二年至永和五年这五六年间均有可能。这就是说,洪享年八十一之说是不可能的,其时岳至少已死十五年以上了。那么,享年六十一呢?同样不可能。洪撰之《神仙传》既至早成书于永和元年五月之后,时洪年六十三,则卒于六十一岁自不可信(卿希泰《中国道教史》第一卷304页已指出了这一点)。较大的可能,是卒于永和元年至三年之间,享年六十三至六十五。"三"与"五"因残蚀而为"一"。

主要士风之外,来审视其时的社会风气的。还不仅止于此。他是处于整个个性觉醒的思想潮流之外,来审视自汉末发展起来的这个思潮的。

在葛洪的思想里,当然有道家的成分,这是毫无疑议的。《抱朴子》内外篇都有老子的思想,外篇《嘉遁》有淡泊无为的思想;而养生的思想,却与嵇康有许多相似处。但是,他的主要的心态,则与其时士人心态的主要趋向相左。他带着一种不满的心绪,评论世风士风,评论士人之心态。

他对于自汉末发展起来的整个士风加以评说。从批评郭泰开始,他进而否定从人物品评到清谈的风尚。他说,林宗知汉之不可救,而不能隐迹山林,栖栖遑遑,周流四方,"出不能安上治民,移风易俗;入不能挥毫属笔,祖述六艺。行自炫耀,亦既过差;收名赫赫,受饶颇多。然卒进无补于治乱,退无迹于竹帛"。他进而批评林宗所处时代普遍存在的"处士横议"风气。他引诸葛元逊的话说:"林宗隐不修遁,出不益时,实欲扬名养誉而已,街谈巷议以为辩,讪上谤政以为高。时俗贵之歙然,犹郭解、原涉见趋于曩时也。后进慕声者未能考之于圣王之典,论之于先贤之行,徒惑华名,咸竞准的,学之者如不及,谈之者则盈耳。"(《抱朴子·外篇·正郭》)我们在第一章中曾说过,"处士横议",正是汉末思想禁锢解除、个性觉醒、思想趋向于多样化的产物,也是汉末政治腐败,士人对于政权的疏离心理的反映。在历史的发展中,它是一种进步现象。而葛洪所批评的,正是这种现象。他显然没有注意汉末以来的特殊的政权格局,也没有考虑到思想发展的趋势,他是以儒家的固定的标准,去衡量已经变化了的局势。这与他在另一些地方提出的今胜于古的观点,正好相矛盾。

他对于汉末以来的任自然以适性情的风气表示不满。他说,君子贤人，应该勤慎劳谦，而"汉之末世则异于兹，蓬发乱鬓，横挟不带，或褒衣以接人，或裸袒而箕踞。朋友之集，类味之游，莫切切进德，訚訚修业，攻过弼违，讲道精义。其相见也，不复叙离阔，问安否，宾则入门而呼奴，主则望客而唤狗。其或不尔，不成亲至，而弃之不与为党，及好会则狐蹲牛饮，争食竞割，掣拨淼摺，无复廉耻，以同此者为泰，以不尔者为劣"。又说："汉之末世，吴之晚年……唯在于新声艳色，轻体妙手，评歌讴之清浊，理管弦之长短，相狗马之剿驽，议遨游之处所，比错涂之好恶，方雕琢之精粗，校弹棋樗蒲之巧拙，计渔猎相捔之胜负，品藻妓妾之妍蚩，指摘衣服之鄙野。"（《抱朴子·外篇》之《疾谬》、《崇教》）他讥笑这种风气说：

> 夫贵门子孙及在位之士，不惜典刑，而皆科头袒体，踞见宾客，既辱天官，又移染庸民，后生晚出，见彼或以经清资，或佻窃虚名而躬自为之，则凡夫便谓立身当世，莫此之为美也。（《抱朴子·外篇·刺骄》）

而且，他认为这种任情放纵的风气是每下愈况，他说：

> 世人闻戴叔鸾、阮嗣宗傲俗自放，见谓大度。而不量其材力，非傲生之匹而慕学之，或乱项科头，或裸袒蹲夷，或濯脚于稠众，或溲便于人前，或停客而独食，或行酒而止所亲。此盖左衽之所为，非诸夏之快事也。夫以戴、阮之才学，犹以蹉踬自病，得失财不相补。向使二生敬蹈检括，恂恂以接物，兢兢以御用，其至到何适但尔哉！况不及之远者，而遵修其业，其速祸危身，将不移阴，何徒不以清德见待而已乎！（《抱

朴子·外篇·刺骄》)

在整个外篇中,他处处表现出对于任情放纵的士风的极端反感。他是一位循规蹈矩的人,完全按照儒家的守俭约、循规矩的方式生活。他甚至对于穿衣服的风气也深致不满。南渡之后,士人在服饰上常常变换新样,对此葛洪评论说:

> 丧乱以来,事物屡变,冠履衣服,袖袂财制,日月改易,无复一定,乍长乍短,一广一狭,忽高忽卑,或粗或细,所饰无常,以同为快。(《抱朴子·外篇·讥惑》)

在《自叙》篇中,他说他不能接受这种变化:

> 洪之为人也而疏野,性钝口讷,形貌丑陋,而终不辩自矜饰也。冠履垢弊,衣或褴褛,而或不耻焉。俗之服用,俄而屡改,或忽广领而大带,或身促而修袖,或长裾曳地,或短不蔽脚。洪期于守常,不随世变。……故邦人咸称之为抱朴之士。

他是完全站在潮流之外的,因此他说他生活在孤独里。这是很有意思的一件事,说明着他的思想观点,他的价值取向,他的心绪,与其时之主要思想潮流,是格格不入的。

他评论好坏美丑的标准,亦与时异。两晋是十分看重容貌的潇洒俊美的,前已述及。风姿俊爽,风神秀丽,往往为人所仰慕,成为名士之一重要标志。但是葛洪的看法完全相反。在《抱朴子·外篇·行品》中说:

人技未易知，真伪或相似。士有颜貌修丽，风表闲雅，望之溢目，接之适意，威仪如龙虎，盘旋成规矩。然心蔽神否，才无所堪，心中所有，尽附皮肤，口不能吐片奇，笔不能属半句，入不能宰民，出不能用兵，治事则事废，衔命则命辱，动静无宜，出处莫可。……士有机辩清锐，巧言绮粲，揽引譬喻，渊涌风厉，然而口之所谈，身不能行；长于识古，短于理今；为政政乱，牧民民怨。

在《清鉴》篇中他也有类似的话：

夫貌望丰伟者不必贤，而形器尫瘁者不必愚。

这些说法，其实是对于其时名士的一种非常刺耳的批评，正所谓"时之所重，我之所轻"。

从《抱朴子》看，葛洪对于世风，以至对汉末开始的个性自觉思潮引起的士风的变化的批评，只停留在对现象的评论上，大抵说来，是以儒家的礼，批评种种违礼的行为；以知足守分的人生态度，批评种种奢靡放荡的生活风尚。他并没有论及玄学思潮的实质问题，也没有论及这一思潮与政局的关系。既不是对一种思想潮流的清理与批评，也不是对于这一思潮与西晋乱亡的关系的历史思索。它只是一种心境的距离，是一种生活态度、生活方式、生活价值准则的差异的反映。葛洪的批判，使人感到在当时的主要思想潮流之外，还有一些旁观的人，对这一潮流持冷静的批判的态度，如此而已。洪的批判既未阻拦这一思想潮流之发展，亦未在当时的实际生活中产生影响。

何以像葛洪这样一位在道教史上有着十分重要地位的人物，

像他这样一位著述如此丰富、知识如此广博的人物,对于世风的批评事实上在历史上并未起到作用?这原因当然非常复杂。他处于下僚,人微言轻,固是一端。玄学思潮的发展还有它的社会历史条件,还有它存在的根据,也是一端。但是,他的批判没有带着振聋发聩的深刻理论反思的性质,恐怕是更为主要的原因。而这一点,主要的便要归结到他思想的复杂性上。

他是神仙道教理论的重要创立者。他的神仙道教理论的哲学基础便是老子的道。但是他又批评老、庄的思想。《抱朴子·内篇·释滞》:

> 又五千文虽出老子,然皆泛论较略耳。其中了不肯首尾全举其事,有可承按者也。但暗诵此经,而不得要道,直为徒劳耳,又况不及者乎!至于文子、庄子、关令尹喜之徒,其属文笔,虽祖述黄、老,宪章玄虚,但演其大旨,永无至言,或复齐死生谓无异,以存活为徭役,以殂殁为休息,其去神仙,已千亿里矣。岂足耽玩哉!

他有老子的守朴无为的思想,"至人无为,栖神冲漠,不役志于禄利,故害而不能加"(《抱朴子·外篇·嘉遁》)。但是在行动上,他又并不完全栖神于冲漠,他是入世的,不过方式不同而已。他写《抱朴子》的目的,就是传之后世,让人知道他是文儒。他的著述的目的,与曹丕等人的著书目的并无不同之处。他的守朴无为,只是指不追求利禄,不苦形于外物,不为世务所累,不为富贵所诱而已,与老子的抱朴守素的原义已经不同。他主张守分知足,"夫斥鹦不以蓬榛易云霄之表,王鲔不以幽岫贸沧海之旷,虎豹入广厦而怀悲,鸿鹄登嵩峦而含戚,物各有心,安其所长,莫不泰于得意,而惨于失所也。……或出或处,各从攸好"(《抱朴子·外篇·逸民》)。这是很典型的安于现状的思想,依这种思想推理,那么各行其是就是。这正是庄子的思想。但是事实上洪又做不到,他论君道,论臣道,论任贤,论遇与不遇,处处都反映出他对世事是非的关心。他为贤人不遇抱不平,而这正与他安分知足的思想相左。他是主张贵经术、崇儒教的,"经术深则高才者洞逸,卤钝者醒悟"(《抱朴子·外篇·勖学》);"六艺备,则卑鄙化为君子"(《抱朴子·外篇·博喻》);"正经为道义之渊海"(《抱朴子·外篇·百家》)。但是他又主张博采百家。他主张忠孝仁义,但也主张以刑法辅仁义,杂入法家思想。他虽然主要的是运用儒家的思想准则批评世风士风,但是由于他的思想庞杂,他在理论上显出来缺乏鲜明性也缺乏力度,只能停留在对现象的评论上。他对世风士风的批评,缺乏理论反思的深刻性的原因就在这里。

从左思到葛洪,虽然他们的遭遇不同,思想各异,他们对于玄风的反思都带着冷眼旁观的性质,他们有不满,特别是葛洪,但他们还不是身受其害因而对玄风痛心疾首的人。对玄风作痛心疾首的反思的,是另一些人。这些人曾经身在玄风之中,而后因各种原因又身受其害,回首往事,面对现实血泪,于是在血泪中思索,并且在血泪中醒悟过来。

刘琨就是很突出的一位。他以一种慷慨悲壮的情怀,最后是以生命,作了一次惊心动魄的反思。

他与他的哥哥刘舆,原都预贾谧的二十四友之列。史称其原本为巧佞之徒,奢靡放纵,嗜于声色。赵王司马伦是八王之乱、中原倾覆的肇始者,琨姊适赵王伦之子司马荂,因之琨及其父兄,一门三人尽为伦所用,参预了伦的种种阴谋。特别是刘舆,品格更为低下,不惟品格低下,且阴险狡诈,他陷害他人的种种行径,使读史者常为之毛骨悚然。后来赵王伦失败，琨兄弟便归附了成都王司马颖。颖失败，他们又归附了范阳王司马虓。在屡换其主的过程中，见出琨兄弟的反复无常。

八王之乱使晋室濒于崩溃，北方少数民族的统治者乘机而起，入侵中原。舆在洛阳陷落之前便死了，未及见西晋之亡国。而琨却在抗击外族入侵中成了英雄人物。

光熙元年（306年）九月，琨被任命为并州刺史。并州是抗击匈奴入侵的北方重镇，当时已在匈奴各势力的包围之中，刘曜、石勒兵力就在附近，还有晋室的割据一方的势力王浚等，形势错综复杂，各种力量犬牙交错。琨就要去周旋于这些力量之间，加上战乱已经把中原蹂躏得残败不堪，民不聊生，人力物力来源都有困难。而司马越任命琨为并州刺史的时候，又没有给他兵力。他以极少的力量，在那样复杂艰险的条件下赴任，在精神上的负担当然是相当沉重的。这次的任命，已经不是八王之乱的内部权力之争，而是关乎国命安危的事。他所面对的使命把他从反复无常的立身之道一下子便拉回到系国命安危于一身的位置上。这种种的因素，无疑在琨的内心深处引起了非常复杂的反响。这在他赴任时写的《扶风歌》中可以看出来：

> 朝发广莫门，暮宿丹水山。左手弯繁弱，右手挥龙渊；顾瞻望宫阙，俯仰御飞轩。据鞍长叹息，泪下如流泉。

我们可以清楚地感受到他有一种慷慨赴国难的情怀，车既行而又止，心徘徊而不忍去。这"叹息"意蕴甚深，是伤国家的祸乱灾难，还是伤国之将亡。而这种种结果，自己又是参预了的一员，是叹恨？还是凄凉？或者还有对于前途的忧虑？他所要面对的，将是一种极艰难的环境。这在他赴并州抵壶关的上表中有所说明：

> 九月末得发，道险山峻。胡寇塞路，辄以少击众，冒险而
> 进，顿伏艰危，辛苦备尝，即日达壶口关。臣自涉州疆，目睹
> 困乏，流移四散，十不存二，携老扶弱，不绝于路。……

后来在《谢拜大将军都督表》中也说：

> 自东北八州，勒灭其七，先朝所授，存者唯臣。是以勒朝
> 夕谋虑，以图臣为计，窥伺间隙，寇钞相寻，戎士不得解甲，百
> 姓不得在野。天网虽张，灵泽未及。唯臣孑然，与寇为伍。
> 自守则稽聪之谋，进讨则勒袭其后，进退维谷，首尾狼狈。

在《与丞相笺》中他说到所处的困境：

> 不得进军者，实困无食，残民鸟散，拥发徒跣，录召之日，
> 皆披林而至，衣服蓝褛，木弓一张，荆矢十发，编草盛粮，不盈
> 十日，夏则桑椹，冬则橡豆，视此哀叹，使人气索。

大概就是在这样艰难险恶的环境中，完全改变了他以往的心态，
以至于他的品格。

当然，他的转变有其自身的基础。他少年时有壮志，且性格
豪侠。史载其与祖逖并有英气，每语世事，或相谓曰："若四海鼎
沸，豪杰并起，吾与足下当相避于中原耳。"他的性格类型完全不
同于王衍辈，就连风姿也是完全不同的类型。《晋书·桓温传》有
一段涉及琨的风姿的很有趣的描写：

初,温自以雄姿风气是宣帝、刘琨之俦,有以其比王敦者,意甚不平。及是征还,于北方得一巧作老婢,访之,乃琨伎女也,一见温,便潸然而泣。温问其故,答曰:"公甚似刘司空。"温大悦,出外整理衣冠,又呼婢问。婢云:"面甚似,恨薄,眼甚似,恨小;须甚似,恨赤;形甚似,恨短;声甚似,恨雌。"温于是褫冠解带,昏然而睡,不怡者数日。

这是贬嘲桓温的,但从中却可以了解到琨之魁伟雄杰的神韵,与王衍、潘岳、卫玠等人的俊美相比,琨完全是另一种类型。他的少年抱负,他的魁伟雄杰的气概,入仕之后都淹没在豪奢声色的生活与巧佻的品格之中,待到面对国破家亡的境况,惊醒过来,才唤起了原先的这一切。《晋书·刘琨祖逖传论》论琨与逖之转变,甚为精辟:

刘琨弱龄,本无异操,飞缨贾谧之馆,借箸马伦之幕,当于是日,实佻巧之徒欤!祖逖散谷周贫,闻鸡暗舞,思中原之燎火,幸天步之多艰,原其素怀,抑为贪乱者矣。及金行中毁,乾维失统,三后流亡,递萦居羞之祸;六戎横噬,交肆长蛇之毒。于是素丝改色,跅弛易情,各运奇才,并腾英气,遇时屯而感激,因世乱以驱驰。陈力危邦,犯疾风而表劲;励其贞操,契寒松而立节,咸能自致三铉,成名一时。古人有言曰:"世乱识忠良。"盖斯之谓矣。

这是完全符合史实的公正评论,琨之预二十四友,之为赵王伦效力,都是无法抹煞的污点,而一旦因国命维艰而激发起忠贞气节,便素丝改色,进入另一种人生境界。刘琨后来是表现得很杰出的。他听到祖逖在江淮间用兵，便在给亲友的信中说："吾枕戈待旦，志枭逆虏，常恐祖生先吾著鞭。"建武元年（304年）三月，司马睿在江东即晋王位，刘琨便派温峤到江东上表劝进，表文和行前送温峤的情形，真是悲歌慷慨，大有荆轲易水之韵味。琨对峤说："班彪识刘氏之复兴，马援知汉光之可辅。今晋祚虽衰，天命未改，吾欲立功于河北，使卿延誉于江南，子其行乎！"（《世说新语·言语》）温峤慨然应命。他母亲牵留他，他绝裾而去。峤到江东，对王导陈说社稷焚灭的情形，言与泗俱，满座为之感泣。上一年晋愍帝出降刘聪，西晋以亡。在这样的局面下，琨孤军奋战北方，而劝司马睿登帝位，以重振晋室基业，充分表现了他临难的气节。

司马睿是即帝位了，建立了东晋，而琨却死在了北方。他是死得很悲凉的。兵败之后，他便投奔鲜卑段匹磾，原先他与段匹磾有盟约，约定共同抗击石勒，扶持晋室，但是匹磾负约，矫诏杀琨。琨被拘时，有诗赠卢谌：

> 吾衰久矣夫，何其不梦周？谁云圣达节，知命故不忧。宣尼悲获麟，西狩涕孔丘。功业未及建，夕阳忽西流。时哉不我与，去乎若云浮。朱实陨劲风，繁英落素秋。狭路倾华盖，骇驷摧双辀。何意百炼刚，化为绕指柔。（《重赠卢谌诗》）

这诗的前半段，用了许多典故，以说明若能扶持晋室，则不问仇友，当用之与之周旋。接着才是这"吾衰"的叹息。在这叹息里，充满着失败者的悲哀。史称其死前谓其子曰："死生有命，但恨仇耻不雪，无以下见二亲耳。"

刘琨是从虚诞走向悲壮的一位，在他被拘之后，以一种失败者的悲壮心绪，回顾自己的一生，事实上也是对西晋士风的一次回顾。在给卢谌的信里，他说：

> 昔在少壮，未尝检括，远慕老庄之齐物，近嘉阮生之放旷，怪厚薄何从而生，哀乐何由而至。自顷辀张，困于逆乱，国破家亡，亲友凋残，负杖行吟，则百忧俱至，块然独坐，则哀愤两集……然后知聃周之为虚诞，嗣宗之为妄作也。

这是一次带着血泪的反思，当然是对数十年玄风的彻底否定。玄风兴起之后，席卷士林，从人生理想到生活情趣、生活方式全都起了翻天覆地的变化，多少士人为之心醉，它为多少士人带来心灵的满足！他们生活于玄风里，自视若神仙。玄风之发展，成一种不可阻挡之势。虽时时有责难者，而未稍加遏止，如干宝《晋纪总论》所说："子真著《崇让》而莫之省，子雅制九班而不得用，长虞数直笔而不能纠。"待到身临斧钺，才悟出虚诞之误国。王衍临死前也是同样的心情。他们的反思，着眼点都在玄风带来的不婴世务的人生态度的为害上。衣冠南渡之后，陈頵在给王导的信里，也提出了类似的观点：

> 中华所以倾弊，四海所以土崩者，正以取才失所，先白望而后实事，浮竞驱驰，互相贡荐，言重者先显，言轻者后叙，遂相波扇，乃至陵迟。加有庄老之俗倾惑朝廷，养望者为弘雅，政事者为俗人，王职不恤，法物坠丧。（《晋书·陈頵传》）

看来，从这一角度对玄风进行反思似是当时一种相当普遍的共识。

当然,把西晋的乱亡完全归之于玄风,是不确的,甚至把玄风看作是西晋乱亡的主要原因,也不符合历史事实。西晋祸乱的起因,在它最初立国时就已经埋伏下了。这是一个没有道义的政权,以阴谋手段夺得。它在施政上只能走依违两可的路,政失准的,便导致了内部的纯粹权力之争。它的乱亡,是在政权内部爆发出来的,玄风是其次。当时的一些士人已经看到了这一点,祖逖说:

> 晋室之乱,非上无道而下怨叛也,由宗室争权,自相鱼肉,遂使戎狄乘隙,毒流中土。(《资治通鉴》卷八十八愍帝建兴元年)

这种看法比较符合实际,后赵的石虎,在谈到他何以能占有江北时,说:"司马氏父子兄弟自相残灭,故使朕得至此。"(《资治通鉴》卷九十五成帝咸康三年)敌对双方从不同的角度,却都看到了相同的原因,得出了相同的结论。

但是无论如何,刘琨等人是对玄风作了一次认真的反思了。这次反思,在玄风引起的士人心态的变化上画了一个逗号。当然还不是句号,句号是要等到陶渊明来画的。

第二节　东晋初期的士风与士人心态

司马睿在江东建立起东晋,首先要解决的是这个政权的生存问题。北方的强大的胡族势力随时都在威胁着江东政权,永嘉五年(311 年),石勒曾经兵临长江,准备进攻建业。而江左刚刚建立起来的政权，一开始便经历了内部的叛乱的威胁，先是王敦，后是苏峻的作乱。而更为重要的，是南渡的执掌政权的北方世族，正面临着南方门阀世族集团的强烈反抗。南方门阀世族在孙吴时期的长期经营，有着异常稳固的势力基础，足以左右江东局势。而南渡的北方世族，在吴亡之后，又以胜利者之心态轻视南人。南北双方，在心理上显然存在相当的距离。王导敏锐地看到了调和南北世族矛盾的重要性，因此立国之初便劝司马睿重用南人，于是顾荣、纪瞻、贺循、陆玩、虞潭、孔愉等人便都被网罗进睿的朝廷里，几乎包括了整个江左世族集团的重要代表人物。南北士人心理距离的缩短，南北世族的融合，在东晋初期经历过一个相当长的过程。

从总的情势看，江左政权初期无论从政局上说还是从社会心理上说，都处于动荡不定之中。虽有王导、陶侃等中坚人物的支撑，但是矛盾四伏，整个政局的发展仍处于未知数中。就是在这样的大背景下，我们来考察东晋初期的士风和士人心态的变化。

应该说，这是一个过渡的时期。说它过渡，是指它在士风与士人心态上既承西晋之旧，又不知不觉地有了一些变化。这时的士林精英，都是从西晋过来的人物。他们经受了重大的打击，到了一个全新的环境中，面对着将要开始的一个新的时期，一个偏安一隅的小朝廷的新的时期，他们无论在生活上还是在心态上，都处于动荡不定之中。

《世说新语·言语》有几则关于过江士人的心绪的记载：

> 卫洗马初欲渡江，形神惨悴，语左右云："见此茫茫，不觉百端交集。苟未免有情，亦复谁能遣此！"
>
> 过江诸人每至美日，辄相邀新亭，藉卉饮宴。周侯中坐

而叹曰："风景不殊,正自有山河之异。"皆相视流泪,唯王丞
相愀然变色曰:"当共戮力王室,克复神州,何至作楚囚
相对?"

卫玠是在永嘉四年(310年)看到天下大乱便携家渡江的,这是他
渡江时的感慨,见江水之茫茫而百感交集,这其中当然包含着对
于国命倾危的叹息。他行前对他哥哥说:"在三之义,人之所重。
今日忠臣致身之道,可不勉乎?"他并不是对于国家的安危毫不动
心的人。余嘉锡说:"然则叔宝南行,纯出于不得已。明知此后转
徙流亡,未必有生还之日。观其与兄临诀之语,无异生人作死别
矣。当将欲渡江之时,以北人初履南土,家国之忧,身世之感,千
头万绪,纷至沓来,故曰不觉百端交集,非复寻常逝水之叹而已。"
余嘉锡笺《世说》,往往深得晋人情怀底蕴,此又是一例。衣冠南
渡,初并未预料司马睿会在江东即位,建立江左政权。南行纯以
避乱为目的,因之前途未卜为一主要之心态,见江水之茫茫,不仅
叹人世之匆匆,且忧念前途,故怆然伤怀。周颛不同,他身任要
职,他的叹息,当然也是家国沦落的悲伤,但更多的是带着一种怀
旧情绪。往日名士洛中游宴,多在河滨,而新亭临江渚,有类洛
中,故云风景不殊;而半壁山河,已落敌手,故云有山河之异,见山
河之异而忆往日之纵逸,由是伤怀。从卫玠和周颛,可以看出南
渡名士们带着一种怎样的难以排遣的无可如何的心绪!

如果比较他们与刘琨、王衍的心理反应,我们就可以发现很
大的不同。刘琨与王衍,是在生之穷途中,带着血泪,对于过去的
反省;而卫玠、周颛,只是一种处境变化引起的感伤。刘琨和王
衍,在反省中都彻底否定了玄风,而卫玠与周颛,却并没有丝毫要
否定玄风的意思,因为他们还没有到生死关头,他们面对的只是

环境的变化。

事实上，他们把玄风的一整套生活方式、生活情趣都搬到江左来了。

卫玠渡江之后，到了豫章，继续他们的清谈。《世说新语·赏誉》：

> 王敦为大将军，镇豫章。卫玠避乱，从洛投敦，相见欣然，谈话弥日。于时谢鲲为长史，敦谓鲲曰："不意永嘉之中，复闻正始之音。阿平若在，当复绝倒。"①

卫玠是一位很有名的清谈家。他也是一位很俊美的瘦弱的人，有着非常潇洒的令人倾倒的风姿，出身名门，而又善于以极简略的、深中肯綮的谈论使人折服。过江之前，他的清谈就受到很高的赞誉。《玠别传》说："（王澄）高气不群，迈世独傲，每闻玠之语议，至于理会之间，要妙之际，辄绝倒于坐。前后三闻，为之三倒。时人遂曰：'卫君谈道，平子三倒。'"王澄为卫玠的谈论所倾倒，在当时是名士群体中一段很有名的佳话，所以卫玠到豫章之后与谢鲲

----

① 《世说新语·言语》注引《玠别传》谓："（玠）永嘉四年，南至江夏，与兄别于梁里涧，语曰：'在三之义，人之所重，今日忠臣致身之道，可不勉乎！'行至豫章，乃卒。"《世说新语·赏誉》注引《玠别传》："玠至武昌见王敦，敦与之谈论，弥日信宿。敦顾谓僚属曰：'昔王辅嗣吐金声于中朝，此子今复玉振于江表，微言之绪，绝而复续。不悟永嘉之中，复闻正始之音。阿平若在，当复绝倒。'"按，卫玠于永嘉六年（312年）卒于豫章（《晋书》本传谓其卒于建业，是因为貌美而被看杀的。此说来自《世说新语》。《晋书》往往采小说家言而不辨真伪，此即一例）。《世说新语·容止》注引《永嘉流人名》谓，玠于永嘉六年五月六日至豫章，六月二十四日卒，王敦镇豫章，可能在这一年。他杀王澄，也可能在这一年。

的竟夕清谈，不禁勾起了王敦对于中朝谈风的回忆，说没料到在永嘉南渡之后，还能听到像当年一样的令人倾倒的清谈，使人感到正始玄风尚存，为之快慰。这确实是大出意料的事。如果我们想起刘琨和王衍的沉痛的话语，我们便会想到，西晋名士在南渡之后，理应振作起来，在国破家亡之际，从实务而去虚诞，在心态上应该有一个较大的转变才是。但是他们却依然故我。当北半个中国仍在战火中，而江左亦动荡不定、前途未卜之际，居然还能坐得下来，微言达旦。而这位微言达旦，使一座为之倾倒的人物，就是两年前过江时见茫茫之大江而百感交集的卫玠！

其实，这是不奇怪的事。刘琨与王衍之所以能在生之穷途中反思，是因为他们已经意识到将为清谈付出无法挽回的代价；而卫玠等人所以能在南渡之后继续清谈，是因为他们在江南安顿下来之后，便产生了一种偏安心态。

东晋政权的支柱王导也清谈。《世说新语·文学》：

> 旧云：王丞相过江，止道声无哀乐、养生、言尽意三理而已。然宛转关生，无所不入。

王导无疑是东晋初期清谈的领袖人物。卫玠是永嘉六年（312年）就死了的，谢鲲死于太宁二年（324年）之前①，温峤、庾亮等均善谈论，在当时影响甚大，然就位望而言，均不及王导。在导的周围，聚集着一大批善于清谈的人。《世说新语·文学》载：

---

① 史未言谢鲲死于何年。考永昌二年（323年）正月，王敦以谢鲲为长史。《晋书》鲲传谓敦还武昌之后使鲲之郡，不久卒于官，敦死后，追赠鲲太常。按，敦还武昌在永昌二年（323年），而卒于太宁二年（324年）七月，是则鲲当卒于太宁二年七月之前。

殷中军为庾公长史,下都,王丞相为之集,桓公、王长史、王蓝田、谢镇西并在。丞相自起解帐带麈尾,语殷曰:"身今日当与君共谈析理。"既共清言,遂达三更。丞相与殷共相往反,其余诸贤,略无所关。既彼我相尽,丞相乃叹曰:"向来语,乃竟未知理源所归,至于辞喻不相负。正始之音,正当尔耳。"明旦,桓宣武语人曰:"昨夜听殷、王清言甚佳,仁祖亦不寂寞,我亦时复造心,顾看两王掾,辄翣如生母狗馨。"

此次谈论,当在咸康元年(335 年)前后①,预此会者有殷浩、桓温、王濛、王述、谢尚,导年最长,殷浩次之,其余皆年少。导与浩谈而不顾及他人,谢尚与桓温尚能偶或参预,而濛、述则唯有静听之资格。此时已距南渡二十余年,北来的清谈名士大多已离开人世,江左出生的新一代谈家尚未进入清谈的中心。过江时王濛辈尚为童儿,此时正是二十余岁之青年,虽预谈座,然尚未精玄理,就谈论之精深而言,王导此时显然也是领袖人物。谢尚与王濛,后来是成就为清谈名家了的,他们起了衔接下一代的作用。谢尚还写有《谈赋》,今存片断:

斐斐蘦蘦,若有若无,理玄旨邈,辞简心虚。

从这数语推测,其时之清谈,较之西晋似更为空灵飘忽。

不仅清谈之风在江左得到了继续,西晋士人的放纵生活方式

①《晋书·殷浩传》,浩为庾亮长史,在亮为征西将军时。据《晋书·庾亮传》,亮为征西将军在陶侃死后。侃死于咸和九年(334 年)。咸康元年(335 年),王导辟王濛为掾,故其时在座。

在东晋初期也仍保存着。周颉是江左重臣,但是《世说新语·任诞》注引邓粲《晋纪》,却记载了一段有关他的骇人听闻的故事:

> 王导与周颉及朝士诣尚书纪瞻观伎。瞻有爱妾,能为新声。颉于众中欲通其妾,露其丑秽,颜无怍色。有司奏免颉官,诏特原之。

周颉有风流才气,兼美姿容,平时行止,端然肃然,朋辈无敢绁近者(参见孙盛《晋阳秋》)。而其实他是一位生活上毫不检束的人,与亲友谈,多杂秽语,连放荡如谢鲲者,都说他:"卿类社树,远望之,峨峨拂青天;就而视之,其根则群狐所托,下聚溷而已!"所谓"群狐所托"是说颉在生活上不检束的秽行。其实,这并非周颉一人而已。所谓"远望之,峨峨拂青天",乃是指有名士之名,有名士之风姿,而其实这些人行为污秽。这种名士风姿与秽行并存的情形,乃是一时之风尚。试想,在朝士会聚之人前,在歌吹舞蹈之际,年高望重如周颉者,竟然性欲勃发,不可已已,至于公然露其丑秽而欲通人妾,若非"对弄婢妾"已成一时风尚,见怪不怪,实在是不可想象的。这类事还有一些记载,《世说新语·德行》:

> 王平子、胡毋彦国诸人皆以任放为达,或有裸体者。

刘注引王隐《晋书》:

> 魏末阮籍嗜酒荒放,露头散发,裸袒箕踞。其后贵游子弟阮瞻、王澄、谢鲲、胡毋辅之之徒,皆祖述于籍,谓得大道之本。故去巾帻,脱衣服,露丑恶,同禽兽,甚者名之为通,次者

名之为达也。

他们在渡江之前如此，渡江之后，放诞之风亦未加收敛。关于此时之风气，葛洪《抱朴子·外篇·疾谬》也有论述。此种以不检束之秽言秽行为通达，因之获致美名的情形，渡江之后所在多有。《晋书·光逸传》说光逸避乱渡江："初至，属辅之与谢鲲、阮放、毕卓、羊曼、桓彝、阮孚散发裸裎，闭室酣饮已累日。逸将排户入，守者不听，逸便于户外脱衣露头于狗窦中窥之而大叫。辅之惊曰：'他人决不能尔，必我孟祖也。'遽呼入，遂与饮，不舍昼夜，时人谓之八达。"而此时正处于国命危急，前途未卜之际！

谢鲲是这种通达的一位重要人物。《晋书·谢鲲传》说，邻家女有美色，鲲曾挑之，女投梭，折其两齿。鲲不以为辱，反以为荣，时人笑他说："任达不已，幼舆折齿。"他便傲然长啸，说："犹不废我啸歌。"就是这样一位谢鲲，在当时却有甚高之声望。《世说新语·赏誉》注引邓粲《晋纪》，谓其时贵游子弟能谈嘲者，皆慕谢鲲、王澄之通达。而谢鲲自己，也以任情真率而自觉迹近高逸。《世说新语·品藻》刘注引孙盛《晋阳秋》说：鲲入朝见太子于东宫，太子问他：时人把你比庾亮，你自己觉得与他比谁更好一些？他回答说，如果讲为国家栋梁，那么我不如庾亮；但是讲纵意于丘壑，那么庾亮比不上我。后来顾恺之为他画像，就画他在岩石里，说："此子宜置丘壑中。"（《晋书·文苑传·顾恺之传》）可见当时的人对他的高度评价。

胡毋辅之也是任达不拘礼节的一位。《晋书·王澄传》说他与王澄、谢鲲、庾敳、阮脩、王敦、光逸等，"酣宴纵诞，穷欢极娱"。他的儿子，傲纵还超过他。与他一样放诞的，还有毕卓、王尼、羊曼等人。毕卓是一位饮酒的专家，他为吏部郎时，常常饮酒废职，甚至曾因醉盗酒，为掌酒者所缚。他对人说："得酒满数百斛船，四时甘味置两头，右手持酒杯，左手持蟹螯，拍浮酒船中，便足了一生矣。"他的这话一直为名士们所引用，李白便是其中的一位①。

这些人的放纵，南渡之前和南渡之后是一贯的。如何来理解这种现象？当然可以理解为积习所致，一个人的生活情趣、生活方式不是能够一下子就完全改变的，即使心态在战乱中有了巨大转变的刘琨，当他慷慨抗敌之际，也未能完全改掉他的积习。他年轻时是好声色的，作战并州之后，在那样艰苦的环境中，他时自克制，但又常常克制不住而稍又放纵。何况，南渡士人已经有了一个可以暂时偏安的环境。

当然，这些习惯于放诞生活方式的南渡士人，也不是无所改变，他们是起了变化了的，虽然变化甚微。他们在南渡之前，多是不婴世务的人，但是过江之后，他们中的多数人，都表现出对于国家前途的关心和临难时的气节，谢鲲就是一例。王敦作乱，鲲数次谏阻，而被置之不理；虽被置之不理，仍然谏争，在重大问题上，明白地表明了自己的是非观点。羊曼也是一例，苏峻作乱，王师败绩，或劝曼避峻，曼曰："朝廷破败，吾安所求生？"终于为峻所害。当然，最突出的例子是周颛。周颛被王敦杀害前，痛斥王敦，虽口被戟伤，血流至踵，而仍然容止自若。他们与渡江前的万事无所系心显然是不同了的。

但是，南渡士人的生活方式、生活情趣仍沿袭中朝余习，也是事实。而且，谈玄之风，后来还进一步发展了。这里最根本的原因，就是江左正在形成一个偏安的环境，和在这个环境中正在形

---

①李白《江上吟》："木兰之枻沙棠舟，玉箫金管坐两头。美酒樽中置千斛，载妓随波任去留。"这一意象的源头，显然来自毕卓的这段话。

成的士人的偏安心态。这种偏安心理形成的原因甚为复杂。中朝名士本来就没有雄大抱负而只注目于个人琐琐,虽经乱亡,只要稍有可以安身之地,便容易得到满足。加之老庄思想的长期熏陶,趋向超脱的人生理想、人生情趣一时不容易改变。当然,最重要的还是政局,政局是一种偏安的局面。东晋建立起来之后,没有以收复中原作为奋斗目标,中间虽曾有祖逖出兵江淮,有庾亮的北伐,但是,施政的总方针,仍是偏安江左。这一点与王导有甚大之关系。王导是决定东晋初期政局的关键人物,实际是东晋的半壁江山,当时所谓"王与马,共天下",恰切地道出了政治势力的实际格局。而王导的主要思想,便是平衡与稳定。他的一切行为的着眼点,都是维持既成的局面。在各种势力的斗争中,他往往采取包容、调和、兼顾各方利益的解决办法,有时甚至到了纵容乱臣、包庇罪犯的程度。但由此而大局得以维持,江东百年局面的偏安,不能不说与王导的宽和政策有关。王导是明白自己的施政措施的目的的,他显然看清江左形势,有意采取宽和的政策。《世说新语·政事》记述了王导的一句话:"人言我愦愦,后人当思此愦愦。"刘注引徐广《晋纪》:"导阿衡三世,经纶夷险,政务宽恕,事从简易,故垂遗爱之誉也。"宽和政策造成一种稳定感,它固然没有奋发进取的精神,然亦没有乱亡的心理威胁。这种小气候极利于滋生偏安心态。而正是这种偏安心态,使西晋玄风得以在江左继续存在下去。

东晋初期,廷臣对西晋玄风有过多次的抨击,前面提到的陈频的上疏就是。熊远上疏也是。远疏指出其时为政之三失,其一即:"当官者以治事为俗吏,奉法为苛刻,尽礼为谄谀,从容为高妙,放荡为达士,骄蹇为简雅。"陶侃是极力反对浮虚的,属吏有浮虚者,往往加以鞭扑。他说:"老、庄浮华,非先王之法言,不可行也。君子当正其衣冠,摄其威仪,何有乱头养望自谓宏达邪?"
(《晋书·陶侃传》)戴邈上疏,说:"世丧道久,人情玩于所习;纯
风日去,华竞日彰,犹火之消膏而莫之觉也。"(《晋书·戴若思传
附邈传》)诸葛恢论政之得失,谓:"今天下丧乱,风俗陵迟,宜尊五
美,屏四恶,进忠实,退浮华。"(《晋书·诸葛恢传》)卞壸亦激烈
抨击浮虚之弊。但是,这些都未能改变浮虚士风在江左的延续。
直至咸康三年(337年),过江近三十年之后,成帝立学校,崇儒
术,但也未见成效,"而士大夫习尚老、庄,儒术终不振"。

事实上,王与马,都并没有丝毫要反对玄风的意思。《世说新
语·方正》刘注引《高逸沙门传》:"晋元、明二帝,游心玄虚,托情
道味,以宾友礼待法师。王公、庾公倾心侧席,好同臭味也。"王导
与庾亮,都是清谈的倡导者,从一定程度说,他们和司马氏政权的
几代皇帝,都是江左玄风的保护者。

第三节　偏安心态的发展及其诸种表现

偏安心态终于发展成为东晋士人的主要心态,这与东晋百年
的偏安局面是紧密相联的。偏安政局之形成,实为其时南北政治
格局使然。在北方来说,百年间战争不断,政权更迭频繁,先是刘
聪与石勒的战争,接着是前燕和前秦的对峙,后来又是后燕和后
秦的争夺,最后才是后魏,一直没有一个强大到足以南下统一全
国的政权出现。这其间石勒曾经迫近长江,苻坚大军且曾临江进
发,但是都未能成功。在南方来说,虽有庾亮兄弟、殷浩、恒温、谢
玄诸人的几次北伐,但也都没有成功。几次经略北方没有成功的
原因各有不同,但也有共同的一点,那便是自司马睿江东即位之

后,以至终东晋之世,始终没有形成一种上下一致、举国一心的恢复中原的意志。南渡之后,很奇怪的一种现象,是没有在朝野间激发起强烈的家国之思。渡江初期,南渡士人中虽也有举目有山河之异的悲伤情绪,但这种情绪很快便平复了。在中国士人的传统里,国破家亡之际,常常是志士奋起之时,忠君思想,国家观念,往往有强烈的表现。但是永嘉南渡之后,却没有这种现象出现。东晋的少数士人有收复中原的抱负,但是他们的行为也往往遭到非议。庾亮准备北伐时,蔡谟就曾上疏论其不可。蔡谟的见解,竟得到多数人的附和。殷浩北伐,王羲之亦以为不可,遗浩书,加以阻止。浩北伐失败,复图再举,羲之又遗浩书,谓"政以道胜宽和为本,力争武功,作非所当,因循所长,以固大业"。他劝殷浩放弃淮水流域,退守长江。他还给当时执掌朝廷大权的会稽王司马道子上书,劝他阻止殷浩再次北伐,主要理由便是度德量力,江左并没有收复中原的条件。他说:"以区区吴越经纬天下十分之九,不亡何待!"(《晋书·王羲之传》)王羲之的看法,反映了其时名士的普遍心理。北伐中原,当然带着风险,不如偏安一隅为好。后来桓温北伐,请移都洛阳,孙绰上疏论其非,理由与王羲之的看法相似,都是以保住江左为上策,其中提到:"植根于江外数十年矣,一朝拔之,顿驱蹶于空荒之地,提挈万里,逾险浮深,离坟墓,弃生业,富者无三年之粮,贫者无一餐之饭,田宅不可复售,舟车无从而得,舍安乐之国,适习乱之乡,出必安之地,就累卵之危,将顿仆道涂,飘溺江川,仅有达者。"其时移都洛阳之建议是否可行,姑置勿论。孙绰此处所说,却是非常生动地反映了江左士人对待恢复中原的基本态度。渡江六十年,一切都习惯了,家业于斯,坟垅于斯,生于斯长于斯,要去驰骋中原,便有一种舍安就危之感。就其时江左的形势言,确实也没有恢复中原的力量,百年间虽偏安而其实亦始终处于动荡之中。范弘之说:"晋自中兴以来,号令威权多出强臣,中宗肃祖敛衽于王敦,先皇受屈于桓氏。今主上亲览万机,明公光赞百揆,政出王室,人无异望。"(《晋书·范弘之传》)他实在是说到了点子上,东晋一开始便存在一个权在强臣的问题,以后屡屡的祸患,也都因这一点而起。元帝司马睿、明帝司马绍时期,王敦声势煊赫,最后终于叛乱。成帝司马衍即位的第二年,便是祖约和苏峻的叛乱。桓温作威于穆帝、哀帝、废帝三朝,最后终于行废立之事。弘之疏中言及的会稽王司马道子,也是一位执掌朝权、愚弄帝王的人物,不过比王敦、桓温更加无能。更以后,便是桓玄的篡位。要之,江左百年,从政局到人心,都没有创造出恢复中原的条件。北方既战争不断,南方亦动荡不宁,于是割据的局面得以维持。江左士人,也就在这样一个局面里寻找自己的人生天地。偏安的心态,也就在这样的局面里得到充分的发展。

偏安心态在江左的发展,可以说几乎深入到士人生活的一切方面,影响他们的人生理想、生活情趣、生活方式,影响到他们的审美趣味,甚至影响到一代文艺思潮的形成。

一、追求宁静的精神天地

偏安心态之一重要表现,便是东晋士人追求一种宁静的精神天地。

渡江之初,南来西晋士人的任诞之风还存在着,而东晋中期以后,任诞风尚便消退了,虽仍有好色纵欲者,但已经不被看重,不被当作名士风度来夸奖。有放诞行为的人,不仅不被看重,反而为时俗所轻。《世说新语·品藻》注引《续晋阳秋》说,孙绰有文才,而"诞纵多秽行,时人鄙之"。玄风发展到东晋,任自然、重情性还是一脉相承的，但是任自然、重情性已经不是西晋士人那种为所欲为、不受约束的放诞，而是任自然而有节。当时的著名士人王濛受到很高评价的一点，便是"性至通，而自然有节"（《世说新语·赏誉》）。

东晋中期以后，士人的最高精神境界，是潇洒高逸。不论是在位，还是又仕又隐，还是纯粹的隐士，都以潇洒高逸为最高的精神追求。谢安、王羲之、戴安道、许询诸人，都是当时重要的名士，他们受人推崇的原因虽各各不同，例如，谢安以其功业，羲之以其书法艺术的杰出成就，戴、许以其隐，但是有一点却是共同的，那便是他们都具备潇洒高逸的精神境界。

谢安是一位风流名相，但是他的生活情趣，却是优游容与。他也诗酒宴乐，时时携妓东山，但是与石崇辈已经不同。石崇辈重在物欲的满足，而谢安则在物质享受的同时，更重精神的满足。他是住在会稽的名士群体的中心人物，和他交往的有王羲之、许询、支遁等人，他们或则清谈终日，或则渔弋山水，或则啸咏属文。他们所追求的，不是物质的满足，而是精神的高雅。他们再也不会像西晋士人那样以斗富为荣了。他们以之为荣的，是高雅的情趣与风姿。谢安的潇洒，出自一种内在情趣的追求。《世说新语·赏誉》记有王献之与谢安的一次对话：

> 王子敬语谢公："公故萧洒。"谢曰："身不萧洒。君道身最得，身正自调畅。"

刘孝标引《续晋阳秋》注此云："安弘雅有气，风神调畅也。"谢安的潇洒风度，在当时和后世，确曾引起一些批评，说他矫饰。这点我们后面还将为之辩正。从他的行为看，他的潇洒，实在是来自

内在的风神调畅。他有一首给王胡之的诗,很能说明这一点。在这诗里,他写他的理想生活:

> 朝乐朗日,啸歌丘林。夕玩望舒,入室鸣琴。五弦清激,南风披襟。醇醪淬虑,微言洗心。幽畅者谁,在我赏音。

赏月、弹琴、酒、清言,全是雅士风流的物事。谢安是很喜欢音乐的。他弟弟谢万死后,他曾经废乐将近十年,但是当他辅政以后,他便始终未离开音乐,即使服丧,也未曾中断过。他的游赏山水,诗酒音乐,清谈,都是他所理想的那种"幽畅"生活的一部分,是一种精神上的满足,而不是生活方式的追求。在与王胡之的这首诗里,他说到这一点时说:

> 鲜冰玉凝,遇阳则消;素雪珠丽,洁不崇朝。膏以朗煎,兰由芳凋。哲人悟之,和任不摽;外不寄傲,内润琼瑶;如彼潜鸿,拂羽青霄。(《全晋诗》卷十三)

外在的潇洒风流是很快会消逝的,他追求的是内心,这拂羽青霄的潜鸿,这琼瑶内润,就是他的自我形象。

谢安的潇洒风流,在当时成为士林仰慕的对象。他的一些行为,常常影响一时士林风尚以至影响到社会风气。檀道鸾《续晋阳秋》记载了一则故事,说谢安的一位同乡从岭南的一个偏远小县做县官回来,谢安问他有什么资财,答说有五万把蒲葵扇,因为时令不合,卖不出去。谢安听后,便取一把用起来,一时名士竞相仿效,于是蒲葵扇的价格一涨再涨,以至于脱销。檀道鸾还记了另一件事,说裴启写了《语林》,因为谢安说他写得不好,于是士林便都认为这是一本写得不好的书。你看谢安在当时的影响有多大！檀道鸾为此感慨道："谢相一言，挫成美于千载；及其所与，崇虚价于百金。"谢安的如此大的影响，显然不是因为他的身居相位的权势，而是因为他的名士风流的声誉。这种影响，一直继续到后代。南齐的王俭，为相之后，处处模仿谢安，自比谢安。《南齐书·王俭传》说：

> （永明）四年，以本官领吏部。……十日一还学，监试诸生，巾卷在庭，剑卫令史仪容甚盛。作解散髻，斜插帻簪，朝野慕之，相与放效。俭常谓人曰："江左风流宰相，唯有谢安。"盖自比也。

唐人李白，也是谢安的崇拜者，他处处以谢安作为自己理想人生的最高境界①。从既荣华富贵又潇洒风流这一点说，谢安的人格形象，可以作为东晋名士风流的代表。

王羲之亦属谢安类型，虽然他没有谢安的功业，但是他出身于一个可与谢安家族的地位媲美的著名家族。东晋的王、谢，几乎可以说是著名家族的代称。不仅如此，由于他比谢安年长，得及与过江名士接触，他又是衔接过江名士与江左出生的一代名士

①李白诗中以崇敬的感情提到谢安的地方甚多，如："携妓东山去，怅然悲谢安。我妓今朝如花月，他妓古坟荒草寒。白鸡梦后三百岁，洒酒浇君同所欢。"（《东山吟》）这是向往于谢安的潇洒风流。"但用东山谢安石，为君谈笑静胡沙。"（《永王东巡歌》之二）这是崇敬谢安的功业，并以之自喻。"安石在东山，无心济天下，一起振横流，功成复潇洒。"（《赠常侍御》）"小隐慕安石，远游学子平，天书访江海，云卧起咸京。"（《秋夜独坐怀旧山》）"安石东山三十春，傲然携妓出风尘。"（《出妓金陵子呈卢六》四首之一）等等。李白之仰慕于谢安的，就是他的风流潇洒与功业。

的人物。他是王敦、王导的从子，又是郗鉴的女婿，那个坦腹东床的故事，千古脍炙人口。可见他从小就有名士的气质。不过他与西晋以来崇尚老庄的名士不同的地方，是他在思想上对老庄有所非议。他信道教，服食养生，但以为庄子的齐物论不可信，"固知一死生为虚诞，齐彭殇为妄作"（《兰亭集序》）。他的政治见解，也近于儒家。不过他的生活情趣，实质上是老庄任自然思想的表现。在与谢万书中，这一点有非常明确的表述：

> 顷东游还，修植桑果，今盛敷荣，率诸子，抱弱孙，游观其间，有一味之甘，割而分之，以娱目前。虽植德无殊邈，犹欲教养子孙以敦厚退让。……比当与安石东游山海，并行田视地利，颐养闲暇。衣食之余，欲与亲知时共欢譙。虽不能兴言高咏，衔杯引满，语田里所行，故以为抚掌之资，其为得意，可胜言邪！（《晋书·王羲之传》）

这与嵇康的生活理想是很相近的，同样追求优游容与。但也有不同，嵇康在优游容与中带着与世无涉、小国寡民的朴素理想，而羲之却是富裕生活中的风流潇洒。羲之的这个理想人生，不仅为时所容，且亦为同时士人所仰慕。他不像嵇康那样非议名教，非议周、孔，他思想的基本倾向与儒家是一致的，这"敦厚退让"，与嵇康激烈的反名教的思想倾向，便截然不同。羲之的一切行为，是朝野都可以完全接受的。因之人生之理想境界虽有与嵇康相同的一面，而生命之归宿却与嵇康大异。他留下的是许多潇洒风流的动人故事，而不是嵇康那样的人生悲剧。例如，他爱鹅，听说山阴一老妇养一鹅鸣声美妙，便带着亲友前往观赏，不料老妇听说他要来，便把鹅烹煮了，以表示对他的热烈欢迎。这个故事中有颇可注意的文化含蕴。羲之之爱鹅，纯粹是一种审美需要，带着士文化的显著特点，属于士人的雅兴癖好，是脱俗；老妇杀鹅，是世俗的一种感情。她的行为不唯未得到羲之的感谢，且使羲之大为扫兴。从这个故事里，我们可以感受到东晋社会里随着门阀士族的发展，士文化也在各个方面表现出了它与俗文化的差异来。又有一个故事，说山阴有一个道士养了一群鹅，羲之想得到这群鹅，道士便以索取羲之的书法为条件，于是羲之为之抄写《道德经》。这位道士实在是非常了解羲之的风雅情趣的。东晋名僧、道士与士人的交往，在很大程度上迎合着士文化的这种风雅情趣。这一点以后发展为中国文化传统里的一种特有现象。

羲之的儿子徽之，更是一位潇洒风流的人物。关于他，也有许多后来反复传诵的故事。他喜欢竹，便让人去院子里种竹。别人问他为什么要种竹，他便回答说："何可一日无此君！"种竹纯然是一种癖好，一种充满雅趣的癖好。东晋士人这种癖好是很多的，具备一种风雅癖好，也是名士成名的一个条件。裴启《语林》说："张湛好于斋前种松柏，养鸲鹆；袁山松出游，好令左右作挽歌。"支道林好养马，人问他养马干什么，他说不是为骑射，而是爱其神情骏逸。徽之之好竹，正是其时名士癖好之一种。他每遇优雅竹林，辄留连忘返。吴中有一士大夫家，有很美的竹林，他便闻名前往。主人听说这位大名士要来，便洒扫等待。而他到来之后，完全沉浸在纯粹的审美感受中，置主人于不顾。名士的这种潇洒风度，完全是以自己的适情为依归，情之所至，即是目的。《世说新语·任诞》记了一则雪夜访戴的故事：

> 王子猷居山阴，夜大雪，眠觉，开室，命酌酒。四望皎然，因起彷徨，咏左思《招隐诗》。忽忆戴安道，时戴在剡，即便夜

乘小船就之。经宿方至，造门不前而返。人问其故，王曰："吾本乘兴而行，兴尽而返，何必见戴？"

这是一则极美的文字，其中传达着一种千古士人为之神往的感情。后来的很多士人，都为这个故事所感动。它不仅表达一种真挚的友情，更重要的是传达士人的传统性格里那种忘情的趣味。这趣味蕴含高雅脱俗的情调，而且是纯情的，情来即兴，情尽即止。这是后来文人画传统的内在精神之一表现，也应该是属于士文化的一种成分的。

徽之也很喜欢音乐，传说有一次他泊舟青溪侧，正巧当时吹笛很有名的另一位名士桓伊从岸上经过，子猷便说："闻君善吹笛，为我一奏。"桓伊当时已经显贵，但是素闻子猷的声名，便下车为他吹奏，奏毕，不交一言，便离去了。在徽之来说，他纯然是一种感情的要求，像他欣赏别人的竹园一样，情之所至，便请一位并不相识的名士吹笛。于常识，这是没有礼貌的；但对名士来说，却不失为一种高雅情趣的流露。而在桓伊来说，已处贵显地位，本可以拒绝一位并不相识的人的过分要求。但是他也是一位重情的人，情之所至，便也忽略了地位与礼节，为之吹奏。这同样也不失为一种名士的风度。关于桓伊，同样流传有许多潇洒风流的故事。他是一位很重感情的人，《世说新语·任诞》说："桓子野每闻清歌，辄唤：'奈何！'谢公闻之曰：'子野可谓一往有深情。'"所谓"奈何"，就是感情不可已已。

戴逵是另一类型的潇洒风流的人物。他是隐士，数征辟不就，但是名声非常之大。细细想来，他之所以获得名声，也是因为他的高情远韵。他能书、善画、能清言、善属文。东晋名士所崇尚的，他几乎样样精通，而又不求仕禄，这当然就得到名士群体的认可。《世说新语·雅量》刘注引《晋安帝纪》说:"(安道)性甚快畅,泰于娱生。好鼓琴,善属文,尤乐游燕,多与高门风流者游,谈者许其通隐。"所谓"高门风流者",指的是世族名士如王、谢子弟。安道以一处士而凭藉其高情远韵进入世族名士的圈子,成了他们中的一员。支遁、许询和后来的慧远,也都如此。可见,潇洒风流,高情远韵,在东晋士人间有何等重要的价值!它在实质上是世族士人的一种心态,但是只要具备这种精神境界,非世族出身者同样可以进入名士群体之中。戴逵在当时名士群体中的地位是很高的,当时很有地位的郗超,曾费百万之资,为他营造宅舍。那宅舍建筑的精整,使他大为惊异,在给他人的信里,他提到这新建的宅舍时说:"近至剡,如官舍。"从这件事,也可看出来其时崇尚高情远韵的风尚。

这时士人的雅趣,与前此士人的裸袒箕踞,与对弄婢妾,在心态上确实是起了极大的变化了。

这种追求潇洒风流、高情远韵、寻找一个宁静精神天地的心态,千古以来一直被看作是一种高雅情趣,是一种无可比拟的精神的美。但是,如果考虑到其时的半壁江山,考虑到中国士人的忧国忧民的固有传统的话,那么这种高雅情趣所反映的精神天地,便实在是一种狭小的心地的产物,是偏安政局中的一种自慰。大概这样的评价是回避不了的吧!

二、追求优雅从容的风度

东晋士人偏安心态的又一表现,是追求风度上的优雅从容。

人生爱好从物质享受转向精神满足,士族的士人从崇尚自然任心而纵欲,转向既崇尚自然,又讲究自然而有节,在庄子思想中加进了儒、佛思想之后,感情的满足和感情的节制,便统一在一起了。纯情、重感情，如桓伊的感情之来，不可已已，如王子猷之玩赏竹园而旁若无人，但是在行为上，在风度上，却总是表现出温文尔雅，不粗俗，不过于外露。感情浓烈，甚至强烈，但是表现出来却较为含蕴深厚，不是放纵浅薄。这也就是中国士文化初期造就的士人的感情状态。中国士文化里雅的一面，恐怕就是这样发展起来的。

中朝与江左，种种表现出名士的雅量的行为都是士林中的佳话。但是，南渡前后关于名士们的雅量的佳话在含蕴上却是颇为不同的。中朝名士的雅量，较为单纯地讲宽容，讲无可无不可，被打了不反抗，受辱了不生气。而江左名士的优雅从容，似为一种气质，一种风度，有着江左士文化发展起来之后的内涵。

许询是以高逸著称的。释道宣《三宝感通录》一书引《地志》说："许询诣建业，见者倾都。"其时刘惔为丹阳尹，于郡中立斋以处之，日数往访，几至荒废政务。询走后，惔过其斋，感慨说："清风朗月，辄思玄度。"何以清风朗月辄思玄度？盖非唯言与询相处每于清风朗月之时，故别后每逢此种境界辄忆念之，亦言询之风度有清风朗月之神韵，有一种使人联想到清风朗月之境界。清风朗月之境界，就是明净高洁闲雅之境界，这实际上是指一种有高度素养的闲雅风度。

表现出优雅从容的风度的代表人物，恐怕要数谢安。关于他，有许多这方面的故事。有一次，他同孙绰、王家子弟一同乘船出海游乐，时风起浪涌，众人都说要返帆，他却兴致极高，吟啸自若。舟人看到他从容闲雅，兴致飘逸，便更往前航。而越往前去越风急浪猛，同游诸人，都紧张不安。这时，他才从容说，要是这样，那便回去吧！其实，从出游起，他在风浪中也是不安的，但是一种要表现出从容镇定的愿望超过了恐惧，使得他显出来镇定自若、优游容与。又有一次，桓温伏下杀手，却摆了酒筵，广请朝士，打算在筵席上杀谢安和王坦之。这事发生在宁康元年（373年）。桓温入朝，当时谢安是吏部尚书，坦之是侍中，两人奉诏在新亭迎接桓温。在此两年前，桓温废帝，另立会稽王司马昱，是为简文帝。简文帝即位才两年，便死了。桓温本来希望简文临终的时候，禅位给自己，不料简文遗诏却是让他行周公居摄故事，使他甚为失望而且愤慨。他以为这是谢安与王坦之的阴谋造成的。本来，安与坦之，都是他提携起来的，是他的属下，而到了朝廷任职之后，却处处生出办法来阻碍桓温的篡夺。这当然就使桓温更加愤恨。所以他这次入朝的时候，京城里便有了传闻说：温入朝是要除掉安与坦之，行篡位之事。听了这传闻，坦之在见温之前，便已经惊惧不安，待到了筵席上，便慌张失色起来。而安却意态坦然，望阶趋席，旁若无人，竟然作洛生咏，咏的又是嵇康的诗："浩浩洪流。"关于"洛生咏"，也是一件显示谢安的名士风度影响至巨的事。洛生咏本是指洛下书生咏诗之声调，南渡士人，怀念故土，常常以故土咏诗之方式咏诗，本不足为奇。而谢安由于有鼻疾，咏诗时语音浊，士人们却把他这因鼻疾而造成的语音当作一种潇洒风流的标志，竞相模仿，至有以手掩鼻而故作浊音者。安这时到了那样气氛紧张的筵席上，竟然作了洛生咏来，而且咏的是嵇康的诗，应该说，这与筵席的紧张气氛是极不相称的。嵇康的诗，原文是：

> 浩浩洪流，带我邦畿；萋萋绿林，奋荣扬晖；鱼龙瀺灂，山鸟群飞。驾言出游，日夕忘归。思我良朋，如渴如饥。愿言不获，怆矣其悲。（《嵇康集校注》卷一）

这是嵇康送兄从军诗中的一首,原意盖抒发其思兄之情,而其中所表现的那种思得志趣相投之人以相与游娱的情思,却带着求友的普遍的意味。安石分明知道这宴会上充满杀机,他也十分了解桓温的为人。他诵这诗的用意,大概是要以一种怀旧的情绪,缓解一下温的杀机。他曾经是温的部属,而且又是温所十分看重的人,虽然因为阻碍了温的篡位引起了仇恨,而骤然之间,以一种从容风雅的意趣临杀机隐伏之地,当然使温大出意外。史称于是温命左右撤去埋伏,与安等笑语移日。史臣曾把这件事看得十分重要,以为安与坦之由是而安晋室。这虽然有些言过其实,但安的从容风度与气量,缓解了一个十分危险的局面,却是事实①。

还有就是淝水之战他听到捷报之后从容自若的事。这事曾引起史家的批评,以为他"矫情镇物"。因为他内心其实是狂喜的,只是不愿在他人面前流露,待到独自一人的时候,那狂喜便十倍地爆发出来,以致过门限时不觉把屐齿也折断了。史臣的批评其实是不公的。在关键的场合,能够从容镇定,不是矫饰者所能做到的。这实在是一种文化心态的产物。其时的士人,既然把优雅从容看作是一种名士风度的标志,处处表现出从容优雅便成为修身之一内容,看似风度,其实是一种精神境界。王、谢家族,许多都有这种境界,不过程度不同罢了。例如王劭,他是王导的第五子。导是从容优雅的风范。孙绰《王导碑》称其"玄性合乎道旨,冲一体之自然,柔畅协乎春风,温而侔于冬日"(《艺文类聚》卷四十五)。王劭大有父风,史称其在桓温收斩庾希时异常的镇静。王羲之的儿子献之,在屋里失火、他人慌张外逃时,神色怡

---

①关于这件事,参见《世说新语·雅量》注引《晋安帝纪》,宋文帝《文章志》,《资治通鉴》卷一百三晋纪二十五的有关记载。

然,徐唤左右扶出。王恂也是一位从容镇定的人物,史称其以此而为时人所重,以为是"公辅之器"。

从容优雅似成了士族文化之一标志,在江左著名的家族的传统里存在下去。家族文化传统在南朝文化中是一个值得研究的问题,许多著名家族的文化素质特点常常在好几代里遗存,这可能与家族文化环境的教育熏陶有关。例如,王氏家族自王导、王羲之起,能书而擅名于世者便历代不断。直到武则天时期,则天向王方庆访问王羲之遗迹,方庆奏称:

> 臣十代从伯祖羲之书,先有四十余纸,贞观十二年,太宗购求,先臣并已进之。唯有一卷见今在。又进臣十一代祖导、十代祖洽、九代祖珣、八代祖昙首、七代祖僧绰、六代祖仲宝、五代祖骞、高祖规、曾祖褒,并九代三从伯祖晋中书令献之已下二十八人书,共十卷。(《旧唐书·王方庆传》)

王方庆提到的上述各人,只是王氏家族中能书者的一部分。王览一门,自晋迄陈,著名书法家数量极大。庾肩吾《书品》列著名书法家一百二十七人,王览一门就有羲之、献之、珉、僧虔、洽、导、廙、荟、籍九人。唐人李嗣真的《书后品》,又加上王褒;张怀瓘《书断》,又增加王恬;《宣和书谱》又增加王筠、王昙首。自庾肩吾《书品》至《宣和书谱》,王览一门入选者十三,这在书法史上是少有的。而谢氏一门,则屡出诗人,在晋则谢混,宋则谢灵运、惠连,齐则谢朓,此为佼佼者,史称其善属文者则数量更夥。此两例已足说明家族文化传统的意义。

从容优雅作为士族文化在风度上的表现,在东晋的发展是值得注意的。如果我们回顾历史,那便可以发现,这种风度成为一种被普遍崇尚与仿效的风尚，前此是从未有过的。它的出现，乃是一种精神境界的产物。东晋士人既追求宁静高逸的精神境界，则在举止上追求潇洒风流，而且表现出从容优雅，便也就是很自然的事。从精神到容止，都充分表现出他们已完全不同于或慷慨赴义、或悲愤满怀、或苍凉梗概、或傲诞不羁的前辈。他们是全新的一代。他们追求的是在一个宁静的环境里表现自己高度的文化素养。这种从容优雅的风度，后来成为士文化传统中的一个特点，具有更为广泛的意义。但是在东晋，它的产生却是偏安局面、偏安心境中的一种特殊现象。

三、山水怡情与山水审美意识的发展

东晋中期以后，士人生活的一个重要内容，便是山水怡情。山水审美作为士文化的一个重要组成部分，到此时可以说已经奠定不可移易的基础。以后，它便存在中国士文化的传统里，不断地在各个方面表现出来。

西晋士人已经把山水游乐作为他们的生活点缀，我们在上一章里提到石崇的金谷宴集，那是山水进入士人生活的开始。西晋士人在金谷涧的歌钟留连中，把诗、酒、伎乐与山水游观第一次那样大规模地结合，成了东晋士人的先导。但石崇和他同时的名士们，他们所能理解的人生的欢乐，主要是金碧辉煌，是锦绣歌钟，是豪华的物质享受。音乐与诗与山水的美，只是这种生活的点缀，使这种本来过于世俗（甚至是庸俗）的生活得到雅化，带些诗意。或者可以说，这是世族豪门对于他们的身份的一种体认。他们似乎觉察到他们的优越感里，除了荣华富贵之外，还应该增加一点什么，还应该在文化上有一种优于寒素的地方。因之，他们除了斗富之外，便有了诗、乐和山水审美。但是，他们的主要追求,还更多的是物质的。他们的平庸的情趣还没有因这最初的雅化而从世俗里摆脱出来。就是说,山水审美还没有成为他们内心不可或缺的一种精神需要,而只是他们生活的一种点缀而已。

把点缀变成不可或缺的精神需要的,是东晋士人。

他们从粗犷的风沙的北国,来到了山水明瑟的江南,面对的是四时苍郁的景色,或杏花春雨,或莺飞草长,或淡烟疏柳,或渔歌晚唱,如何能不动心!何况,南渡的名族,大多定居于江南最富庶、也最秀丽的会稽一带,在那里经营他们的庄园,在那里享受一种安定的、自足的生活。他们之与江南山水迅速融为一体,便是很自然的事了。

晋时的会稽,辖县十:山阴、上虞、余姚、句章、鄞、鄮、始宁、剡、永兴、诸暨,许多著名的人物都住在这一带。境内会稽山东连宛委、秦望、天柱诸山,为山水绝美之地。谢安出仕之前,居会稽之东山,与许询、王羲之、支遁、孙绰等游。宋人王铚《东山记》描述东山之环境,谓:

> (东山)峭然特立于众峰间,拱揖蔽亏,如鸾鹤飞舞;山林深蔚,望不可见。逮至山下,于千嶂掩抱间得微径,循石路而上,今为国庆禅院,乃太傅故宅。绝顶有谢公调马路,白云、明月二堂遗址,至此山川始轩豁呈露,万峰林立,下视烟海渺然,天水相接,盖万里云景也。(引自乾隆五十七年刊本《绍兴府志》卷五)

山阴县西南二十七里处的兰渚山,是兰亭修禊处。山阴境内的干山,是许询的住处。会稽辖下的剡县,更是一个山水秀色令人心醉的地方。剡县南有沃洲山,也是当时名士游处之地。唐人白居

易《沃洲山禅院记》叙述晋时此地名士游处的情形,说:

> 厥初有罗汉僧西天竺人白道猷居焉;次有高僧竺法潜、支道林居焉;次又有乾、兴、渊、支、遁、开、威、蕴、崇、实、光、识、斐、藏、济、度、逞、印凡十八僧居焉。高士名人有戴逵、王洽、刘恢、许玄度、殷融、郗超、孙绰、桓彦表、王敬仁、何次道、王文度、谢长霞、袁彦伯、王蒙、卫玠、谢万石、蔡叔子、王羲之凡十八人,或游焉,或止焉。(《白居易集笺校》卷六十八)

他在《记》里还引了白道猷和谢灵运描写此地山水的诗,白道猷诗谓:

> 连峰数千里,修林带平津。茅茨隐不见,鸡鸣知有人。

谢灵运诗谓:

> 冥投剡中宿,明登天姥岑。高高入云霓,还期安可寻。

白道猷诗原附《高僧传·道壹传》,香山所引非全诗。谢灵运诗题作《登临海峤与从弟惠连》,香山所引为诗之第四章。香山引二诗之后,发为议论,云:"盖人与山相得于一时也。"此一议论说出了一个十分重要的问题,即人与山水在感情上的交通。剡中风景,以其秀美,使人一见不得不动心。在以后的岁月里,它还要感动许许多多的文人。凡到过剡中者,无不留连其间而情思绵绵。唐人崔颢有《舟行入剡诗》:

鸣棹下东阳,回舟入剡乡。青山行不尽,绿水去何长。地气秋仍湿,江风晚渐凉。山梅犹作雨,溪橘未知霜。谢客文逾盛,林公未可忘。多惭越中好,流恨阅时芳。

李白写剡中的诗就更多,而且写得很美。在他的诗里,剡中是一个明秀宁静的人间仙境。《别储邕之剡中》:

借问剡中道,东南指越乡。舟从广陵去,水入会稽长。竹色溪下绿,荷花镜里香。辞君向天姥,拂石卧秋霜。

《经乱后将避地剡中,留赠崔宣城》:

忽思剡溪去,水石远清妙。……猿近天上啼,人移月边棹。

《送王屋山人魏万还王屋》,也描述过剡中之美:

遥闻会稽美,一弄耶溪水。万壑与千岩,峥嵘镜湖里。秀色不可名,清辉满江城。人游月边去,舟在空中行。

宋人高似孙著《剡录》,极写剡中之山光水色:"东有四明山,千岗万崖,巍与天敌,阳岩阴嶂,怪迹可稽。""又东为丹池山,积翠飘渺,云霞所兴。""其北有谢岩山,康乐所游也,山隩深峭,被以榛箭,有巨涧奔激,清湍崩石,映带左右,入于溪下,为三坠岭,下视深川,绀碧一色。""又北曰嶀山……倾涧怀烟,泉溪引雾。"又引《会稽郡记》云:

会稽境特多名山水，潭壑镜澈，清流灌注，惟剡溪有之。……是溪也，朱放谓之剡江，诗曰："月上沃洲山上，人归剡县江边。"李端谓之戴家溪，诗曰："戴家溪北住，雪后去相寻。"方干谓之戴湾，诗曰："戴湾冲濑片帆风，高枕微吟到剡中。"……齐唐谓之戴逵滩，诗曰："春树深藏嵊浦曲，夜猿孤响戴逵滩。"

引了后代这么多描写会稽山水、特别是描写剡中秀色的诗作，是想说明，永嘉南渡之后，冥冥之中，不知是何种力量，何种因缘，将名士们置于如此秀美的山光水色之中。这里的山水的美，不是巨海怒涛，不是蜀山萧森，不是广漠无垠之北地风沙，也不是南荒瘴疠之穷山恶水。这里的山水，是温润明秀，山是苍翠深蔚，云遮雾绕；水是澄碧明净，纡徐潺缓，"竹色溪下绿，荷花镜里香"一联，写尽剡溪之美。这种宁静秀美的山水景色，正好给了偏安一隅、正需要安顿一片安宁心境的名士们以再合适不过的环境。于是他们的心灵便与会稽的山水一拍即合。他们所需要的，就是这样一个天地。他们已经没有刘琨与祖逖的壮怀激烈，也没有过江初期的感慨凄伤，他们已经完全进入了一个宁静的精神天地，需要的就是这一片明山净水。

　　山水的美，只有移入欣赏者的感情时，才能成为欣赏者眼中的美。山水审美在很大程度上是一种感情的流注。明人刘炎，把这一点说得非常清楚，他说：

　　夫观钱塘江潮，如猛士之肝胆决裂，义士之怒发冲冠。观仙观天柱，犹直臣之气，不挠不折，社稷之佐，拓地擎天。为是而来游，来游而慨慕者几何人！至于西湖之上，有所谓水乐园,中阍作之也。有朋命驾偕之,泉激溜如岑蹄,石累拳如饭砂,游者骈肩接迹,观者啧啧咏叹,至有游而忘归,归而复游者,何也? 务小智者忘大巧,乐人伪者昧天成也。(《迩言》,丛书集成初编本)

有人以壮伟为美,盖彼具壮伟之心境;有人以明秀为美,盖彼具明秀之心境。会稽山川之美,之所以很快为东晋名士所感知、所接受,盖彼等追求一种宁静之心境所致。东晋士人之重感情、重精神满足,感情性格之趋向细腻潇洒,正适合于在明秀的环境里生活,于是见越中之山川,而情不可已。

此时之士人,游览山水成为一种名士风流的标志,与清谈、服药、书画同属一种表现出脱俗的、独有的文化素养的方式。差不多重要的名士都有山水鉴赏的嗜好与经历。谢安前后有两个时期以游乐山川为其主要之生活内容,一次在出仕前,在寓居会稽上虞县之东山时;一次是晚年,于上元县之土山营别墅。葛立方《韵语阳秋》卷五引《建康事迹》云:"安石于此拟会稽之东山。"《世说新语·栖逸》说:"许掾好游山水,而体便登陟。时人云:'许非徒有胜情,实有济胜之具。'"何法盛《晋中兴书》说,孙统"少任诞不羁,性好山水,及求鄞县,遗心细务,纵意游肆,名阜胜川,靡不历览"(黄奭辑《何法盛晋中兴书》,黄氏逸书考本)。许嵩《建康实录》说孙绰居会稽,游放山水,十有余年,乃作《遂初赋》。此赋已佚,而《序》仅存。《序》称:

余少慕老、庄之道,仰其风流久矣,却感於陵贤妻之言,怅然悟之,乃经始东山,建五亩之宅,带长阜,倚茂林,孰与坐华幕、击钟鼓者同年而语其乐哉!(《孙廷尉集》,汉魏百三名

家集本）

从这《序》里，我们可以知道他在会稽之东山营有庄园。在《游天台山赋》中，也谈到了他对于山水之美的体悟。《世说新语·言语篇》还记载了另外几个山水游赏的故事：

> 王司州至吴兴印渚中看，叹曰："非唯使人情开涤，亦觉日月清朗。"
>
> 顾长康从会稽还，人问山川之美，顾云："千岩竞秀，万壑争流，草木蒙笼其上，若云兴霞蔚。"
>
> 袁彦伯为谢安南司马，都下诸人送至濑乡。将别，既自凄惘，叹曰："江山辽落，居然有万里之势。"
>
> 简文入华林园，顾谓左右曰："会心处，不必在远。翳然林水，便自有濠濮间想也，觉鸟兽禽鱼，自来亲人。"

此时之名僧，亦多有浓烈之山水审美情趣。他们与名士交往，讨论玄理，也同游赏名山胜水，同赋诗，对于山水的美的赞赏，在他们的言行中时时流露出来。《世说新语·言语》说：

> 道壹道人好整饰音辞，从都下还东山，经吴中。已而会雪下，未甚寒。诸道人问在道所经，壹公曰："风霜固所不论，乃先集其惨澹。郊邑正自飘瞥，林岫便已皓然。"

《栖逸》篇说：

> 康僧渊在豫章，去郭数十里，立精舍。旁连岭，带长川，

芳林列于轩庭,清流激于堂宇。

从这些记载里,我们可以看出来,山川的自然的美对于东晋士人来说,已经成了他们的生活的一个重要部分,和他们的偏安心态是那样融合无间。或者可以说,他们终于找到了一片安顿他们的灵心的福地。

我们必得承认一个最基本的事实,这就是:寄情山水,只有在身闲心闲的情况下才有可能。戎马倥偬,不可能怡情山水;积案盈几,不可能怡情山水;于谋生劳碌之时,不可能怡情山水;只有在具备生活的最基本物质条件时,才有可能优游山林,坐赏美景。这一点,宋人罗大经有一段相当精彩的论述。他说:

唐子西诗云:"山静似太古,日长如小年。"余家深山之中,每春夏之交,苍藓盈阶,落花满径,门无剥啄,松影参差,禽声上下。午睡初足,旋汲山泉、拾松枝,煮苦茗啜之。随意读《周易》《国风》《左氏传》《离骚》《太史公书》及陶杜诗、韩苏文数篇。从容步山径,抚松竹,与麛犊共偃息于长林丰草间。坐弄流泉,漱齿濯足。既归竹窗下,则山妻稚子,作笋蕨,供麦饭,欣然一饱。弄笔窗间,随大小作数十字,展所藏法帖、墨迹、画卷纵观之。兴到则吟小诗,或草《玉露》一两段。再烹苦茗一杯,出步溪边,邂逅园翁溪友,问桑麻,说粳稻,量晴校雨,探节数时,相与剧谈一饷。归而倚杖柴门之下,则夕阳在山,紫绿万状,变幻顷刻,恍可人目。牛背笛声,两两来归,而月印前溪矣。味子西此句,可谓妙绝。然此句妙矣,识其妙者盖少。彼牵黄臂苍,驰猎于声利之场者,但见衮衮马头尘,匆匆驹隙影耳,乌知此句之妙哉!(《鹤林玉露》

卷四丙编,中华书局1983年排印本)

罗大经这里所描述的类于隐者的生活,当然是生活较富裕的隐者生活。东晋名士如王、谢子弟,他们的生活条件当然比罗大经这里所描写的还要优越得多,而身闲心闲则是相同的。因此我们可以说,在中国的士文化里,山水审美意识的产生,最初是和东晋士人的闲适生活、偏安心态联系在一起的。

学者们常常说,魏晋士人向内发现了独立的人格,发现了自我,而向外则发现了山水自然的美。山水审美意识的产生,当然与个性的觉醒有关,但又不能完全归结于这一点。在中国,山水审美意识的形成,不仅是个性觉醒、提倡任自然的玄学思潮的产物,而且是江南秀丽山水和这片秀丽山水中偏安一隅、经营庄园的士人生活的产物。是偏安心态、闲适情趣、闲适生活促进了山水的美的发现。

自然的美一旦被发现,它又反过来造就了审美的人。从史料里,我们可以发现,东晋士人的审美能力较之他们的前辈是更为敏锐更为细腻了。《世说新语·言语》:

> 司马太傅斋中夜坐,于时天月明净,都无纤翳。太傅叹以为佳。谢景重在坐,答曰:"意谓乃不如微云点缀。"太傅因戏谢曰:"卿居心不净,乃复强欲滓秽太清邪?"

司马太傅指会稽王司马道子,他于安帝即位时,太元二十一年(396年)九月,为太傅摄政,是一位弄权乱政,委任奸人,卖官鬻爵而又酗饮纵乐的小人。他修建豪华府第,在府第内修筑山水景色,史称其"筑山穿池,列树竹木,功用钜万"(《建康实录》卷十)。

他所重用的佞人赵牙、茹千秋等人,为了供他游赏,用人工筑起山丘。谢景重指谢重,他是谢朗的儿子。司马道子和谢重眼中的月夜的美,都是各自的审美体验。道子以明净月色为美,而谢重却以为微云点缀更美。对于这条材料,我们当然不能离开具体的人来作纯抽象的判断,事实上东晋士人对于山水的审美体验都存在着这个问题,例如,孙绰对于山水的美有很敏锐的感受力,但是,他的人品却颇可非议;许询是一位忘情山水的高逸之人,而其实他世俗之心也极重。有一次他就丹杨尹刘惔宿,看到惔的宅馆里床帷新丽,饮食丰甘,便不胜羡慕地说:"若此保全,殊胜东山。"(《晋书·王羲之传》)可见他对于荣华富贵,是很为向往的。在了解了这些之后,我们便不至于在论及东晋人之美时,把他们都想象为冰清玉洁、唯美是求的人物。他们的审美感受,他们的心态,远比这要复杂得多。他们的山水审美意识,是在偏安的环境中,在偏安的心态中滋长起来的,如此而已。但是,无论如何,他们的审美能力是大大地提高了。谢重终于体认到微云点缀较之澄碧万里的月色更美。这在自然审美判断上无疑是一种进展。它起码说明,在自然美的审美判断中已经注意到了含蕴、朦胧的美。澄碧万里当然是美的,是明净的美;但是如果在万里澄碧中缀以如纱之白云,则无疑在明净的美之上增添一层想象。这和欣赏雾中的山、雾中的水一样,更有一种余味无穷的感觉。

东晋士人的山水审美意识,有着一个显著的特点,便是移情山水,对于山水的美的欣赏,带着强烈的主观色彩,把强烈的生命意识移植于山山水水之中。《世说新语·言语》:

> 王子敬云:"从山阴道上行,山川自相映发,使人应接不暇。若秋冬之际,尤难为怀。"

所谓"尤难为怀",便是一种感情的流注与交通,见山川景色而感情不可已已。何以秋冬之际此种不可已已之感情愈加强烈,盖秋冬之际容易使人想起时光流逝,想起人生之短促。物之变迁与生之匆匆,便在审美过程中完全融为一体了。

这一特点的最集中的表现,是兰亭之会。兰亭之会在晋穆帝永和九年(353年)三月上旬。古代习俗,于三月上旬巳日,官民并洁之于东流水上,祓除不祥。后来这一仪式发展为暮春之初的河边宴饮嬉游,祓除不祥倒退居为一种意味。西晋成公绥《洛禊赋》:"考吉日,简良辰,祓除解禊,同会洛滨。妖童媛女,嬉游河曲,或振纤手,或濯素足。临清流,坐沙场,列罍樽,飞羽觞。"(《艺文类聚》卷四)描写的正是以嬉游为主的场面,而不是祓除不祥的仪式。兰亭之会的中心,也在于名士会聚,宴饮赋诗。会聚的地点在山阴之兰亭。《水经注》卷四十"渐江水"注:"浙江又东与兰溪合,湖南有天柱山,湖口有亭,号曰兰亭,亦曰兰上里,太守王羲之、谢安兄弟数往造焉。吴郡太守谢勖,封兰亭侯,盖取此亭以为封号也。太守王廙之移亭在水中。晋司空何无忌之临郡也,起亭于山椒,极高尽眺矣。"《绍兴府志》谓兰亭之会在兰渚山,山"在山阴西南二十七里处,即《越绝书》勾践种兰渚田,及晋王羲之修禊处。……兰渚之水出焉"。从这次聚会留下的诗看,其时之兰亭,当依山面水,水为经山之曲涧,流入湖者。谢万《兰亭诗》:

肆眺崇阿,寓目高林。青萝翳岫,修竹冠岑;谷流清响,条鼓鸣音;玄崿吐润,霏雾成阴。

孙统《兰亭诗》:

时禽吟长涧，万籁吹连峰。

参预此会者四十二人①。列坐于曲水之旁，流觞赋诗。流觞的方式，似有多种。庾阐《三月三日临曲水诗》："轻舟沉飞觞，鼓枻观鱼跃。"则流觞是用船，从在船上观鱼跃的描写看，祓禊者似也在船上，非仅是置杯人而已。而兰亭之会，似是列坐水边，上流置觞，顺流而下，觞飘流至谁跟前谁即取饮赋诗一首。不能赋诗者，则罚酒三斗。罚酒的办法，似仿自金谷宴集。此会赋诗者二十六人，其中十一人成四言五言各一首，十五人各成五言一首，十六人诗不成。在诗不成的人中，有王献之。献之有集十卷，已佚，从留下来的四首诗看，他还是能写诗的，何以兰亭会中诗不成而被罚？这可能与曲水流觞，取饮而随即赋诗有关。这种赋诗方式，要求脱口而出，非熟练于作诗者往往不能做到，且此种作诗方式，也使所成之诗往往较为粗糙。从留下来的兰亭诗中可以感受到这一点。

但是，诗的粗糙并不是我们这里要考虑的因素。我们的着眼

---

① 预此会之人数，史有不同记载。《世说新语·企羡》注引《临河叙》，谓赋诗者二十六人，不能赋诗而罚酒者十五人，共四十一人。未言是否包括羲之自己。四十一人之说，遂相沿于唐宋的大量记述中。宋人张淏《云谷杂记》则明确记载包括羲之为四十二人。张淏所列名字，似来自宋人施宿等撰之《会稽志》。

《会稽志》卷十引《天章碑》谓：王羲之、谢安、谢万、孙绰、徐丰之、孙统、王凝之、王肃之、王彬之、王徽之、袁峤之十一人成四言五言各一首；郗昙、王丰之、华茂、庾友、虞说、魏滂、谢绎、庾蕴、孙嗣、曹茂之、曹华、桓伟、王玄之、王蕴之、王涣之十五人各成一篇；谢瑰、卞迪、丘髦、王献之、羊模、孔炽、刘密、虞谷、劳夷、后绵、华耆、谢滕、任儗、吕系、吕本、曹礼十六人诗不成，罚酒三巨觥。参预者中无支遁，而唐人张彦远《法书要录》卷三所录，则有支遁，未知何所据。《天章碑》所载，应该是较为可靠的。

点在于这次宴集的诗所反映的山水审美意识的特点上。

在留下来的诗和叙里,可以看出如下特点。

一是山水审美与怡情。如上所说,兰亭之会名为祓除不祥,而其目的已经完全放在怡情上,于暮春江南的明山秀水中,得到宁静的心境,以便暂时忘掉世俗的纷争。在许多诗中都明确地表述了这一点:

> 时来谁不怀,寄散山林间。尚想方外宾,迢迢有余闲。
> (曹茂之)
> 松竹挺岩崖,幽涧激清流。消散肆情志,酣畅豁滞忧。
> (王玄之)
> 散怀山水,萧然忘羁,秀薄粲颖,疏松笼崖;游羽扇霄,鳞跃清池。归目寄欢,心冥二奇。(王徽之)
> 神散宇宙内,形浪濠梁津。寄畅须臾欢,尚想味古人。
> (虞说)
> 散豁情志畅,尘缨忽已捐。仰咏挹余芳,怡情味重渊。
> (王蕴之)
> 愿与达人游,解结遨濠梁。狂吟任所适,浪流无何乡。
> (曹华)

寄散、散怀、神散,都是指在山水的美中松弛精神,得到愉悦。在其中的一些诗里,还包括着与自然泯一的含意,"神散宇宙内","浪流无何乡",都是说忘情于自然之中而不知所之。

二是山水审美与玄理契合。在兰亭诗中,常常反映着于山水游赏中体认玄理:

相与欣佳节,率尔同褰裳。薄云罗阳景,微风翼轻航。醇醪陶丹府,兀若游羲唐。万殊混一理,安复觉彭殇。（谢安）

彼盖谓万物本自混一,故无须分为彭为殇。

茫茫大造,万化齐轨。罔悟玄同,竟异标旨。平、勃运谋,黄、绮隐几。凡我仰希,期山期水。（孙统）

彼盖谓宇宙万物,本自齐一,成败盈亏,均无意义,而未悟玄旨者忙于争竞;己则志在山水,于山水游乐中忘却人间之一切。

三是山水审美与生命意识的体认相契合,这从王羲之的《兰亭集序》和孙绰的《兰亭后序》中有充分的表现。《兰亭集序》写山水之美与写生命之体认,都是非常成功的,兹录序文如下:

永和九年,岁在癸丑,暮春之初,会于会稽山阴之兰亭,修禊事也。群贤毕至,少长咸集。此地有崇山峻岭,茂林修竹,又有清流激湍,映带左右,引以为流觞曲水,列坐其次。虽无丝竹管弦之盛,一觞一咏,亦足以畅叙幽情。

是日也,天朗气清,惠风和畅,仰观宇宙之大,俯察品类之盛,所以游目骋怀,足以极视听之娱,信可乐也。

夫人之相与,俯仰一世,或取诸怀抱,悟言一室之内,或因寄所托,放浪形骸之外。虽趣舍万殊,静躁不同,当其欣于所遇,暂得于己,快然自足,不知老之将至。及其所之既倦,情随事迁,感慨系之矣。向之所欣,俯仰之间,已为陈迹,犹不能不以之兴怀,况修短随化,终期于尽。古人云:死生亦大矣,岂不痛哉!

每览昔人兴感之由，若合一契，未尝不临文嗟悼，不能喻之于怀。固知一死生为虚诞，齐彭殇为妄作。后之视今，亦犹今之视昔，悲夫！故列叙时人，录其所述。虽世殊事异，所以兴怀，其致一也。后之览者，亦将有感于斯文。（《晋书·王羲之传》）

王羲之对于山水之美，有一种明快而又极富情韵的感受力。他眼中的山水，充满情思韵味，充满生机，有无穷的自然趣味。他轻轻写来，毫无人间痕迹，崇山峻岭，茂林修竹，清流激湍，加上明净的天空，轻轻的春风，把暮春三月会稽山水的神韵全点染出来了，使人想起他的名句："群籁虽参差，适我无非新。"（《兰亭诗》，《晋诗》卷十三）宇宙万物是那样生生不息，色彩纷呈，只要你用生命去感受它，你便会有一种亲和感，你的生命便与宇宙万物相通，便会从中体认到生的讯息，生的欢乐。"适我无非新"的含意就在这里。正是这种充满对于自然的无穷生命的敏锐感受力，流注在这篇《序》里，才使他笔下的山水是那样的生机勃发。这又使人想起我们前面引到的当时人对于山水的描写来："山川自相映发"，"千岩竞秀，万壑争流"。这些描写里，最动人的地方，就正是那蕴含于山川中的生生不息的生命。正是从这种感受出发，才从山水审美通向了生命的体认，宇宙万物是那样生生不息，无穷无尽，而人生却是那样匆匆而过。这就是这《序》后半部分对于人生的感喟的内在脉络。一切都将过去，一切都将成为陈迹，从而导引出"一死生为虚诞，齐彭殇为妄作"的结论。

　　关于"一死生为虚诞，齐彭殇为妄作"，有学者以为此种思想非羲之所有，并由是而证《兰亭集序》之为伪作。此种看法，起自宋人,而宋人已有论其非者①。今人郭沫若又重提旧说以证《兰亭集序》之为伪作。郭说之一重要论据,便是证羲之具老庄思想,而"一死生为虚诞,齐彭殇为妄作"与其思想不符。郭说一出,附和纷纷②。关于《兰亭集序》之非伪作,从书法史上论证,已有商承祚先生的甚为有说服力的文章③。而证"一死生为虚诞,齐彭殇为妄作"确为羲之之思想,则似尚需略加说明。认此二语非羲之思想者,实对于东晋玄风与羲之思想之实质均无深入之了解。玄学思潮自中朝以来,已与名教合一,崇尚玄风之名士群体,大多已入世甚深,此点本书上章已有所论。其时纯粹以庄子之齐物论为人生取向者,已甚为少见;大抵标榜自然而实入世。东晋此种倾向并未改变。王导、谢安、王羲之诸人均如是。羲之尤为突出。这从他《遗殷浩》、《与谢安》、《与桓温》诸笺中都可以得到有力的证明,他并非不问世事者。而对于个人出处去就,他内心实有甚深之矛盾。在《与谢万书》中,他向往一种与世无争之田园安宁生活,而当他官场失意时,他又斤斤计较,甚为失意所苦。《晋书》本传说他少与王述齐名,而后来位遇在王述之下,他便深以为耻,又至于在父母墓前发誓不再做官。誓辞说:"自今之后,敢渝此心,贪冒苟进,是有无尊之心而不子也。子而不子,天地所不覆载,名教所不得容。信誓之诚,有如皦日!"这种心理,显然与齐一万物的思想相去甚远。在羲之的整个思想里,融合着儒、释、道诸家,而其最根本之旨趣,实于人生有甚深之眷恋。东晋士人,无论是崇道教而重养生,服药求仙,还是重自然而放逸山水,都同具此一

①参见宋代桑世昌编《兰亭考》,知不足斋丛书本。
②参见《兰亭论辩》(上编)所收诸文,文物出版社 1973 年版。
③同上书(下编)。

特色。羲之游兰亭之时，见万类群品之繁盛生殖，见山川风日之美丽怡人，愈觉生之可眷恋，而叹岁月之不居，不禁悲从中来，于是有"一死生为虚诞，齐彭殇为妄作"之议论。这实在是顺理成章的事。无论从其时玄风之特色说，还是从羲之之思想说，此一议论都足以证明《兰亭集序》真而非伪，而不是相反。

《兰亭集序》的这一思想，与孙绰《兰亭后序》的思想是一致的。《后序》云：

> 古人以水喻性，有旨哉斯谈。非以停之则清，混之则浊耶！情因所习而迁移，物触所遇而兴感，故振辔于朝市，则充屈之心生；闲步于林野，则辽落之志兴。仰瞻羲唐，邈已远矣；近咏台阁，顾深增怀。为复于暧昧之中，思萦拂之道，屡借山水，以化其郁结。永一日之足，当百年之溢，以暮春之始，禊于南涧之滨。高岭千寻，长湖万顷，隆屈澄汪之势，可为壮矣。乃席芳草，镜清流，览卉木，观鱼鸟，具物同荣，资生咸畅。于是和以醇醪，齐以达观，决然兀矣，焉复觉鹏鷃之二物哉！耀灵纵辔，急景西迈，乐与时去，悲亦系之，往复推移，新故相换，今日之迹，明复陈矣。原诗人之致兴，谅歌咏之有由。（参见《艺文类聚》卷四，《孙廷尉集》）

在基本思想上，孙绰《后序》与羲之《序》并无区别，都是描述山川之美，于此美之山川中感人生之匆匆。然《后序》有齐一万物的议论，有等鹏鷃的达观思想，与《兰亭诗》中的一些议论相同。然此种思想，并非与"一死生为虚诞，齐彭殇为妄作"相对立。如前所述，自中朝迄于东晋，士人既倡自然，而又入世，需要排解郁结时，有齐死生、等贵贱的议论；而感受现实人生的变易时，又每每未能忘情，于是发为人生短促之感慨。兰亭之会中，与会者同为山水宴乐而来，同为山水之美所吸引，同于山水之美中得到感情的怡悦，由是而体认哲理，体认人生，则角度有差异与层次有浅深，原都是很自然的事，而山水审美与生命意识之体认相契合，则同为与会者的基本倾向。

兰亭之会只是山水审美之一例。要而言之，山水审美情趣的发展，确为此时士人心态之一重要表现。从此以后，山水意识发展为山水文化，在诗、文、绘画和园林艺术诸方面得到充分发展。应该说，山水描写在东晋还是很粗糙的。兰亭诗、庾阐的一些诗（如《观石鼓诗》、《三月三日诗》）、李颙《涉湖诗》等等，严格说，都还不是山水诗，只是山水诗的雏形。但是，此时山水审美意识却已经有了相当的发展，应该说，有了东晋士人山水审美意识的发展，才有后来谢灵运等人的山水诗，才有宗炳、王微的山水画论的出现。如果追溯中国山水文化的源头，东晋士人山水审美意识的确立应该算作一个非常重要的阶段。以后山水文化的发展，在内涵的丰富与成熟上，当然远远超过东晋，但就其在士人生活中的地位而言，则基本构架并未有大的变动。例如，山水怡情，山水进入士人的精神生活，成一不可或缺之部分。山水画的基本精神，便是借山水以怡情，借山水以寄托情思。有时，山水画成了游山乐水的一种补充。历代都有眷恋所游历之名山大川而图画其形状以卧游者，也有借山水诗、山水游记以卧游者，更有借园林建筑以求在方块的庭院之内获得山水情趣之怡悦者。这都说明山水怡情成为士人精神生活重要内容这一事实。这种情形的极端的发展，至有以山水画治病者。宋人秦观《书辋川图后》云：

　　元祐丁卯，余为汝南郡学官，夏得肠澼之疾，卧直舍中，所善高符仲携摩诘《辋川图》视余,曰:"阅此可以愈疾。"余本江海人,得图喜甚,即使二儿从旁引之,阅于枕上,恍然若与摩诘入辋川,度华子冈,经孟城坳,憩辋口庄,泊文杏馆,上斤竹岭并木兰砦,绝茱萸沜,蹑槐陌,窥鹿柴砦,返于南北垞,航敧湖,戏柳浪,濯栾家濑,酌金屑泉,过白石滩,停竹里馆,转辛夷坞,抵漆园,幅巾杖屦,棋弈茗饮,或赋诗自娱,忘其身之匏系于汝南也。数日,疾良愈,而符仲亦为夏侯太冲来取图,遂题其末而归诸高氏。(《淮海题跋》)

从这个角度说,山水审美意识在东晋奠定其基本品格,在中国的士文化的发展中,意义实甚为深远。

四、仙的境界和佛的境界

东晋士人在偏安一隅中创造自己的人生境界。他们走向的人生境界,实在有异于他们的前辈。他们当然不像两汉士人那样壮伟而方正,不像建安士人那样慷慨悲凉,也不像西晋士人那样世俗,他们潇洒风流地追求一个宁静的精神天地,风度翩翩地处世。他们留连山水,在山光水色中享受自然的美的赐予。他们又是一些很有艺术气质的人,其中不少人精通音乐,书法造诣极高;不少人擅长绘画,而且对书画理论深有研究。他们的这些特点,描绘了一幅什么样的人生图画呢?这就是宁静、高雅、飘逸,一种洋溢着这样的意趣的人生境界。在这样的人生境界里,他们从容地生活着。虽然他们中的一些人,周旋于多变的东晋政局中,在那样一个无所作为的政权里肩负重任,甚至戎马倥偬,但是他们仍然那样潇洒从容(谢安的淝水之战可以说是一个典型的例子)。他们摆脱压迫感、紧张感、也摆脱雄心壮志。在他们身上,似乎寻找不到对于国家民族的历史责任感。像后来杜甫那种"国破山河在",像陆游那种"王师北定中原日,家祭无忘告乃翁",像文天祥那种"留取丹心照汗青"的心境,他们是没有的。在中国的士文化里,在中国的士人的传统里,他们属于另一支,另一类型。他们属于风流文雅的一群。他们来到人世,不是来承担责任而是来享受人生的。如果要对他们作出评价的话,我们千万不能忘记这一点。

他们的前辈和他们后来的士人,有的活得很认真,很严谨,很艰难,很累,甚至他们之所以来到人世,是为了完成一场人生的悲剧。但是东晋士人不是这样。他们虽时有失意,但总的说,他们活得轻松、从容。他们何以在那样一个衰弱的、变乱不断的、被外族侵凌的政权里,在那样一个并非盛世的时代里,居然可以那样地生活,原因当然很多,值得很好研究,但是偏安的环境,士族的优裕的物质条件,偏安的心境,应该说是最主要的。

我们还不应该忘记在他们的心态里还有一种人生追求,或者说人生信仰,那便是他们中的一些人,向往于仙的境界与佛的境界。

建安以来,服食以求长生在士人群落里是一种常见的现象,西晋士人信奉道教以祈长生者也大有人在。但是,神仙道教在士人中有较大的影响,是在东晋。东晋出了许多著名的道教学者,如鲍靓、葛洪。特别是葛洪,他创立了自成体系的神仙道教理论。而这套理论,以其丰富的文化内涵容易得到士阶层的赏识,为士阶层所接受。葛洪实在是一位把道教雅化的关键人物。他使道教从民间进入上层社会,成为士人的人生信仰。

东晋著名士人信仰道教的不少,如王、谢家族中人。《晋书·王羲之传》说羲之"又与道士许迈共修服食,采药石不远千里,遍游东中诸郡,穷诸名山,泛沧海,叹曰:'我卒当以乐死。'"《真诰》注谓:"逸少即王廙兄,旷之子①,有风气,善书。后为会稽太守,永和十一年去郡,告灵不复仕。先与许先生周旋,颇亦慕道。"(陶弘景《真诰》卷十六,《道藏要籍选刊》)在王羲之的书信里,多处说到他服药求长生的事:

> 吾服食久,犹为劣劣,大都比之年时为复可耳。足下保爱为上,临书但有惆怅。(《王右军集》卷一)
> 乡里人择药,有发简而得此药者,足下岂识之不? 乃云服之令人仙,不知谁能试者。(《王右军集》卷二)

《晋书·王羲之传》又说:"王氏世事张氏五斗米道,凝之弥笃。"凝之是羲之的次子,历仕江洲刺史、左将军、会稽内史。孙恩起义的时候,攻打会稽,凝之的部属劝凝之做好作战准备,凝之却入靖室祷告,说要请鬼兵相助,结果兵败,他也被孙恩所杀。羲之的另一儿子献之,也笃信五斗米道。《世说新语·德行》说:"王子敬病笃,道家上章应首过,问子敬:'由来有何异同得失?'子敬云:'不觉有余事,惟忆与郗家离婚。'"献之病重按道家消灾度厄之法请祷,王氏家族似均行此法。米芾《画史》云:"海州刘先生收王献之画符及神咒一卷,小字,五斗米道也。"可知献之实是一位甚为虔诚的道教信徒。羲之一家,与道士交往甚多。羲之与许迈交往的事,甚有影响。许迈也是士族(见《晋书·许迈传》)。他是当时著名的道教学者鲍靓的学生。鲍靓为南海太守时,迈曾往受业。鲍靓曾传授给葛洪《三皇经》,他也授给迈中部法及《三皇经》。

---

①陶说误,逸少为王廙之从子,非廙兄。

迈后来改名玄。《晋书》本传说玄"初采药于桐庐县之桓山,饵术涉三年,时欲断谷。……永和二年,移入临安西山,登岩茹芝,眇尔自得,有终焉之志。……羲之造之,未尝不弥日忘归,相与为世外之交。玄遗羲之书云:'自山阴南至临安,多有金堂玉室,仙人芝草,左元放之徒,汉末诸得道者皆在焉。'"羲之还为许玄写有传记,记述他的种种灵异行迹。《真诰》卷二十《真胄世谱》谓玄生于永康元年(300年),卒于永和四年(348年),则他比羲之年长二十一岁,而比献之长四十四岁。《真胄世谱》说献之也与之交,则是不确的。羲之于永和三年为会稽内史,而玄于永和四年去世,是则羲之与玄采药名山,时间当甚短暂,且只可能在羲之为会稽内史期间,或以前,而绝非《晋书·王羲之传》所言在羲之去官之后。羲之之去官,在永和十一年,时玄已死七年矣。

殷仲堪也信奉道教。《晋书》本传说他"少奉天师道,又精心事神,不吝财贿,而亮行仁义,啬于周急。及玄来攻,犹勤请祷"。他是王临之的女婿,临之的父亲彪之是羲之的从兄弟。于此又可见,琅琊王氏的道教信仰带着家族传统的性质。

另一位信奉神仙道教的著名士人是庾阐。关于庾阐,史无关于他信奉道教的记载,因之也为向来治道教史者所忽略。从他留下来的诗看,他确实是服药以求长生的。《采药诗》云:

> 采药灵山嵝,结驾登九嶷。悬岩溜石髓,芳谷挺丹芝。泠泠云珠落,漼漼石蜜滋。鲜景染冰颜,妙气翼冥期。霞光焕藿靡,虹景照参差。椿寿自有极,槿花何用疑。

他的《游仙诗》,也提到采药与炼丹:

邛疏炼石髓，赤松漱水玉。

　　朝嗽云英玉蕊，夕挹玉膏石髓。瑶台藻构霞绮，鳞裳羽盖级纚。

　　朝采石英涧左，夕瞥琼蕤岩下。

游仙诗写的不一定是实行了的，但是《采药诗》却没有理由排除实行的可能性。他又有失题诗，也提到炼气：

　　峥嵘激清崖，蒙笼阴岩岫。咀嚼延六气，俯仰以九周。

庾阐有《列仙论》，从残篇看，似为否认神仙之存在者，然从"若夫禀分有方"一句窥测，则已佚之部分，似为论述能否成仙，取决于禀分如何。

　　郗愔也信奉神仙道教。《晋书·郗愔传》云："与姊夫王羲之、高士许询并有迈世之风，俱栖心绝谷，修黄老之术。"

　　东晋士人服药行气修神仙之术的，史没有更多的记载，但是从他们的崇尚与他们的交游看，他们中的不少人，与神仙道教的关系显然是很密切的。

　　相当一部分士人，既信奉道教，又信奉佛教，而且在他们的眼里，常常把佛与道混在一起。例如湛方生的诗《庐山神仙》，《序》云：

　　寻阳有庐山者，盘基彭蠡之西。其崇标峻极，辰光隔辉，幽涧澄深，积清百仞。若乃绝阻重险，非人迹之所游；窈窕冲深，常含霞而贮气，真可谓神明之区域，列真之苑囿矣。太元十一年，有樵采其阳者，于时鲜霞襄林，倾晖映岫，见一沙门，披法服独在岩中，俄顷振裳挥锡，凌崖直上，排丹霄而轻举，起九折而一指，既白云之可乘，何帝乡之足远哉！穷目苍苍，翳然灭迹。

《诗》云：

吸风玄圃，饮露丹霄，室宅五岳，宾友松乔。

他显然是把高僧当作神仙来描写了。事实上，东晋谈玄的名士与名僧过从甚密，不仅在一起谈论义理，而且在趣味上也十分相投。他们中的不少人，既是神仙道教的信徒，又是佛门弟子，如王氏子弟。王导之子王洽曾就支遁问"即色游玄论"。道安的弟子竺法汰初到江左，未知名，王洽"供养之。每与周旋，行来往名胜许，辄与俱。不得汰，便停车不行。因此名遂重"（《世说新语·赏誉》）。洽之子珣还曾请外国沙门提婆讲《毗昙经》①。珣从弟谧，亦奉佛。琅琊王氏，历代信奉道教与信奉佛教者一直不断。

东晋大名士殷浩晚年精研佛理。《世说新语·文学》说，殷浩被废，"徙东阳，大读佛经，皆精解。唯至'事数'处不解。遇见一道人，问所签，便释然"。浩是一位谈玄的大家，而且有甚大之声望，为一时谈玄者所宗。当时的另两位谈玄名士王濛和谢安，对浩都甚为崇敬，视浩之出处以卜江左之兴亡。浩后来出来做了官，与桓温不协，便在朝廷中展开了一场争斗。他自视甚高，以恢

_____

①《世说新语·文学》记此事，谓其时王珉也在座。《晋书》珉传也引此，遂使有的论者信以为真，引此以证珉亦奉佛。其实《世说》此一记载是不确的，程炎震已指出，提婆来游建康，在隆安之初，而珉卒于十年前之太元十三年，不及见提婆。

复中原为己任，上疏北伐，结果大败而归。温便乘机上疏，请治他的罪，于是浩被废为庶人，徙于东阳之信安县。他被徙东阳，是很悲伤的。他的外甥韩伯随同他到徙所，一年后离开他回了建康。浩送行时咏诗说："富贵他人合，贫贱亲戚离。"从这两句诗，可看出他被废弃之后的心境。他就是从这种心境走向研治佛经的。他是一位精于玄理的人，对于才性论题尤为精通。但是他在读到佛经之后，却说："理亦应阿堵上。"就是说佛理更胜于玄理。《世说新语》中有许多关于他研读佛经的记载，如：

> 殷中军被废东阳，始看佛经。初视《维摩诘》，疑"般若波罗蜜"太多，后见《小品》，恨此语少。（《文学》）
>
> 殷中军读《小品》，下二百签，皆是精微，世之幽滞。尝欲与支道林辩之，竟不得。（《文学》）

刘孝标注此"竟不得"，引《高逸沙门传》曰："殷浩能言名理，自以有所不达，欲访之于遁。遂邂逅不遇，深以为恨。"而引裴启《语林》则谓："浩于佛经有所不了，故遣人迎林公，林公乃虚怀欲往。王右军驻之曰：'渊源思致渊富，既未易为敌，且己所不解，上人未必能通。纵复服从，亦名不益高。若佻脱不合，便丧十年所保。可不须往。'林公亦以为然，遂止。""邂逅不遇"之说无证。殷浩徙信安（今浙江衢县东），其时遁在剡之沃洲山，两地相距遥远，史无浩离开徙所之记载。而谓浩遣人迎林公，似亦未有充足之证据，以其庶人之地位，以其孤独冷落之处境，似不具备迎支遁至信安之条件。然浩之接触佛理，据《世说》所记，似应在被废之前，如：

康僧渊初过江,未有知者,恒周旋市肆,乞索以自营。忽往殷渊源许,值盛有宾客,殷使坐,粗与寒温,遂及义理,语言辞旨,曾无愧色;领略粗举,一往参诣。由是知之。

殷、谢诸人共集。谢因问殷:"眼往属万形,万形来入眼不?"(以上两条均见《文学》)

此两事均在浩被废前。刘注谓殷、谢即指浩与谢安。安之问浩,即为佛经中之论题。刘注引《成实论》:"眼识不待到而知虚尘,假空与明,故得见色。若眼到识到,色间即无空明。如眼触目,则不能见彼。当知眼识不到而知。"《世说》的这条材料,不仅可证浩在被废前已研习佛典,且可证谢安亦研习佛典。谢安与支遁有甚深之交往,或与此有关。

另一位研习佛典的是戴逵。他也是名士。《世说新语·伤逝》记其经过支遁墓,说:"德音未远,而拱木已积。冀神理绵绵,不与气运俱尽耳。"从这里可窥知他对于佛理甚为崇仰。他还曾费三年时间,雕刻丈六无量寿佛木像。

王恭亦笃信佛教。《晋书》本传称其"调役百姓,修营佛寺,务在壮丽,士庶怨嗟"。他后来是被司马道子杀了的,史称其临刑犹诵佛经。何充兄弟崇佛与王恭相似。至于与名僧交往密切的,就更多,如王导、庾亮对竺道潜甚为崇敬,与之为友(见《高僧传·竺道潜传》)。王濛、王洽、刘恢、谢安、许询、郗超、孙绰、王脩、王坦之、谢朗、袁宏诸人均与支遁过往甚密(见《高僧传·支遁传》)。王导、庾亮、周颉、谢鲲、桓彝均与帛尸梨蜜交往(见《高僧传·帛尸梨蜜传》)。而阮瞻、庾敱与支孝龙皆为至交(见《高僧传·支孝龙传》)等等。

名士之信奉神仙道教与信奉佛教,原因颇为复杂,各人情形亦不甚相同。但从心态上看，却有一些相似之处，那便是摆脱世俗系累，追求一种抱一以逍遥的人生境界。这是他们心目中的仙的境界与佛的境界。

名士与名僧的交往，完全表现出其时士文化的特点，方内方外，同样沉浸在潇洒里，山水、清谈、诗，是这种交往的手段或方式。清人知归子提到名僧与名士的交往时，说：

> 东晋之初，风教渐广，王导、庾亮、周颉、谢鲲、桓彝之属，皆曾与梵僧尸梨蜜多罗游；谢安居东山，降心支遁……至如王羲之、坦之、珣、珉、许询、习凿齿，各与缁流津接，大率名言相永，自标远致而已。（《居士传》卷一）

《高僧传·竺道潜传》说，道潜隐迹剡山之后，"优游讲席三十余载，或畅《方等》，或释老庄，投身北面者，莫不内外兼洽"（卷四）。对于高僧来说，他们意在借名士之地位以传教，使东晋佛教带着士族文化的色彩。他们中的一些人，本来就是士族出身。一些著名道士，也是如此，如许迈。这些都使得东晋神仙道教和佛教很容易与士文化融合，很容易成为士文化的一部分。正是因为这一点，名士与名僧、名道士之间，在情趣上相近，在感情上容易交流。在这样的感情交流中，道的境界（无论是仙还是佛）很自然地便变成超凡脱俗的人间境界。无论是写仙境还是写佛境，其实都是这样一个超凡脱俗的人间境界。庾阐《游仙诗》：

> 赤松游霞乘烟，封子炼骨凌仙，晨漱水玉心玄，故能灵化自然。

这个想象中的仙境其实是一个摆脱尘嚣的宁静的人间境界,在这个境界里可以优游自得,冥合自然。湛方生《后斋诗》,就直接写这样一个境界:

> 解缨复褐,辞朝归薮,门不容轩,宅不盈亩。茂草笼庭,滋兰拂牖。抚我子侄,携我亲友;茹彼园蔬,饮此春酒。开棂攸瞻,坐对川阜。心焉孰托,托心非有。素构易抱,玄根难朽。即之匪远,可以长久。

《秋夜诗》:

> 凡有生而必凋,情何感而不伤!苟灵符之未虚,孰兹恋之可忘。何天悬之难释,思假畅之冥方。拂尘衿于玄风,散近滞于老庄。揽逍遥之宏维,总齐物之大纲;同天地于一指,等太山于毫芒。万虑一时顿渫,情累豁焉都忘。物我泯然而同体,岂复寿夭于彭殇!

孙绰《答许询诗》:

> 遗荣荣在,外身身全。卓哉先师,修德就闲。散以玄风,涤以清川,或步崇基,或恬蒙园,道足胸怀,神栖浩然。

支遁《咏怀诗》:

> 重玄在何许,采真游理间。苟简为我养,逍遥使我闲。寥亮心神莹,含虚映自然。亹亹沉情去,彩彩冲怀鲜。

晞阳熙春圃,悠缅叹时往。感物思所托,萧条逸韵上。尚想天台峻,仿佛岩阶仰。泠风洒兰林,管籁奏清响;霄崖育灵霭,神疏含润长。丹砂映翠濑,芳芝曜五爽。苕苕重岫深,寥寥石室朗。中有寻化士,外身解世网。抱朴镇有心,挥玄拂无想。隗隗形崖颓,冏冏神宇敞。宛转元造化,缥瞥邻大象。愿投若人踪,高步振策杖。(《广弘明集》卷三十)

这些诗所向往的境界,就是弃除尘累,心如明镜,与物同化的境界。这同东晋士人的忘情山水,都是同一心态的不同侧面。仙的境界和佛的境界,在东晋士人那里,是人间宁静境界的另一种形式。

第四节　玄释合流与玄学理论发展的终结

南渡之后,清谈的中心论题,一部分是承接中朝的原有论题,如声无哀乐论、养生论、言尽意论(如王导)、才性论(如殷浩、支遁)、圣人有情无情论(如王脩、僧意),殷浩与孙盛论"易象妙于见形论",殷仲堪与慧远讨论易体,支遁论《逍遥》义,支遁、许询、谢安、王濛诸人论《渔父》,羊孚、殷仲堪论《齐物》,谢安谈"白马论"等等,凡中朝玄言所涉及之论题,江左几乎全都涉及。从这个意义上说,江左谈风,实沿中朝之旧。从现存史料看,除"逍遥"一义更出新意之外,其他论题并未见新意。从这个意义上说,江左清谈,在玄学理论上较之于正始与中朝,并未见有何发展。

但是,除了这一部分沿袭中朝玄谈的论题之外,江左清谈也出现了一部分新论题,这便是佛理。佛理进入清谈的领域,取一

种与谈论玄理完全一样的方式。《世说新语·文学》有大量这方面的记载,如:

> 殷、谢诸人共集。谢因问殷:"眼往属万形,万形来入眼不?"
>
> 支道林、许掾诸人共在会稽王斋头,支为法师,许为都讲。支通一义,四坐莫不厌心。许送一难,众人莫不抃舞。但共嗟咏二家之美,不辩其理之所在。
>
> 支道林造《即色论》,论成,示王中郎。中郎都无言。支曰:"默而识之乎?"王曰:"既无文殊,谁能见赏!"
>
> 有北来道人好才理,与林公相遇于瓦官寺,讲《小品》。于时竺法深、孙兴公悉共听。此道人语,屡设疑难,林公辩答清析,辞气俱爽。此道人每辄摧屈。孙问深公:"上人当是逆风家,向来何以都不言?"深公笑而不答。林公曰:"白旃檀非不馥,焉能逆风?"深公得此义,夷然不屑。

在有一些地方,记清谈名士与名僧共谈,虽没有明确记述所谈论之内容,但大抵兼及玄释。如:

> 许掾年少时,人以比王苟子,许大不平。时诸人士及林法师并在会稽西寺讲,王亦在焉。许意甚忿,便往西寺与王论理,共决优劣。苦相折挫,王遂大屈。许复执王理,王执许理,更相覆疏,王复屈。许谓支法师曰:"弟子向语何似?"支从容曰:"君语佳则佳矣,何至相苦邪?岂是求理中之谈哉!"
>
> 谢车骑在安西艰中,林道人往就语,将夕乃退。有人道上见者,问云:"公何处来?"答云:"今日与谢孝剧谈一出来。"

从清谈的角度说，原有之论题已失去理论探讨之兴味，而转向论辩技巧。然而佛理进入清谈领域，却极大地吸引着谈者，使清谈重新焕发出理论之光彩。佛理进入清谈，给清谈带来了新的生机，但同时也宣告着玄学理论发展的结束。

除清谈之外，此时玄学的理论著作甚为寥寥。能够代表此时玄学的理论成就的，只有张湛的《列子注》。

有关张湛生平的史料极少。从留下来的极少的史料中，知他字处度，高平人，父旷，曾为镇军司马。湛于孝武帝时仕至中书侍郎。他除注《列子》外，还曾注《庄子》、《文子》，但都没有传下来。梁陶弘景《养性延命录》引《庄子·达生》有一段张湛注，也引有张湛的《养生集叙》和有关养生的一些论述；湛又撰有《养生要集》十卷，已佚，然从陶弘景所引《叙》和养生的片断论述看，湛之养生观点属道教养生术一类。现在来了解张湛的玄学观，主要是他的《列子注》。

《列子》一书之真伪，向有不同看法。多数学者证其为伪作，且以为伪作于魏晋时期，伪作者或者就是张湛。然亦有不尽同意其为伪作者，严灵峰先生即持此说。严先生谓："（《列子》）今所存本，实乃刘向所校新书之杂乱者。其书原非列御寇自著，为其门人与私淑弟子所记述；非全为后人伪托，殆可信也。"（《无求备斋列子集成》序）我以为严先生的论断是有说服力的。《列子》非全为伪作，更非系张湛伪作，其主要部分，为列子之言论，当然也有后代掺入之作。因之，在论东晋玄学思想的发展时，我们不把《列子》作为思想资料，而以《注》作为思想资料。

张湛的观点，大量来自郭象。他不仅在注中大量引用郭象的《庄》注，而且自己的注文也与郭象的自生、自尔、独化的观点一致，如：

生者非能生而生，化者非能化而化也，直自不得不生，不得不化者也。（《天瑞》篇注）

皆自尔耳，岂有尸而为之者哉？（同上）

有之为有，恃无以生；言生必由无，而无不生有。（同上）

皆在自尔中来，非知而为之也。（同上）

天尚不能自生，岂能生物？人尚不能自有，岂能有物？此乃明其自生自有也。（同上）

造物者岂能有心哉？自然似妙耳。（《周穆王》篇注）

智者不知而自知者也。（《仲尼》篇注）

万品万形，万性万情，各安所适，任而不执，则钧于全足，不愿相易也。岂智所能辩哉？（《汤问》篇注）

这些观点，都完全是从郭象那里来的。有之为有，必自无而生，由无到有，但是"无"不能生"有"，是"有"自生的。万物皆自生自有，亦皆自是自足，"各安所适"，"不愿相易"。这些基本观点，郭象在注《庄》中反复论证过。张湛注《列子》，只是照搬过来罢了。但是，张湛注《列子》，在理论上的意义不在这里，而在于他在沿用郭象的基本观点的同时，偷偷地给了改造，把它引离郭象的立脚点。这就是学术界常说的张湛哲学的矛盾问题。

郭象自生自尔独化说的要旨，在于论证一切存在的都是合理的，名教与自然，都自有其存在之理由，适性适情，就无不可。而张湛正是在这一点上不同于郭象，他在自生独化说之后，往往加上一个尾巴，归之于虚无。郭象是归之于"有"，言"有"自生、自尔、自化，而张湛则最终还是"无"。《汤问》篇注：

谓物外事先，廓然都无，故无所措言也。

既谓之无，何得有外？既谓之尽，何得有中？所谓无无极无无尽，乃真极真尽矣。

《周穆王》篇注：

夫禀生受有谓之形，俯仰变异谓之化。神之所交谓之梦，形之所接谓之觉。原其极也，同归虚伪。何者？生质根滞，百年乃终；化情枝浅，视瞬而灭。神道恍惚，若存若亡；形理显著，若诚若实。故洞监知生灭之理均，觉梦之涂一；虽万变交陈，未关神虑。愚惑者以显昧为成验迟速而致疑，故窃然而自私，以形骸为真宅。孰识生化之本归之于无物哉？

他是说，万物万形，虽忽尔自生，忽尔自化，但是其实都归之于虚无，"有"只是一种假象，而生化之本是无物。《天瑞》篇注有一段话，注列子"夫有形生于无形"一句，先说：

谓之生者，则不无，无者，则不生。故有无之不相生，理既然矣，则有何由而生？忽尔而自生。忽尔而自生，而不知其所以生。

列子的这句话，与老子思想相同，原是可以作各种解释的。张湛用郭象的独化说加以解释，说是生于无形就是忽尔而自生，而不知其所以生。但是他接着又一转换，说：

不知所以生，生则本同于无。

本同于"无",就是虽生犹同于"虚寂"。虽然他下面接着说:"本同于无,而非无也。此明有形之自形,无形以相形者也。"但是他仍然无法解释这"本同于无"的基本观点,既然本同于无,则就不可能"自形",不可能是"非无"。可见,在张湛的思想里,已经加进了归于虚寂的思想。归于虚寂,故物我两忘。《天瑞》篇注云:

> 夫尽者,无所不尽,亦无所尽,然后尽理都全耳。

这完全是庄子的万物齐一的思想。《列子》的原文是说,孔子到卫国去,在路上看到一位老者林类行歌拾穗,便让子贡去问他,"老无妻子,死期将至",为什么还这样快乐? 林类便回答说:"死之与生,一往一反,故死于是者,安知不生于彼?"有什么可以不快乐呢? 这是一死生的思想。子贡把这回答告诉了孔子。孔子说:"吾知其可与言,果然;然彼得之而不尽者也。"所谓得之而不尽,就是说林类懂得了事物本无穷无尽的道理。孔子的话只是说明事物变化无穷无尽,张湛注此,则加以发挥,说尽也是不尽,不尽也是尽,这才是"尽"的道理。湛的注便引向了万物无差别,于是这注下面便接着说:

> 今方对无于有,去彼取此,则不得不觉内外之异。然所不尽者,亦少许处耳。若夫万变玄一,彼我两忘,即理自夷,而实无所遣。夫冥内游外,同于人群者,岂有尽与不尽者乎!

这是说,从"有"的方面着眼,则生死有异;但如果从万物齐一的观点着眼,则物我两忘,本无所谓生死。

在《列子序》中,张湛解释列子的观点,认为他的理论的最终

归着点,是"虚"。他说:

> 其书大略明群有以至虚为宗,万品以终灭为验;神惠以凝寂常全,想念以著物自丧;生觉与化梦等情,巨细不限一域;穷达无假智力,治身贵于肆任;顺性则所之皆适,水火可蹈;忘怀则无幽不照。此其旨也。然所明往往与佛经相参,大归同于老庄。属辞引类,特与庄子相似。

这其实是庄子自己的思想。张湛哲学虽承继郭象,而其实则返归庄子,而且,正是在这一点上,与佛经相通,接受了佛理的影响。

般若学盛行于两晋。由于名僧相继渡江,与名士交往日加亲密,佛理进入谈座,与玄学结合,因之般若学之流行,东晋尤盛。支道林精于《道行般若》,于法开、于道邃精于《放光般若》,竺法汰为简文帝讲《放光般若》,等等。般若学的中心思想,便是空寂,从一切方面说空。《大智度论》所释十八空是:内空、外空、内外空、空空、大空、第一义空、有为空、无为空、毕竟空、无始空、散空、性空、自相空、诸法空、不可得空、无法空、有法空、无法有法空(《十八空义》,大正藏第二十五卷)。般若空义,与玄学之本无义有相似之处,因之玄佛互释在清谈中便成为一种普遍现象。玄学渗入佛理,前人论之已详。汤用彤先生论玄学与佛理之契合,谓:"于是六家七宗,爰延十二,其所立论枢纽,均不出本末有无之辩,而且亦即真俗二谛之论也。六家者,均在谈无说空。……贵无贱有,返本归真,则晋代佛学与玄学之根本义,殊无区别。"(《汉魏两晋南北朝佛教史》190、191页,北京大学出版社1997年版)六家七宗之说,与受到玄学思想影响的名僧对于般若空义的不同理解有关,汤用彤先生早已指出这一点,说:"窃思性空本无义之发达,盖与当时玄学清谈有关。"玄学之影响般若学在东晋之流播，固为学术思想史研究界所共识。般若学在东晋的盛行，把受玄学思潮影响的士人的理论兴趣从玄学逐渐转向佛学，这是一可注意之现象。如东晋末年的孙绰、郗超等人，理论兴趣可以说完全转向了佛理。此一现象实具十分重要之意义。自正始玄学风盛，中国士人的理论兴趣几乎都转向玄学，真是如醉如痴。至此开始转向佛学。理论兴趣的转移本身就意味着玄学的衰落。换句话说，它在理论上已失去发展势头，缺乏新鲜感；它的吸引力，正在逐渐地让位于佛学了。虽刘宋玄学尚独立成科，然就其理论而言，已毫无建树。

玄学渗入佛学，推动着般若学的传播，这当然反映了东晋理论领域的新趋向。但是，这不是我们要着重探讨的问题。我们要着重探讨的问题是玄学自身，玄学接受佛学之影响及其意义之所在。

如前所述，张湛《列子注》异于郭象之处，是他在承认"有"和"有"之变化之后，又归着到"虚"，是"群有以至虚为宗"。这一思想无疑受着般若思想之影响。般若思想不否定因空所显的一切缘起幻有，性空不碍缘起。缘起的有虽"如幻，如焰，如水中月，如虚空，如响，如犍闼婆城，如梦，如影，如镜中像，如化"（《大智度论·十喻释论》引《摩诃般若波罗蜜经》，大正藏第二十五卷)，然究呈有相。《大智度论》解释说："诸法相虽空，亦有分别可见不可见，譬如幻化象马及种种诸物，虽知无实，然色可见，声可闻，与六情相对不相错乱。诸法亦如是，虽空而可见可闻不相错乱。"（卷六《十喻释论》，大正藏第二十五卷）从缘起幻有说，万物有差别，有生灭变动，所以说"有因缘故言异"（《大智度论·十八空义》)。但是这缘起幻有的生灭变动是不住的，诸法一切分别，因与果，都处于相对之中，从这一点说，它又是无差别的，"有因缘故言一"（《十八空义》）。无差别也就是物无自性，这就必然导致一切法皆空的结论，"亦不见生亦不见灭，亦不见著亦不见断，亦不见增亦不见减，亦不过去当来今现在，亦无五阴亦无色声香味细滑法，亦无眼耳鼻舌身意，亦无十二因缘，亦无四谛"等等（《放光般若经·假号品》，大正藏第八卷）。一切幻有皆归之于空，连空也是空的。我们在张湛的思想里，可以看到这种思想的明显痕迹。他在《列子序》中所说的"群有以至虚为宗，万品以终灭为验"，就是这种思想的明确表述，"群有"、"万品"，都是存在的，但它们又不存在，穷其究竟，同归虚无，验此实有，终归寂灭。在上引他注《周穆王》篇的话中，也明白地表现了这种思想。他承认有秉生受有之形，有俯仰变异之化，但是原其终极，同归"虚伪"。同归"虚伪"，就是万有本实虚寂，其幻有之形相，乃是假名而非实有。张湛就是这样，讲自生，讲独化，但又处处论一切归之无有：

> 存亡变化，自然之符。夫唯寂然至虚凝一而不变者，非阴阳之所终始，四时之所迁革。（《天瑞》篇注）
>
> 知其无，则无所不知；不知其有，则乃是真知也。（《汤问》篇注）
>
> 故俯仰万机，对接世务，皆形迹之事耳。冥绝而灰寂者，固泊然而不动矣。（《仲尼》篇注）
>
> 示现博学多识耳，实无所学，实无所识也。（同上）

在张湛的哲学里，存在着不可解决的矛盾与混乱。物既自生、自尔、独化，它便没有一个在它之先的"无"，它便是有；若是一切终归虚寂，它便不可能自生、自尔、独化。它的"有"便只能是缘起幻有。郭象讲的独化,是讲自因自律,而缘起幻有则是他因。因缘和合都是相对的无穷无尽的链条,展转皆空。张湛把这些互异的思想杂凑在一起,呈现出这个时期玄学的杂乱面貌。

张湛哲学无疑地宣告了玄学理论发展的终结。玄学到了郭象,已经解决了自然与名教的关系问题,它的严密体系已经建立起来了。不管郭象哲学在现实人生中的应用可能走向如何的悖谬与荒诞(我们在讨论西晋的一章里已谈及),但作为一个哲学体系,它似已没有发展的余地。再往前发展,便是改变它的性质,于是张湛引入般若思想。般若思想从它说空的根本点上看,与玄学之言"无"有相通之处,因之它与玄学迅速合流。但是玄学发展到郭象,所论已非老庄之本无义,它是讲实有,与般若思想其实是异趣的。这就说明,玄学发展到张湛,实际上已经转向,它已经逐渐地让位于佛学了。虽然在其时的现实生活中,佛学正借着玄学清谈来传播,但实质上它在理论上正在取玄学而代之。

张湛哲学虽宣告了玄学理论发展的终结,但它却仍然具有深刻的历史意义。它其实是东晋士人心态的最好的理论表述。东晋士人既从西晋士人的纵欲转向追求宁静的精神境界,则般若说空实在是最好的理论引导。但是他们所追求的宁静的精神境界,毕竟又不是非人间的境界。他们追求宁静,但无法做到般若的空心。他们的宁静是潇洒风流的宁静,是任性适情的宁静,是人间。他们还承接着玄风所带给他们的任自然的气质。因之只有般若还不够,还需要玄学。张湛应运而生,便也是很自然的事了。

张湛哲学在人生旨趣上要导向的,就是虚静而逍遥。他在《汤问》篇注中说:

> 心夷体闲,即进止而有常数,迟疾而有常度。苟尽其妙,

非但施之于身，乃可行之于物。

支遁解释庄子"逍遥"义，也是这个意思。《世说新语·文学》说支遁在白马寺与冯怀讨论《逍遥游》，遁对《逍遥游》作了全新的解释。刘注引遁《逍遥游》义云：

> 夫逍遥者，明至人之心也。庄生建言大道，而寄指鹏鷃。鹏以营生之路旷，故失适于体外，鷃以在近而笑远，有矜伐于心内。至人乘天正而高兴，游无穷于放浪；物物而不物于物，则遥然不我得，玄感不为，不疾而速，则逍然靡不适。此所以为逍遥也。若夫有欲当其所足；足于所足，快然有似天真。犹饥者一饱，渴者一盈，岂忘烝尝于糗粮，绝觞爵于醪醴哉？苟非至足，岂所以逍遥乎！

他是认为，物欲的满足是没有终尽的，若是按郭象的解释，以适性为逍遥，那么真正的适性是无法做到的，欲心不得满足，便永远不可能逍遥。他不同于郭象的地方，是他认为只有至人才能逍遥。至人游心玄冥，感通无穷，故无往而不适，无往而不逍遥。这正是张湛所说的"心夷体闲"，是般若空观改造郭象逍遥义的产物。支遁对于逍遥义的解释，为东晋士人追求宁静的精神境界找到了最好的说明。所以他的逍遥义一出，便为士人所普遍接受。《世说》称，他的逍遥义一出，向秀和郭象的逍遥义便废弃不用了。

般若学进入玄学，玄学的理论发展确实是终结了。

第五节　陶渊明：玄学人生观的一个句号

东晋的玄释结合标志着玄学理论发展的终结，但是东晋士人，特别是会稽的名士群体，他们的人生情趣、人生态度，虽然已经渗入了崇尚虚寂的人生旨趣，追求宁静的精神境界，但是，玄风的色彩还相当浓厚。他们追求自然适情，追求闲适，他们清谈，等等。他们的人生目的，显然还是玄学思潮的产物。

玄学思潮起来之后，并没有提出一种明确的人生观来。玄学发展的不同阶段，玄学名士的人生取向也各各不同。但是，从玄学的基本品格而言，则它在人生态度、人生目的上还是有一个最基本的要求的，那便是以一种委运任化的人生态度，达到物我一体、心与道冥的人生境界。

这样一种人生态度与人生目的，自从玄风起来之后，以迄东晋名士，一直没有能够成为实践的人生。他们事实上都没有能做到委运任化，也未能达到物我一体、与道冥一的人生境界。把这样一种人生态度付诸实践，并且常常达到物我一体、与道冥一的人生境界的，是陶渊明。并非玄学名士的陶渊明实践委运任化的人生态度，与达到物我一体、与道冥一的人生境界，依靠的不是玄学的理论力量，而是借助于儒学与佛学。

一

陶渊明常常达到物我一体、与道冥一的人生境界。

士人与大自然的关系，大体说来，是在自然中求得一席安身之地，安顿自己的身境和心境。但是细究起来，却是颇为不同的。

金谷宴集的名士们，他们是带着一种占有者的心态，让自然在他们的宴乐生活中增添一点情趣，成为他们生活的点缀，使他们在歌舞宴乐之中，得一点赏心悦目，使他们的过于世俗化过于物质化的生活得一点雅趣。兰亭修禊的名士们，他们是把山山水水看作生活中不可或缺的部分了。他们留连山水怡情山水。他们与自然的关系，比起金谷名士来，当然要亲近得多。但是，他们仍然是欣赏者，他们站在自然面前，赏心悦目，从中得到美的享受，得到感情的满足。大自然的美，在他们的生活中虽然占有重要位置，但是，他们与自然之间，究竟还有距离。山阴道上行，觉景色自来亲人，应接不暇。我们从这里可以感受到他们在大自然中的一种主客关系的心态。

陶渊明与他们不同的地方，便是他与大自然之间没有距离。在中国文化史上，他是第一位心境与物境冥一的人。他成了自然间的一员，不是旁观者，不是欣赏者，更不是占有者。自然是如此亲近，他完全生活在大自然之中。他没有专门去描写山川的美，也没有专门叙述他从山川的美中得到的感受。山川田园，就在他的生活之中，自然而然地存在于他的喜怒哀乐里：

山中饶霜露，风气亦先寒。田家岂不苦？弗获辞此难。四体诚乃疲，庶无异患干。(《庚戌岁九月中于西田获早稻》)

暧暧远人村，依依墟里烟。狗吠深巷中，鸡鸣桑树巅。户庭无尘杂，虚室有余闲。久在樊笼里，复得返自然。(《归园田居》五首之一)

种豆南山下，草盛豆苗稀。晨兴理荒秽，带月荷锄归。道狭草木长，夕露沾我衣；衣沾不足惜，但使愿无违。(《归园田居》之三)

久去山泽游，浪莽林野娱。试携子侄辈，披榛步荒墟。徘徊丘垄间，依依昔人居。井灶有遗处，桑竹残朽株。(《归园田居》之四)

在会稽名士们的诗文言谈里，我们看到山川之美是草木蒙茸，是明秀之美的类型，那是充满雅趣的士人眼里的美。而陶渊明所写的山川，却全是田家景角，是淳朴的村民活动于其中的山川，或者说，是人与自然融为一个整体的环境。他并不对山川作纯粹的审美鉴赏。他是写山川在他的生活里、在他心中的位置，而你却可体味到他在其中的美的感受。《庚戌岁九月中于西田获早稻》只是写气候，山中秋气来得早，写自然景色的部分，只此而已。但是，我们读它的时候，却是感同身受。最主要的原因，就是因为他写的是心灵与自然的交通。山间景色，是他心中的景色。他没有说它美，也没有说它不美，没有说他是喜欢还是不喜欢，没有像他的前辈会稽名士们那样，在山川秀色面前不可已已，说一些情何以堪的话，但是其中却含着甚深的眷恋。那是他的山水，他的天地，和他同生命同脉搏，和他的身心原是一体。《归园田居》中的景色同样如此，村落、炊烟、田野、月色、山涧、榛莽，都和他的心灵相通。他就在这安静的山野间生活，一切是那样自然，仿佛原本都是如此的存在着，是那样的合理，那样的真实，那样的永恒。心灵与自然，全融合在这永恒的真实之中。试想在那夕露沾衣的草野小径上带月荷锄归的情景，是怎样的一种人和自然的和谐！在陶渊明的关于田园的诗里，我们处处看到这种和谐。

平畴交远风，良苗亦怀新。虽未量岁功，即事多所欣。耕种有时息，行者无问津。日入相与归，壶浆劳近邻。长吟

掩柴门，聊为陇亩民。(《癸卯岁始春怀古田舍》二首之一)

这样的心境，是只有在领悟到大自然的不息生机乃是自己生命的最好安归之所的时候，才有可能出现的。他实在是完全融入到自然中去了，一切都生生不息，都自乐自得地存在着：

> 孟夏草木长，绕屋树扶疏。众鸟欣有托，吾亦爱吾庐。既耕亦已种，时还读我书。穷巷隔深辙，颇回故人车。欢然酌春酒，摘我园中蔬。微雨从东来，好风与之俱。泛览周王传，流观山海图。俯仰终宇宙，不乐复何如！(《读山海经》十三首之一)

草木飞鸟，微雨好风，各得其所。我也在这和谐的大自然里自得自足，成了这和谐的大自然的一部分。"平畴交远风，良苗亦怀新"的诗句之所以令千古叹美，就在这难以言说但却确实存在的令人神往的和谐上。

> 结庐在人境，而无车马喧。问君何能尔，心远地自偏。采菊东篱下，悠然见南山。山气日夕佳，飞鸟相与还。此中有真意，欲辨已忘言。(《饮酒》二十首之五)

这诗所表现的，也是这和谐。历代说者论此诗，谓其不知从何处着笔，关键也就在这物我的泯一上，分不出心物的界限，一片心绪，不知着落在何处。人与菊、与山、与鸟，和谐地存在着，仿佛宇宙原本就如此安排，日日如是，年年如是。何以如是，不可言说也无须言说。这种物我的和谐，就是一种最美的境界。心物交融的美的境界，当然是一种不易描述不易图画的境界。多少人为"采菊东篱下，悠然见南山"心驰神往，为之图画，而从来没有一位画家，能够画出它的境界。因为它充盈着大美，是宇宙一体的大美。大美无形，是难以用言语和图画表达的。

物我一体，心与大自然泯一，这正是老庄的最高境界，也是玄学所追求的最高境界。但是这种境界，自玄风煽起以来，还没有人达到过。陶渊明是第一位达到这一境界的人。

陶渊明之所以能够达到这一人生境界，就在于他真正持一种委运任化的人生态度，并且真正做到了委运任化。

玄学思潮起来之后，士人以老庄哲学为依归，追求任自然以适情。从理论上说，这应该是可以达到与道泯一的境界的，但是事实上他们没有达到。嵇康、阮籍没有达到，会稽名士没有达到，更不用说中朝名士了。他们之所以没有达到，最主要的一点，恐怕就在于他们做不到委运任化。人是生活在社会里的，衣食住行，都有各种关系的制约，不可能独来独往为所欲为。出处去就，时运否泰，不可能事事如意，因之便会有失意，有困厄，有苦闷，有悲哀，有种种祸患的到来。当生老病死、祸患困厄到来时，不能以委运任化的态度去对待，便陷入烦苦怨愤之中。这样，要返归自然，达到物我泯一的境界，无论如何也是不可能的。陶渊明超出于他的前辈之处，就在于他以委运任化的态度，去对待出处去就、时运否泰，去对待世网的种种羁绊与纠结。

他像魏晋以来的所有士人一样，也为岁月匆匆、人生稍纵即逝的心绪所苦。这原本是一个永恒的主题，无论是战乱年月还是太平时期，许多的士人都无法摆脱这一问题的困扰。但是陶渊明摆脱了这种困扰，而走向心境的宁静。这在他的诗里有大量的表现。在著名的《形·影·神》诗里，形是对于现实人生无可避免地终须走向死亡的慨叹：

> 天地长不没，山川无改时。草木得常理，霜露荣悴之。谓人最灵智，独复不如兹！适见在世中，奄去靡归期。奚觉无一人，亲识岂相思？但余平生物，举目情凄洏。我无腾化术，必尔不复疑。愿君取吾言，得酒莫苟辞。(《形赠影》)

在这个问题上，陶渊明并不比建安以来的其他士人前进一步。这个死之悲哀的主题，始终贯穿在玄风笼罩的两晋士人心中，无论是石崇辈的宴乐，胡毋辅之辈的纵欲，还是王羲之辈的潇洒风流，他们都同样为人生之匆匆而感伤叹息。从这感伤叹息，或走向建立功业，留美名于身后；或走向及时行乐，享荣华于生前。陶渊明借影回答这个问题，《影答形》：

> ……身没名亦尽，念之五情热。立善有遗爱，胡可不自竭。酒云能销忧，方此讵不劣！

这其实也是他的前辈早已想到的，借留名后世，以弥补生命之短促，使生命以另一种方式得以延长。但是，对于老庄思想来说，这并不是解决问题的最好方法。这只是用一种苦恼去取代另一种苦恼。人生如朝露，已引发无数士人的生之悲哀；而为名利奔波，复引发无数士人之烦怨苦痛。陶渊明比他的前辈朝着老庄的人生哲学走得更远的地方，是他在生之匆匆的苦恼悲伤中出来，走向无所为。他借神回答这个问题，《神释》：

> ……三皇大圣人，今复在何处？彭祖爱永年，欲留不得

住。老少同一死，贤愚无复数。日醉或能忘，将非促龄具？立善常所欣，谁当为汝誉？甚念伤吾生，正宜委运去。纵浪大化中，不喜亦不惧。应尽便须尽，无复独多虑。

这就是庄子所描述的人生境界，也是玄学家所赞美的人生境界。庄子是做到了的，玄学家没有做到，陶渊明却做到了。这在他的诗中有许多表现，如：

……既来孰不去，人理固有终。居常待其尽，曲肱岂伤冲。迁化或夷险，肆志无窊隆。即事如已高，何必升华嵩！（《五月旦作和戴主簿》）

……总发抱孤介，奄出四十年。形迹凭化往，灵府长独闲。贞刚自有质，玉石乃非坚。仰想东户时，余粮宿中田。鼓腹无所思，朝起暮归眠。既已不遇兹，且遂灌我园。（《戊申六月中遇火》）

生命短促的悲哀，或者灾祸降临时的不幸，他都能处之泰然，一一任其自然。

做到这一点是不容易的。后来有两位著名人物也常常能在一个短时期里做到这一点，一位是苏轼，一位便是晚年的白居易。大概也是因为这个根本点的相通，所以他们两位都十分崇拜陶渊明，而且两人都在晚年写了和陶诗。

从委运任化走向与自然泯一，这就是玄学思潮在陶渊明身上留下的印记。

二

但是，这只是问题的一个方面。陶渊明做到委运任化，达到与自然泯一的人生境界，只是暂时的，存在于一段时间里。为什么他不能做到终生如此？最根本的一点，就是他心中纠结着一个未能免俗的情结。

不用说他青年时期明确无误的入世思想（《杂诗》："昔我少壮时，无乐自欣豫。猛志逸四海，骞翮思远翥。"），即如他的几次出仕，也并非都毫无入世的动机。《始作镇军参军经曲阿》："时来苟冥会，踠辔憩通衢。"这里明白地说出自己有着应时而出的思想。这当然是传统的风云际会的思想的痕迹。这种思想在陶渊明身上的表现当然不算强烈，但却可以解释他何以多次出仕，而且入桓玄、刘裕①、刘敬宣幕下。这几位在当时都是声威煊赫的人物。我们可以不讨论此数人之是非，因为这需要涉及一个评价的基本准则的问题，例如，从正统的观念说，桓玄与刘裕，都是篡位的逆臣，刘敬宣亦行为反复，无甚可取。然而事情往往比预料的要复杂得多，其时朝政，实已一塌糊涂，桓玄尚是一位略有作为的人物；而且论其人品，确实低劣；而论其才能，在东晋末世却实属翘楚。至于刘裕，如果从历史的发展看，实是一位颇有能力的开国之君，虽猜忌残忍，然亦雄才大略。何况，他们又为什么要守着一位痴呆皇帝呢？这些都可以不论，因为不属本书讨论范围。这里要特别注意的是陶渊明出仕时可能想到什么，他为什么要出仕。他留下的文字里，提供给我们的只有两点，除上面提到的与

---

①此从袁行霈说，袁说力证陶入刘裕幕。见其《陶渊明与晋宋之际的政治风云》，载《中国社会科学》1990 年第 2 期。

时冥会之外,便是为了生计。为生计而出仕比较简单,不必论略是非;而与时冥会的问题,分析起来就颇为麻烦。他究竟有没有附从一位有力的足以收拾政局的人物、在国家濒临崩溃之际为国效力的打算?这个问题实在不易断然回答。说他没有吧,他一生中确有过慷慨情怀,他留下了一些表现慷慨情怀的文字,如《咏荆轲》、《读山海经》中关于夸父与精卫的诗句,如果没有积极进取的意念,是很难有这种慷慨情怀的。他的这种慷慨情怀,与他那与宇宙泯一的心境,实在是格格不入的两回事。但是如果说他有为国效力的抱负吧,却又没有具体的可供证明的材料。大概只好说,他入桓玄等人的军幕时,有了一个并不清晰的"机会已经到来可以做一点事"的意念。这些人是甚有力量的人物,给了他一个可以做点事业的希望。至于对当时政治格局的状况,各种势力的邪正是非,他似乎并无更清楚的认识。而且即使这"时来苟冥会"的意念,也并不十分坚定,因为事实上它不久也便消失了。从政治的角度过多过深地考察陶渊明,有可能为解释他的复杂心态带来困难。他并不是一位十分执着的人,不像屈原,不像贾谊,甚至不像嵇康。政治上的是非,他并未更多地操持以至于固守不屈。他没有投江、没有被杀就是证明。要而言之,他有过抱负,有过与时冥会的想法,并因此而入仕。这一点已足证明,他并不终始持委运任化的人生态度。他入仕的种种问颢,都不在这里加以考察。这里要研究的,是何以他委运任化的人生态度只存在于他一生中的某些短暂时期?何以即使他归隐以后,也常常为世俗的意念所打断?

我以为最关键的一点,便是他内心未能免俗的情结。

如果彻底地与自然泯一,彻底地委运任化,他的心境便应该是始终平静的。但事实不是这样。我们从他的诗文中,可以清楚地感受到有一种深藏的孤独感，一种虽然不张扬但却隐约然而执着存在的孤独感。那是一种隐隐约约的流露：

> 寝迹衡门下，邈与世相绝。顾盼莫谁知，荆扉昼常闭。凄凄岁暮风，翳翳经日雪。倾耳无希声，在目皓已洁。劲气侵襟袖，箪瓢谢屡设。萧索空宇中，了无一可悦。历览千载书，时时见遗烈。高操非所攀，谬得固穷节。平津苟不由，栖迟讵为拙？寄意一言外，兹契谁能别！（《癸卯岁十二月中作与从弟敬远》）

那自谓羲皇上人的心境哪里去了呢？一点也没有了。一重冷落寂寞甚至有点暗淡的氛围笼罩着全诗，"顾盼莫谁知"，他是被遗忘了！"凄凄"、"翳翳"的，不只是风与雪，也是心绪。"了无一可悦"，就是内心深处的孤独感的流露。寂寞、孤独、被人遗忘，因此这贫穷的生活看来实在是有些让人受不了。虽然结尾是自我排遣，自慰自勉，但是孤独感却是无法掩饰的。

《饮酒》的《序》说："余闲居寡欢，兼比夜已长，偶有名酒，无夕不饮，顾影独尽。"这就是写《饮酒》诗的起因。这"寡欢"的心绪，就流露在《饮酒》诗里：

> 行行向不惑，淹留遂无成。竟抱固穷节，饥寒饱所更。敝庐交悲风，荒草没前庭。披褐守长夜，晨鸡不肯鸣。孟公不在兹，终以翳吾情。
>
> 栖栖失群鸟，日暮犹独飞。徘徊无定止，夜夜声转悲。厉响思清晨，远去何所依？因值孤生松，敛翮遥来归。……

孤独,而且怆然。他确实是心向田园的,在仕途也未尝忘怀田园生活,一篇《归去来辞》,全出自心底,无半点伪饰。他渴望回到田园过一种与自然泯一的生活,"聊乘化以归尽,乐夫天命复奚疑!"但是他也确实在田园生活中感到孤独与寂寞,感到被社会所遗忘,有如失群之孤鸟;感到他的固穷的操守未被人理解。

而且,更重要的,是他始终未能摆脱浓重的伤感,未能摆脱死亡的阴影对于他的与宇宙泯一的心灵的遮蔽。本来宇宙一体是齐死生的,齐死生就不存在为生命之短促而悲伤的问题,因此庄子妻子死了鼓盆而歌。委运任化便应该做到这一点。但是陶渊明心中常常有一个"死"字纠结着。"日暮天无云,春风扇微和。佳人美清夜,达曙酣且歌。"这是他的《拟古》诗之七的开篇,是一种何等舒畅的物境与心境!但是接着便写"歌竟长叹息,持此感人多。……岂无一时好,不久当如何?"《杂诗》之一:"得欢当作乐,斗酒聚比邻。盛年不重来,一日难再晨;及时当勉励,岁月不待人。"之三:"日月有环周,我去不再阳。眷眷往昔时,忆此断人肠。"《游斜川》:"开岁倏五十,吾生行归休。念之动中怀,及辰为兹游。"他甚至为自己写了《挽歌》。这《挽歌》作何解释?何以要写《挽歌》,何以要写《自祭文》? 前人有写挽歌的,陶当然不是出于对前人的模拟。他完全是在一种心绪的支配下写的。如果真个委运任化,那是什么都不用写的,听其自然就是;甚至连听其自然都不去想,也听其自然。但是写《挽歌》与《自祭文》,却分明心头反复纠缠着一个"死"字,"人生实难,死如之何!"《自祭文》结尾的这两句话,其实是一条通向他内心深处的隐约小径,循此以往,我们不惟可窥知他旷达、静穆的心境背后有多么浓重的苦恼与悲伤,而且可以窥知他写《挽歌》与《自祭文》的更深层的动机。他是怀着对于人生的深深遗憾或者不满甚至愤慨才起了自挽自祭的念头的。

他一生始终为现实人生的不如意事所纠缠,他的超脱只是暂时的。

三

这就提出了一个问题,既然他心中始终纠缠一个世俗的情结,他又何以能在一个短时期内实行委运任化的人生态度,达到与自然泯一的人生境界?

这个问题的答案是意味深长的。

他靠的主要是儒家的思想力量。陶的思想实质,属儒家。他信守的是儒家的道德准则,最主要的是一片仁心与安于贫穷。

只要是生活在世间,便会有种种瓜葛,会有不合理、不公正的理象存在,人生不如意事常八九,这几乎成为千古共识,问题只在于如何对待与处理这些不公平不合理。这样一个十分显浅的问题,它的结果却涉及不同的文化传统、不同的文化素质与不同的指导思想。我们不拟去论述如何处理人间的不公正才更合理。我们只说陶渊明如何来处理不公正与不合理,如何去除不平之感而走向心境的宁静。

陶对现实是有不平的,虽然他没有直接抒泄出来,但是在《读山海经》等诗中却有明白的暗示,在《述酒》中也有隐约的表述。不过他的一生中,始终没有把这不满发为牢骚。他对人生,充满着一种纯真的仁民爱物的胸怀,存在着一种仁心相爱的幻想。这从他的《桃花源记》中可以得到一点讯息。他理想的是一个人人和睦相处,没有不公与欺诈,安居乐业的社会。这个社会其实就是儒家先王至治的理想社会的另一种描述,"俎豆犹古法,衣裳无新制"。但是给他最大的克制力量的,是他的"固穷"的思想。

"固穷",包含着不畏贫穷,在贫穷中能坚持操守,安于贫穷等等含意。君子忧道不忧贫,一直是儒家信奉的重要原则。《论语·卫灵公》:

> 子曰:"君子谋道不谋食。耕也,馁在其中矣;学也,禄在其中矣。君子忧道不忧贫。"

《论语·宪问》:

> 子曰:"贫而无怨难,富而无骄易。"

孔子还说:"君子固穷。"(《卫灵公》)他还把贫而乐作为一种很高的道德修养。孟子也说:"士穷不失义。"道德的操守一直是中国士人自我修养的重要内容。为道德的操守而甘于贫贱,一直被当作高尚的人格来赞美。而这一点,正是陶的重要的精神支柱。他反复地说着这一点:

> 先师有遗训,忧道不忧贫。(《癸卯岁始春怀古田舍》二首之二)
> 高操非所攀,谬得固穷节。(《癸卯岁十二月中作与从弟敬远》)
> 贫居依稼穑,戮力东林隈。不言春作苦,常恐负所怀。(《丙辰岁八月中于下潠田舍获》)
> 不赖固穷节,百世当谁传。(《饮酒》之二)
> 竟抱固穷节,饥寒饱所更。(《饮酒》之十六)
> 斯滥岂彼志,固穷夙所归。(《有会而作》)

孔子说："小人穷斯滥矣。"贫穷而没有操守，就是小人，陶明确地说这不是自己的志向，自己的志向是贫穷而能始终持守节操。他还写了《咏贫士》七首，反复表述这一思想。"安贫守贱者，自古有黔娄。……朝与仁义生，夕死复何求？""岂不实辛苦，所惧非饥寒。贫富常交战，道胜无戚颜。""谁云固穷难，邈哉此前修。""量力守故辙，岂不寒与饥。知音苟不存，已矣何所悲！"能在贫穷中坚持自己的操守，便感到满足，虽辛苦也甘心。甘于贫穷的思想帮助他从世俗的情结中摆脱出来，走向心境的宁静。

帮助他摆脱世俗情结的纠缠的，除了儒家守固穷的思想力量之外，还有佛家般若思想的影响。一念心寂万境皆虚，一切世间种种相，既虚幻不实，则不如意事之烦恼便也自行消解。在陶的诗文里，我们当然找不到他援引佛典的文字，但却可以找到他受般若思想影响的明显痕迹。《归园田居》五首之四：

> 人生似幻化，终当归空无。

在支遁的《咏怀》诗里，也有类似的说法：

> 廓矣千载事，消液归空无。

陶的《饮酒》诗之八：

> 吾生梦幻间，何事绁尘羁。

《形·影·神》诗中的《神释》：

纵浪大化中，不喜亦不惧。应尽便须尽，无复独多虑。

这都是一切法毕竟空，世间一切皆如幻如梦如镜中象水中月，原为幻象本非实有的般若思想的表现。

于是我们看到了一个完整的陶渊明。他有世俗的种种纠结，但是他安于贫穷，他用儒家的固穷的思想，用般若的万有皆空的思想，摆脱了世俗的种种纠结，走向物我泯一的人生境界。

这就是说，他的玄学人生观是有限定的。这限定，便是他并非始终有这样的人生观。只是当他摆脱世俗情结的纠缠之后，他才达到与自然泯一的人生境界。

而这无疑地证明了，纯粹的玄学人生观是不可能实行的。在中国的文化传统里，玄学人生观没有具备实践性的品格。玄学人生观最主要之点委运任化的人生态度与物我泯一的人生境界，不解决好个人与群体的关系就不能实现。只强调自我，强调性之自然，一到面对矛盾纠结的现实人生，便寸步难行了。玄学思潮起来之后，从嵇康、阮籍到西晋名士到东晋名士，他们都在寻找玄学人生观的种种实现方式，但是他们都失败了。失败的原因何在呢？最根本的一点，便是他们没有能找到化解世俗情结的力量。陶渊明找到了，他找来的是儒家的道德力量和佛家的般若空观。他之所以能做到这一点，可能有他个人的种种因素。但他至少已经证明，玄学人生观不具备实践性品格。从这个意义上说，他为玄学人生观画了一个句号。

结束语

魏晋是一个在文化史上有特殊意义的时代。如果我们从建安算起,到刘宋的建立,这个时期共二百二十四年,这是充满战争和饥馑,阴谋和残忍,悲歌慷慨和背信弃义,寻欢作乐和潇洒风流的二百二十四年;但是也是思想最活跃、感情最丰富的二百二十四年。在这个环境里,产生了玄学,文学独立成科,书法和绘画,都有了辉煌的发展。在这个环境里,中国士人走过了一段漫长的心路历程。这个时期,无论从玄学思潮的发展和士人心态的变化来说,都提出了许多值得思索的问题。

一

从士人心态的发展来说,我们发现,每一个历史阶段,士人的心态都有一种总的大体一致的趋向。尽管从各个人的具体考察中可以发现他们的心态千差万别,但是在一些重要问题上,例如价值取向、生活情趣等方面,却总是有一种与时代环境相称的发展趋向。

两汉定儒术于一尊。儒家的伦理道德规范成为士人终身奉行的人生准则。他们把自己的一生和大一统政权联系在一起。在他们的心中,君权是至高无尚的。他们把自己的一生,看作是为君为朝廷而存在的。忠于君忠于朝廷，被视为此时士人之理想品格。两汉的循吏，就是这方面的典型的代表。他们受君之托，牧民爱民。在他们心中，君与民是一体的，"受君之重位，牧天之所甚爱"。他们愿为此而鞠躬劳瘁。他们对于大一统政权，有一种亲近感，同时也有一种依附感。

但是这种情形，东汉末年之后有了很大的变化。接受过儒家传统思想熏陶的士人，面对的却是一个由宦官和外戚专权的腐败的政权。他们怀着怎样的一种忠诚而又悲慨的情怀，一次次上疏反宦官反外戚又一次次失败。他们慢慢地发现了，他们忠而见疑，忠而见弃，他们忠心耿耿为之忧思劳瘁的政权给予他们的报答，却是杀戮与监狱。两次党人事件对士人心灵的震动，是难以用言语描述的。霎时之间，悲壮情怀席卷士林，从其时士人的慷慨赴义中，我们可以清楚地感受到这种心灵震撼的广度与深度。以此为契机，士人的心态发生了极大的变化，最主要的一点，便是从与大一统政权一体中脱离出来，在感情上由亲近而走向疏离。士人既失去了他们的忠于君主忠于朝廷的信仰，他们的视野便回归自我。既然忠而见弃，他们便渴望用另一种方式来表现自己的存在，于是名士风流，互相题拂，高自标置，走向了自我的感情天地。这个时候，我们看到，士人精神上传统的儒家伦理观念的种种束缚松动了，重感情、重个性、重才能、重自我成了一种普遍的心理趋向，或慷慨悲凉，走向追求功业；或任情纵欲，走向享乐的人生；或以高洁自恃，而归隐山林。价值取向从大一统时期的一元化转向了多元化，生活方式和生活情趣同样如此。他们从定儒学于一尊时的那个理性的心灵世界，走到一个以自我为中心的感情世界中来了。

这个以自我为中心的感情世界应该向何处去，其实是现实生活中提出来的无可回避的问题，于是我们便看到正始士人对这个问题的各种回答。如果要说出正始士人的主要特点的话，那么便是充满着哲学的意味。他们以一种从未有过的理论热情，在哲学的层次上思索着现实生活中提出来的各种问题。可以毫不夸张地说，这时的士林精英，几乎都卷进到玄学思潮中来了。在玄学思潮的影响下，他们开始有意识地探讨自己的理想人生。可以说，正始时期，是玄学人生观的一个探索时期。士人的价值取向，生活情趣与生活方式，也仍然是多元的。这时最能代表玄学人生旨趣的是嵇康。嵇康追求一种虽处人间而超脱世俗之外，自由闲适、如诗如画的生活。这种生活既有不受任何礼的约束的精神的自由，又有起码的物质条件和必要的亲情慰藉，虽返归自然而实处人间。他实在是在中国文化史上第一位把庄子诗化的人，他把庄子的纯哲理的人生境界，变为人间的诗的境界。应该说，他这样一个人生理想，他的价值取向和生活情趣，无疑有着玄学人生观的基本品格。但是，由于他的这样一个人生理想，是建立在越名教而任自然的思想之上的，傲视世俗，以己为高洁而以世俗为污浊，终因迕俗而为世俗所不容。嵇康的被杀，实在并非由于他卷入了曹魏与司马氏的政争，而是由于他这人生旨趣代表着当时激进的崇尚玄风的士人的情绪倾向，而这种情绪倾向的存在对于以名教为伪饰的司马氏势力有碍，是非杀不可的。嵇康的被杀，证明这种具有玄学品格的人生观在现实里无法存在下去。

于是，西晋名士便转向任自然而纵欲。他们取一种与嵇康完全不同的人生态度，他们不反对名教，又追求任性适情，在名教与自然、出世与入世之间，找到了一条最省事、最安全、通向皆大欢喜的人生道路。这时名士群体的人生理想，用石崇的一句话来说，就是"士当身名俱泰"。他们的生活信条，便是求潇洒风流以自适,依阿无心以自全,机心入世以为己。他们崇尚富贵奢靡,追求潇洒风流的美名,醉心于俊美秀丽的风姿,把高雅与庸俗融于一身。他们口谈玄虚,而实入世甚深。玄学的崇尚自然的旨趣,在西晋士人的生活里,以纵欲、为己的方式得以实现。这样一个人生理想,既可达到任性适情的目的,又不迕违世俗,因之也就为世俗所容。当然最后是付出了国家败亡的沉重代价。

南渡之后,士人的心态又一变。他们从国破家亡的悲伤里恢复过来之后,便走进了一个偏安的心境之中,追求宁静的精神天地。他们从西晋士人的放荡纵欲的趣味里摆脱出来,寻求潇洒飘逸的旨趣。他们风度翩翩地处世,留连于山水之间,爱好书法、绘画和音乐,向往着仙的境界和佛的境界。一句话,他们追求着一个宁静高雅潇洒的人生。由于这样一个人生也不迕俗,因此他们也是实现了的,虽然其时半壁山河,尚沦敌手。

从东汉末年到晋宋之交,二百二十余年间士人心态四变,如果拿东晋士人的心态与汉代士人的心态相比,我们就可以明显地感到,这变化有多大!二百二十余年间,士人所走过的这一段漫长的心路历程,有着极为深刻的社会历史的原因。

二

促使士人心态变化的原因是很多的,就每一个个体来说,这种原因可能千差万别;但是作为士人群体的一种普遍的心理趋向,它的变化往往是由于一些重大的社会历史条件的变化引起的。

考察魏晋这二百二十余年的士人心态史,可以发现,促使士人心态变化的一个重要因素,就是政局。中国士人在传统上与政治有着极为密切的联系,他们往往以国之治乱为己任。两汉之后这种传统精神更有了发展。他们的整个人生,似都与政局的变化息息相关。汉之末世,士人之心理趋向从与大一统政权亲近转变为与大一统政权疏离;他们从大一统政权的维护者变为批评者,关键的原因就是腐败政治的推动力。宦官与外戚弄权的黑暗朝廷,一次次地对忠心于它的士人施加无情的打击,把他们从系心朝政中推开去,推向自我。这无疑对于士人之个性觉醒起了十分重要的作用。而魏晋禅代之际的激烈政争,对于形成西晋士人的自全心理,无疑也有着决定的意义。在禅代之际的激烈政争中,如果我们统计一下不得善终的士人,那我们就可以发现,大抵是两种类型的人,一种是直接参预政争,如何晏、邓飏、李胜、丁谧、毕轨、桓范、夏侯玄、毌丘俭、诸葛诞等人。他们之被杀,是因为他们站在曹魏一边,反对司马氏,是非杀不可的。史称,杀何晏等人,而天下名士去其半。可以想象此事对于当时士林影响面之广。一类是虽不直接参预政争,但反对名教,过于认真,过于执着,也是非杀不可的,如嵇康。这种局面,表现着一种什么样的意义呢?它清楚地再一次表明,在激烈的政争中,过于认真是危险的。嵇康被杀,而向秀失图,再清楚不过地说明残酷的政争在士人心中引起的震撼之深。作为向往任自然的人生境界的玄学名士来说,向秀原与政争并无直接关系,他只是持一种超然事外的态度。这种超然事外的态度,在盛世原也无任何危险可言,但在禅代之际便不同了。晋氏受禅,作为有巨大影响的名士,超然事外就是不归附,不归附就是心存不满,那结果是可想而知的。于是向秀举郡计入洛。试看他那篇《思旧赋》,他到司马氏那里去做官,内心是忍受着何等的痛苦,依他的本心说,他是不愿意入仕晋室的,他还深深眷念着锻铁洛邑、灌园山阳、于山林间了无系念的生活,心中充满着失去这种生活的悲哀,"叹《黍离》之愍周兮,悲

《麦秀》于殷墟"。他是在借着悼念故国,来悼惜他已经逝去的生活,是对一种人生境界的无可奈何的失去的深沉悲哀。但是嵇康的死,又如阴影一般笼罩在他的心头,他摆脱不掉那死的恐惧。生与死的衡量,他终于选择了低首臣服的道路,去向司马氏说出了那句"巢许狷介之士,不足多慕"的充满屈辱与辛酸的话。他是入仕晋室了,但始终不以职事为念。向秀的失图,给出了一个十分明白的讯息:司马氏政权所留给士人的政治天地是十分有限的,他们别无选择,只有依附于这个政权。何晏等人和嵇康的悲剧结局,将永远存留在他们的记忆里。他们似乎再没有勇气如嵇康那样"顾视日影,索琴而弹之"了;他们也没有勇气像阮籍那样,忍受那心里有话而不能说的终生的寂寞与苦闷。他们要寻代一个全新的人生天地。他们要活得安全些、适意些。这就是西晋名士普遍不婴世务、依阿无心的最为重要的原因。史家们往往把西晋名士的不婴世务,完全归之于玄风的过错,而不去想一想他们若果婴世务了,会有什么样的结局。司马氏政权所留给名士们的政治天地极为有限,但留给他们的生活天地却是十分广阔的,它已经用对待阮籍的态度明白示知了这一点,只要口不论时事,生活上尽可以放诞不羁,不必顾虑的。西晋名士无疑地接受了这个讯息。这恐怕就是西晋士人不婴世务的更为深刻的原因。

而西晋士人的没有特操,最重要的原因也在其时之政局中可以找到。司马氏政权既然是以弑君的手段建立起来的,它在处理名教的最核心、也最敏感的问题,即在君臣关系上,便面临一种两难的境地:既不能毫不含糊地提倡忠,又不能提倡不忠。于是便出现了弑高贵乡公之后既奖励从名教的角度说是逆臣而对司马氏来说是功臣的贾充、王沈、王业等人;也奖励对于高贵乡公的被杀表示悲哀的王祥、司马孚等人;以慰藉他们作为"忠臣"的感情。

忠与不忠,都受到了嘉奖。在司马氏来说,是在两难境地中的一种无可选择的选择,意在暗示,忠还是要的,但应该是忠于司马氏。但从士人的角度说,则他们无疑地从这种处理间受到一种依违两可的教育。这就是后来史家一再提到的司马氏政权政失根本所带来的祸害。这祸害后来当然便导致了八王之乱。八王之乱起来之后,士人的抉择,大都便没有操守可言了,今天依附于此,明日依附于彼,一切以实利为转移,节操与廉耻了不在念中。而这一切,它的根源便在司马氏的政失根本的政风里。

至于南渡之后士人的偏安心态之形成,毫无疑问主要也来源于偏安的政局,无须赘为论述。

政局的变化对于士人心态的变化趋势影响至巨,远不止上述例举这些,例如刘琨的转向慷慨悲壮,王衍的临死悔恨,周颢辈的泣新亭等等,可以举出一连串来,具体的心态表现尽管各有不同,而其同受政局影响则一。

三

影响士人心态变化的另一重要因素,便是哲学思潮。哲学思潮深刻影响着士人的心态,影响他们的人生理想、价值取向、生活方式和生活情趣。这已由儒学对于两汉士人的人格塑造中得到有力的证明。玄学思潮对于士人的人格塑造,又一次证明了这一点。

学术界曾经有过一种意见,以为玄学是一种脱离现实的哲学。这种见解是不符合历史真实的。学术界又有过一种意见,认为玄学的产生是一种政治需要,与曹魏改制有关。这种见解过于牵强,玄学的中心论题,任何一个都难以坐实到改制上。

玄学的出现,它的历史原因比曹魏改制要深远得多。儒学在两汉发展到它的极盛阶段,与强大的大一统政权紧紧地联在一起。它成为官学、变成神学之后,在显示它的无尚威力的同时,便也走向僵化与繁琐,成为一种思想束缚,不可避免地要走向它的反面。于是从内部开始,逐渐地出现了自我改造的趋势,删繁就简,打破家法师法的界限,思想开始从僵化转向活跃,思想方法逐渐从繁琐趋向简洁。从重章句趋向重义理,从实证慢慢地向着思辨发展。学术思想的这种演变本身,已经为一种新的哲学思想的出现准备了条件。

汉末清议的权柄逐渐移入名士手中,演变为人物品评。人物品评从重道德判断,逐渐转向重才性风姿。重才性风姿很自然地便把谈论的重心转向重自我,与道家思想联系起来。由是人物品评便成了由清议向着清谈发展的中间环节。清谈的谈义理,乃是一种自然的发展过程,而清谈正是玄学理论探讨的一种方式。

但是,这些都不是玄学思潮产生的根本原因。玄学思潮产生的根本原因,在于现实生活的需要。汉末儒家思想禁锢松动,思想活跃起来。士人由理性的世界走向感情的天地之后,自我便十分地膨胀起来。重自我,重感情,任情放纵,很自然地便和传统的观念发生种种的矛盾,这就是史学家们所说的自然和名教的矛盾。这些矛盾需要从理论上给予解释,给予回答。此其一。个性觉醒的初期,用老庄思想来解释任自然的合理性。但是原始老庄思想本身,任自然是贵心贱身,超越欲念超越人生,不可能满足此时士人之实际需要,个性觉醒的思潮既贵心,又贵身,既重心灵的自由又重物质的满足。在新的条件下,老庄思想需要给以新的阐释,给予改造。此其二。儒家思想权威的失落需要有一种新的理论来填补它的位置,玄学就是士人寻找来用以代替儒家思想的新的理性依归。此其三。玄学的出现,乃是个性觉醒的思潮的一种理性思索,它的差不多所有重要论题,都与这样的社会需要有关。

任情纵欲成为一种风尚之后,感情问题便一直为社会所关注。应该如何看待情欲,如何引导、节制情欲等等,都需要从理论上加以说明,于是有圣人有情无情的讨论。由情欲问题,很自然地联系到生命的价值,重自我便贵身,要不要养生,如何养生,同样成了社会关注的问题,于是有养生问题的讨论。本末有无问题的提出,重要的意义在于解决现实生活中已经提出来的自然与名教的矛盾。王弼提出的一切"有"皆推原于"无",而"无"就存在于一切的"有"中。"无"就是"道",就是"一",就是自然。他讲"因"、讲"顺"、讲"随",就是讲顺自然之性。而这些理论的现实意义,就在于它可以用来解释名教的存在是合理的,但它应该顺物之性,从而把名教引向自然。同样,言意关系问题的讨论,亦源于现实生活中有这种要求。现实生活中许多理论命题的解决,用汉学的实证的方法已经无能为力了,需要思辨的方法,言意命题实际要解决的是理论方法问题。这些都说明,玄学思潮的出现,乃是汉末以来士人心态转向自我的产物,是对于个性觉醒和由这觉醒而引发的种种问题的理论阐释。

而玄学思潮一旦形成之后,它又反过来推动士人心态的变化。这是只要看正始、西晋、东晋各个时期士人的价值取向、生活情趣等等方面的变化就可以了然的。自正始之后,玄风成为一股巨大的不可阻挡的力量,席卷士林,渗透到士人生活的一切方面,迅速地改变着他们的价值取向、生活情趣以至改变他们的风度容止。从嵇康的人生追求里,从阮籍的近于虚幻的人生理想里,我们可以找到正始玄学的印记;从西晋士人的任自然而纵欲、士当身名俱泰的心态里,我们可以找到与郭象适性说的联系,而从东晋士人所追求的宁静心境中,我们可以看到玄学与佛学合流的理论趋向。玄学发展的各个不同的阶段,既反映了其时士人心态的变化,又推动着心态的进一步变化。整个玄学思潮自始至终都与士人心态的变化紧紧联系在一起,在中国古代思想史上,除了两汉儒学、宋明理学之外,恐怕没有一种哲学思潮像玄学这样集中、这样广泛、这样深入、这样长久地影响着士人的生活。

四

玄学思潮在魏晋二百二十余年间有着那样广泛深入的影响,但是它并没有发展成为中国思想史的主流。

这样一种理论思维水平很高的哲学,何以在中国文化里不久便消失了它的光彩,而背负起酿造祸乱的罪名?事实上它在理论上的成就,已不可阻拦地进入儒学的发展进程之中,直至宋明理学里还隐藏着它的理论的光辉,但是它却没有能成为后来中国士人立身处世的理论基础,没有为后来的社会所接受,这究竟是为什么呢?

魏晋士人在玄学思潮的席卷之下,如醉如痴地走过了二百二十余年的漫长的心路历程,是什么吸引着他们,使他们如醉如痴?为什么他们又走不下去了?他们留给后代的是什么呢?这些都是难以一时回答,需要认真研究的理论问题。本书只是力图描述出玄学的发展与士人心态的变化的历史面貌,而无力对这些问题作理论上的回答。

不过有一点是清楚的,那便是玄学思想为个性的觉醒、为自我的肯定找到了理论上的根据,但是它却没有能够为解决个体与群体、自我与社会的关系提出一套足以取代儒家伦理道德规范的规范。

因为它为任自然以适情性的合理性找到了理论根据,因此它受到了刚刚从大一统思想的僵化、窒息的环境里解脱出来的士人的如醉如痴的欢迎。在它的理论指引下，他们追求纵情自适、追求个人欲望的满足，他们的个性，得到了极大的弘扬。这一点甚至为后来的学者们所赞美备至，视之如神仙。所谓晋人之美，美在心灵等等，就都是后来学者对他们的虔诚赞辞。但是人究竟是社会的人，他既是自我，又是社会群体中的一员；既追求个性的自由，又不可能不受任何约束而独立于社会群体之外；既要满足个人的欲望，又要承担社会的责任。这是两个方面的问题。但是玄学思潮所给予关注的只是前面的一个问题，而把后面一个问题忽略了。人究竟不是神仙，不解决后面这个问题，便无法在社会上生活下去。这恐怕就是玄学未能成为后来中国士人立身处世的理论基础、不能为后来的社会发展所接纳的最根本的原因。

不过它在中国士人的传统性格的形成、在士文化的发展过程中却留下了不易抹掉的痕迹。中国士人的超脱的一面，他们的雅趣的养成，中国士人的山水意识、山水诗，以至后来发展起来的山水画，中国书法的抒情性，无疑都有着这个时期玄学思潮的印记。

后　记

　　四年前,我动手写《魏晋南北朝文学思想史》,越写便越感到,有一个问题我是无法回避的,这就是魏晋士人心态的巨大变化。魏晋文学的新思想潮流,说到底,都与士人心态的此种巨大变化有关。于是,我便在写文学思想史的同时,动手写了这本书。

　　这本小小的书,断断续续写了四年。史料匮乏,年代绵邈,以现代人的眼光,去推测中古人的心态,实在是非常不易的事。我的原则,是竭己之所能,描述历史的真实面貌。这一点,是否已经做到,只有让读者去评判了。

　　关于这本书,我没有更多的话要说,充其量,它只是我写《魏晋南北朝文学思想史》的一个副产品而已。当我写完这本书的最后一句的时候,我真是感到疲顿不堪了。我骤然猛醒,我已经年近耳顺了。一生荒废,真是不堪回首! 自从上大学至今,三十五年来能够坐下来认真读点书的,也就是近十年的事。我曾经炼过"钢",修过河,种过田;还有近十年时间,在赣南的群山中跋涉,在山村的只有五六个小学生的学校里听老师教孩子们拼音。我至今也不明白,这与我当时所学的研究生专业有些什么联系。不过那山林,那空山秋夜,那深山里的贫穷淳朴的人民,我却至今未曾忘怀。生生不息的生命,无处不在,而这正是精神赖以支撑的甘泉。记得有一次，正在大树下接受批斗，忽然传来一声清脆的鸟鸣，下意识地抬头一看，阳光在绿叶上闪烁着，一种难以言喻的生的欢乐与生的向往猛然震撼着我，虽然随着一声凌厉的"低头"和背上重重的一枪托，但是我仍然觉到生的甘泉的滋润。人生不易，但是人生毕竟值得眷恋。

我真庆幸，我能够赶上这十年改革开放的好时光，能有机会从事一点研究工作。这要感谢我的两位同窗好友罗世洪和雷声宏同志。那时我在赣南，回天津护理我的得了重病刚做完大手术的妻子，不料自己也病倒了，也开了刀。后来妻子接连做了三次手术，每次手术之后，都要半年卧床，不能动弹，我便护理着病人，带着我们唯一的当时只有三岁的女儿艰难地过日子。世洪和声宏，看着我实在活得艰难，便为我奔走，把我从赣南调回南开来。我这才有了一个从事研究的良好环境。我庆幸我的幸运，我也终生珍惜着这难忘的友谊。

我要感谢傅璇琮先生，他给了我许多的关心和鼓励，这次又拨冗为我的这本小书作序。我十分庆幸在短短的十年的学术生活中，能够结识几位像傅先生这样真诚相待、学问人品皆我师的朋友。在艰难的学术之旅中，有这样的朋友是人生的一种幸福。

我还要感谢南开大学的领导，给了我这样好的研究条件。感谢浙江人民出版社的潘建国同志为此书付出的辛勤劳动。

我不知道是否还会有安宁的可以从事研究的又一个十年，人生毕竟是很难预料的。如果有，我还想做一点工作。青灯摊书，实在是一种难以言喻的快乐。

1990 年金秋记于南开大学之寓所

再版后记

　　此书于 1991 年 7 月出版,由于只印了三千册,11 月各地就已买不到。有读者不断来信,要求购买,而出于种种考虑,一直未能再版。

　　写此书的目的,原甚简单。当时正在写《魏晋南北朝文学思想史》,对于魏晋这样一个大变动时期的文学观念何以产生,甚难理解。只觉得这是一个异样的时代。中国历史上有过许多的改朝换代,有过许多的大战乱,有过许多的株连杀戮,风云变幻,无时无之。士人或青云直致,或冤死牢狱;或坐享荣华,或转死沟壑;荣瘁更替,仕隐分疏,流光逝水,习以为常。就个人而言,或有惊天动地之经历;而就整个士阶层而言,则大体循传统思想而行事,未见大震撼于士林。只有魏晋和晚明,似乎是两个有些异样的时期。士(或者说是那些引领潮流的士人)的行为有些出圈,似乎是要背离习以为常的传统了。而此种异样,于文学观念的变动究有何种之关系,则黯而不明。于是产生了来探讨魏晋士人心态的想法,目的只是为撰写《魏晋南北朝文学思想史》做一点准备。

　　不料此书出版之后,得到过多的关注。过多的鼓励,使我汗颜。而读出其中悲慨的朋友,则使我感到极大的满足。人生多艰,而朋友们的会心一笑,则是多艰人生的最大慰藉。当然,也有学者提出批评，认为这是一本粗浅的书，婉转地提示说应该用西方的心理学的有关理论，才能把心态研究深入下去。

其实，我并非专门从事心理研究。我之所以研究心态，只是为了研究文学思想。因此，我的研究对象，是士人群体。我要研究的是士人群体的普遍的人生取向、道德操守、生活情趣，他们的人性的张扬与泯灭。涉及士人个案时，目的也在于说明群体的状况。我要研究的是动向，和这种动向与文学观念变化的关系。我无能力也无意于对某一士人做心理的以至与心理有关的生理的深层剖析。我以为那是心理学家的事。由于中国古代士人特殊的成长环境，我所看重的是环境的影响，而非他们的生理的基础。

影响中国古代士人心态的很重要的一个方面，是政局的变化。在古代中国，有隐逸情怀的士人不少，但真正的隐士却不多。隐逸情怀是人生的一种调剂，而真正的隐士却要耐得住寂寞。多数的士人，出仕入仕，因之政局的变化也就与他们息息相关。家国情怀似乎是中国士人的一种根性。"风声雨声读书声，声声入耳；家事国事天下事，事事关心。"这是晚明东林党人说的。但从这话语里，我又仿佛看到东汉末年党人的身影。根性遗传，无可如何！

影响中国古代士人心态变化的又一重要方面，是思潮。我们通常都谈到诸如两汉的儒学一尊的思想潮流、魏晋玄学、宋明理学等等对于士人的影响。这些影响是如何进行的，通过什么样的渠道，轻重浅深，如何开始，如何了结，似乎就有一连串的问题需要回答。我们可以对这些思潮作义理的细微辨析，但是它们如何的进入士人的内心，变成他们的人生取向，融入他们的感情世界，我们就所知甚少。有时我常瞑想，王阳明在越，每临讲座，环坐而听者数百人，四方来学者比屋而居，每一室合食者常数十，夜无卧处,更相就席,歌声彻昏旦。阳明门人王艮讲学,听者近千。他们何所求而来? 他们想些什么? 他们的内心是怎样的一种境界? 他们所追求的理论,是如何的融入他们的人性深处? 如果我们都了解了,我们也许就会看到一群活生生的人从逝去的历史中复活。我们会同其悲,同其喜。我们对于历史,就会有一种亲切感。历史就不会是一组枯燥的数字和一些事件的罗列。我们对于人生,或者就会有更深的感悟。

影响中国古代士人心态变化的又一方面,是提供给他们什么样的生活出路。现实的生活状况是决定一个人的心境的非常实在的因素。他们有什么样的生活条件,就可能产生什么样的想法。我们看明代嘉靖以后的士人,他们中的一部分人,虽也为屡试不第而苦恼,但是那苦恼又常常很快消逝。因为他们并非只有入仕一途。他们还有其他的生活出路,可仕可商,可卖文卖书卖画,他们还有生存的广阔空间,有人甚至还可能获得极高的社会地位。考察他们的生活出路,有可能了解他们的心绪。

当然影响心态变化的还有其他的因素,如家族的文化传统、社党的组合、交往、婚姻状况以至个性等等。但是如果研究一个时期士人的主要心态趋向,恐怕也就只能视其大同而舍其小异。当然,如果是为了研究不同士人群落的心态,又当别论,那就复杂得多了。要是为一个作家或一部作品而研究心态,我想那恐怕是另一回事。那似乎更近于心理分析,与我所理解的心态研究似有差别。

心态研究面对的是人。面对人,就难免有是非褒贬,就难免带着感情色彩。带着感情色彩研究历史,为历史研究者所大忌,说是这种研究容易失去客观性。但是我常常怀疑,即使我们竭泽而渔,广罗史料,能否就可以完全避免主观的介入呢? 我们选择和解释史料的过程,就是一种主观判断的过程。我们尽量地就已有的史料去接近历史的真实,但是当年发生的事象,以史料存世者恐不及万分之一。以此万分之一之史料,去推知当年事象之真相,有谁能够说他所描述的就是当年历史的真实呢!就我自己而言,每当我面对历史之时,是是非非,实难以无动于衷。面对魏晋与晚明的历史,尤其如此。带着感情面对历史,或者就是我的心态研究难以摆脱的痼疾吧!

就我所知,20世纪80年代初,国内学界将心理学引入文艺学研究。将心理学引入古代文学研究的是1982年钟宝驹先生的《从心理学的角度释〈关雎〉》,之后这一方面的研究成果数量极大。但是我必须说明的是,我的研究侧重于群体心态趋向,而研究的目的在于说明文学思潮的演变。与文学的心理学研究是有区别的。我无意于步先驱者之后尘。之所以说明这一点,是已有文章提及,不得不做一点说明,以表不敢掠美之意。

此书得以再版,要感谢南开大学出版社的领导特别是萧占鹏社长和众多为此书辛劳的工作人员:感谢郭庆才君,他为此书的引文作了一次认真的校对,对有的文字做了细致的推敲。南开大学出版社不计经济效益而来再版此书,他们重视学术的一片心意是令人感动的。

2002年7月6日记于南开大学西南村之因缘居
时在送别门人雍繁星之后三日

三版附记

　　此书 1991 年由浙江人民出版社出版。十年后,南开大学出版社出了第二版。这次,天津教育出版社为了出版一套学术丛书,征得南开大学出版社的同意,又将此书编入这套丛书中。在各出版社诸位先生的关照下,此书的经历算是幸运的。

　　在三版即将付梓之际,我不想再谈论有关心态研究的话题。我想说一点我的感慨。研究历史,实在太难。面对纷纭复杂的历史现象,我们将采取何种的态度呢? 同一个历史事件,为何会有那样多不同的评价。当然我们可以说,这是各人视角不同、评价标准不同所致。但问题远非如此简单。我总觉得有一只无形的手在影响着我们对待历史的态度,这就是遗产的赐予。我们本身就是历史的继续,不管愿意不愿意,我们都接受着我们的思想文化传统遗传给我们的"基因"。明代嘉靖初有个"大礼议"事件,那是一次朝政的大震动。那次事件朝臣被廷杖致死者十六,戍边者八,受各种处分者二百余人。我们且不管那事件的实质是什么,是皇权与相权之争? 是情与礼之争? 抑或还交错着并无是非可言的权力争夺等等。我们仅就对于参预此次事件的人物的评价而言,就颇有值得回味的地方。后代的许多历史学家,都对杨廷和一方给予了巨大的同情,而视张璁、桂萼辈为小人。其中的一个原因,恐怕就是谏臣忠君的传统观念在起作用。撼门大哭,很容易使人联想到折栏牵裙的故事。那是士人坚贞立朝、视死如归高洁人格的象征。对于那次事件,直至现代,也还有这样评价的。道德判断取代了事件本身的是非判断。而事件本身之是非,往往并非道德所能涵盖。它还要考虑事理之是非,社会现实的利益,政权运作之需要等等。从传统观念在潜意识里起作用的道德判断里,我们可以感受到历史遗存的力量。最近读王阳明和他的弟子们的著作,忽然感慨于不少的观念似曾相识。王门是讲究要做到使此心纯乎天理,而无一毫人欲之私的,他们还提倡定期开家庭会、乡会以斗私心。"狠斗私字一闪念",就是从那里来的。又是传统的遗存! 明代的笔记里记载着嘉靖年间商业活动中种种造假的手段,又是似曾相识! 唯利是图的观念古已有之,于今为甚。晋代士人重自适、放纵情欲,晚明士人身上又再次出现,虽然晋人的自适、放纵情欲,是非世俗的,而晚明士人的自适、放纵情欲是世俗化的,二者有所差别。但是,在假道学之后,走向另一极端,却是相同的。又是似曾相识! 我们本身是历史的继续,我们的思想文化传统遗传给我们的"基因",有好有坏。我们很容易看到好的,却往往不愿看到坏的。当我们清醒地看到坏的一面时,我们就进步了。

即如我们研究历史,若要做到如陈寅恪先生所说的,坚持"独立之精神,自由之思想",恐怕是要对思想文化"基因"做一点改造的吧!

2004 年 8 月 12 日记于南开大学西南村

之因缘居,时年七十有三